GEORGE SAND ILLUSTRÉ PAR TONY JOHANNOT
ET MAURICE SAND

LA

MARE AU DIABLE — ANDRÉ

LA NOCE DU VILLAGE — LA FAUVETTE DU DOCTEUR

PRÉFACE ET NOTICE NOUVELLE

Prix : 1 franc 30 centimes

ÉDITION J. HETZEL

LIBRAIRIE CENTRALE
DES PUBLICATIONS ILLUSTRÉES A 20 CENTIMES
Rue du Pont-de-Lodi, 5.

1857
—
PARIS

BLANCHARD
LIBRAIRE
Rue Richelieu, 78, près la Bourse

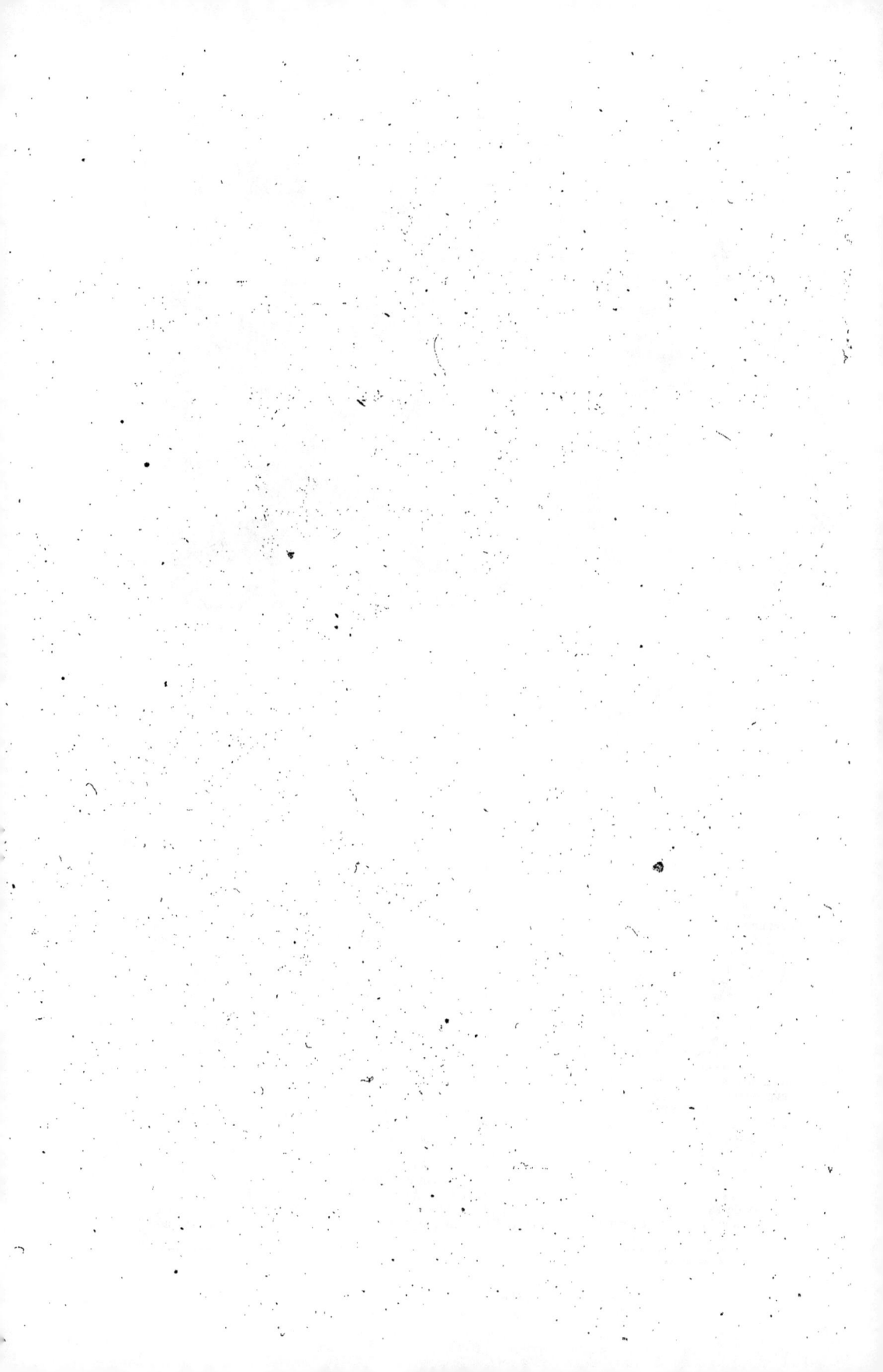

MICHEL LÉVY FRÈRES, ÉDITEURS   NOUVELLE ÉDITION   LIBRAIRIE NOUVELLE
2 BIS, RUE VIVIENNE   15, BOULEVARD DES ITALIENS

OEUVRES DE G. SAND
DESSINS PAR TY Johannot

ŒUVRES DE GEORGE SAND

ILLUSTRÉES PAR TONY JOHANNOT

PRÉFACE

En publiant une édition complète de mes ouvrages dans le format le plus populaire aujourd'hui et au plus bas prix, je n'ai eu ni le dessein de m'enrichir en cas de succès, ni la prétention de faire un grand sacrifice dans le cas contraire. Mais je puis dire que ce qui m'a le plus préoccupé, c'est le désir de faire lire à la classe pauvre ou malaisée, des ouvrages dont une grande partie a été composée pour elle. J'ai dû attendre pour m'y décider que l'habitude générale consacrât l'usage d'un format qui ne me semblait pas commode, et qui néanmoins l'est devenu par l'habitude même.

J'ai voulu encore essayer de donner au peuple une édition aussi soignée que possible sans augmenter d'un centime le prix de ces sortes de publications, et je crois y avoir réussi grâce aux soins généreux et intelligents de l'ami qui s'est fait mon éditeur.

Enfin, j'ai été heureuse d'obtenir le concours d'un grand talent pour l'illustration de cette longue série d'ouvrages que j'offre à un peuple très-artiste et très-capable d'apprécier les choses d'art.

Dans cette longue série, plusieurs ouvrages (je puis dire le plus grand nombre), ont été inspirés par le désir d'éclairer le peuple sur ses devoirs autant que sur ses droits. Quelques-uns, les premiers surtout, n'ont été que le cri d'une âme fortement impressionnée, atteinte parfois de doute et de découragement; peu pressée de conclure parce qu'elle craignait d'avoir à maudire l'humanité, qu'elle éprouvait le besoin d'aimer. Peu à peu la lumière s'est faite dans ce chaos d'émotions diverses, à mesure que l'âge y amenait la réflexion. Ses instincts avaient toujours été révolutionnaires, en ce sens que l'injustice était un spectacle antipathique pour ma nature, et qu'un immense besoin d'équité chrétienne avait rempli ma vie dès mon plus jeune âge; mais la confiance dans mes instincts ne m'est venue que peu à peu, avec la certitude que le progrès est la loi vitale de l'humanité, et à mesure que je sentais ce progrès s'opérer en moi-même. Qui se sent vivre, sent et saisit la vie dans les autres; et cette vie des autres vient alimenter et étendre la sienne propre. Je suis donc arrivée, sans grands efforts et sans fortes études, à cet état de lucidité dans la conviction où peut arriver toute âme sincère, sans qu'il lui soit besoin d'une trempe supérieure. Ce que je suis, tout le monde peut l'être; ce que je vois, tout le monde peut le voir; ce que

PARIS. IMPRESSIONS ALBERT BORNET ET MONTIGNY AÎNÉ, 10, RUE JACQUES DE BROSSE.

j'espère, tout le monde peut y arriver. Il ne s'agit que d'aimer la vérité, et je crois que tout le monde sent le besoin de la trouver.

Je n'ai point révélé de vérité nouvelle dans mes ouvrages. Je n'y ai jamais songé, bien qu'on m'ait accusé, avec une ironie de mauvaise foi, d'avoir voulu, comme tant d'autres, jouer à la doctrine et à la secte. J'ai examiné autant que j'ai pu, les idées que soulevaient, autour de nous tous, les hommes de mon temps. J'ai chéri celles qui m'ont semblé généreuses et vraies ; je n'ai pas toujours tout compris dans les moyens pratiques que plusieurs ont proposé, soit qu'ils fussent obscurs, soit plutôt que mon cerveau fût impropre à saisir les combinaisons et les calculs des probabilités. Je ne me suis pas tourmenté dans mon impuissance ; j'ai trouvé qu'il me restait bien assez à faire en employant le genre de facultés qui m'était échu, au développement du sentiment de la justice et de l'amour de mes semblables. J'avais une nature d'artiste, et, quoi qu'on en dise, je n'ai jamais voulu être autre chose qu'un artiste ; ceux qui ont cru m'humilier et me blesser en proclamant que je n'étais pas de taille à faire un philosophe m'ont fait beaucoup de plaisir, car chacun a l'amour-propre d'aimer sa propre organisation et de s'y complaire comme l'animal dans son propre élément. Mais en prétendant que mon organisation et ma vocation d'artiste s'opposaient en moi à l'intelligence et au développement des vérités sociales élémentaires, et à l'amour des éternelles vérités dont le christianisme est la philosophie première, on a dit un sophisme tout à fait puéril. A-t-on jamais reproché aux peintres de la renaissance de se poser en théologiens parce qu'ils traitaient des sujets sacrés ! Les peintres flamands avaient-ils la prétention de se dire savants naturalistes parce qu'ils étudiaient et connaissaient les lois de la lumière ! Quel est donc l'artiste qui peut s'abstraire des choses divines et humaines, se passer du reflet des croyances de son époque, et vivre étranger au milieu où il respire ? Vraiment, jamais pédantisme ne fut poussé aussi loin dans l'absurde que cette théorie de l'art pour l'art, qui ne répond à rien, qui ne repose sur rien, et que personne au monde, pas plus ceux qui l'ont affichée que ceux qui l'ont combattue, n'a jamais pu mettre en pratique. L'art pour l'art est un mot creux, absolument faux et qu'on a perdu bien du temps à vouloir définir sans en venir à bout : parce qu'il est tout bonnement impossible de trouver un sens à ce qui n'en a pas.

Demandez à un poëte, au plus exclusivement poëte de tous les hommes, de faire des vers, seulement pour faire de beaux vers, et de n'y pas mettre l'ombre d'une idée philosophique, et vous verrez quels vers ce seront. Prenez la pièce la plus romantique, la plus purement descriptive des chefs de la prétendue doctrine de l'art pour l'art et vous verrez si au bout de dix vers l'humanité, le sentiment et le souvenir de ses grandeurs ou de ses misères, ne vient pas animer, expliquer, symboliser le tableau.

Quand M. Victor Hugo dit : *la mer était désespérée*, il met une âme dans la mer, une âme orageuse et troublée, une âme de poëte, ou l'âme collective de l'humanité.

Les anciens disaient : *Téthys est en fureur ;* eux aussi personnifiaient les tumultes des passions humaines jusque dans ceux des éléments. C'est qu'il n'est pas possible d'être poëte ou artiste, dans aucun genre et à quelque degré que ce soit, sans être un écho de l'humanité qui s'agite ou se plaint, qui s'exalte ou se désespère.

J'ai donc prêché à ma manière comme l'ont fait avant moi et autour de moi, comme le feront toujours tous les artistes.

De tout temps, on a cherché querelle à ceux qui avaient le goût des nouveautés, comme disaient les anciens orthodoxes, c'est-à-dire, la croyance au progrès, et le désir de combattre les abus et les erreurs de leur siècle.

On les étranglait, on les brûlait au temps passé. Aujourd'hui on les exile, on les emprisonne, s'ils sont hommes ; on les insulte, on essaye de les outrager s'ils sont femmes. Tout cela est bien facile à supporter quand on croit ; depuis l'estrapade des vieux siècles jusqu'à l'ironie injurieuse du nouveau, tout est fête et plaisir intérieur, soyez-en certains, ô contempteurs de l'avenir, pour quiconque a foi en l'avenir.

Vous perdez donc vos peines ; les hommes s'instruiront et travailleront à s'instruire les uns les autres, sous toutes les formes, depuis le Trouvère avec son vieux luth, jusqu'à l'écrivain moderne avec l'idée nouvelle.

La vérité du temps a été dite aux hommes du temps. Certains esprits synthétiques la renferment dans une doctrine que l'on étudie, que l'on discute, que l'on juge, et qui laisse de grandes lueurs, lors même qu'elle est incomplète.

Les philosophes, les historiens, les politiques, jettent la foi et la lumière à pleines mains, même ceux qui se trompent, car l'erreur des forts esprits est encore une instruction pour ceux qui cherchent et choisissent.

Les artistes viennent après eux, et sèment un peu de blé mêlé sans doute à des herbes folles. Mais ces folles herbes, le temps, le goût, la mode qui, elle aussi, est une recherche du progrès dans le beau, en feront aisément justice. Le froment restera. Nos descendants souriront certainement de la quantité de paroles, de fictions, de *manières*, qu'il nous a fallu employer pour dire ces vérités banales ; mais ils ne nous sauront pas mauvais gré de la préoccupation sérieuse qu'ils retrouveront au fond de nos œuvres, et ils jugeront, à l'embarras de notre parole, de la lutte que nous avons eu à soutenir pour préparer leurs conquêtes.

GEORGE SAND.

Nohant, 12 avril 1851.

LA MARE AU DIABLE

NOTICE

Quand j'ai commencé, par la *Mare au Diable*, une série de romans champêtres, que je me proposais de réunir sous le titre de *Veillées du Chanvreur*, je n'ai eu aucun système, aucune prétention révolutionnaire en littérature. Personne ne fait une révolution à soi tout seul, et il en est, surtout dans les arts, que l'humanité accomplit sans trop savoir comment, parce que c'est tout le monde qui s'en charge. Mais ceci n'est pas applicable au roman de mœurs rustiques : il a existé de tout temps et sous toutes les formes, tantôt pompeuses, tantôt maniérées, tantôt naïves. Je l'ai dit, et dois le répéter ici, le rêve de la vie champêtre a été de tout temps l'idéal des villes et même celui des cours. Je n'ai rien fait de neuf en suivant la pente qui ramène l'homme civilisé aux charmes de la vie primitive. Je n'ai voulu ni faire une nouvelle langue, ni me chercher une nouvelle manière. On me l'a cependant affirmé dans bon nombre de feuilletons, mais je sais mieux que personne à quoi m'en tenir sur mes propres desseins, et je m'étonne toujours que la critique en cherche si long, quand l'idée la plus simple, la circonstance la plus vulgaire, sont les seules inspirations auxquelles les productions de l'art doivent l'être. Pour la *Mare au Diable* en particulier, le fait que j'ai rapporté dans l'avant-propos, une gravure d'Holbein, qui m'avait frappé, une scène réelle que j'eus sous les yeux dans le même moment, au temps des semailles, voilà tout ce qui m'a poussé à écrire cette histoire modeste, placée au milieu des humbles paysages que je parcourais chaque jour. Si on me demande ce que j'ai voulu faire, je répondrai que j'ai voulu faire une chose très-touchante et très-simple, et que je n'ai pas réussi à mon gré. J'ai bien vu, j'ai bien senti le beau dans le simple, mais voir et peindre sont deux ! Tout ce que l'artiste peut espérer de mieux, c'est d'engager ceux qui ont des yeux à regarder aussi. Voyez donc la simplicité, vous autres, voyez le ciel et les champs, et les arbres, et les paysans surtout dans ce qu'ils ont de bon et de vrai : vous les verrez un peu dans mon livre, vous les verrez beaucoup mieux dans la nature.

GEORGE SAND.

Nohant, 12 avril 1851.

I.

L'AUTEUR AU LECTEUR.

A la sueur de ton visage
Tu gagnerais ta pauvre vie,
Après long travail et usaige,
Voicy la *mort* qui te convie.

Ce quatrain en vieux français, placé au-dessous d'une composition d'Holbein, est d'une tristesse profonde dans sa naïveté. La gravure représente un laboureur conduisant sa charrue au milieu d'un champ. Une vaste campagne s'étend au loin, on y voit de pauvres cabanes ; le soleil se couche derrière la colline. C'est la fin d'une rude journée de travail. Le paysan est vieux, trapu, couvert de haillons. L'attelage de quatre chevaux qu'il pousse en avant est maigre, exténué ; le soc s'enfonce dans un fond raboteux et rebelle. Un seul être est allègre et ingambe dans cette scène de *sueur et usaige*. C'est un personnage fantastique, un squelette armé d'un fouet, qui court dans le sillon à côté des chevaux effrayés et les frappe, servant ainsi de valet de charrue au vieux laboureur. C'est la mort, ce spectre qu'Holbein a introduit allégoriquement dans la succession de sujets philosophiques et religieux, à la fois lugubres et bouffons, intitulée *les Simulachres de la mort*.

Dans cette collection, ou plutôt dans cette vaste composition où la mort, jouant son rôle à toutes les pages, est le lien et la pensée dominante, Holbein a fait comparaître les souverains, les pontifes, les amants, les joueurs, les ivrognes, les nonnes, les courtisanes, les brigands, les pauvres, les guerriers, les moines, les juifs, les voyageurs, tout le monde de son temps et du nôtre ; et partout le spectre de la mort raille, menace et triomphe. D'un seul tableau elle est absente. C'est celui où le pauvre Lazare, couché sur un fumier à la porte du riche, déclare qu'il ne la craint pas, sans doute parce qu'il n'a rien à perdre et que sa vie est une mort anticipée.

Cette pensée stoïcienne du christianisme demi-païen de la renaissance est-elle bien consolante, et les âmes religieuses y trouvent-elles leur compte ? L'ambitieux, le fourbe, le tyran, le débauché, tous ces pécheurs superbes qui abusent de la vie, et que la mort tient par les cheveux, vont être punis, sans doute ; mais l'aveugle, le mendiant, le fou, le pauvre paysan, sont-ils dédommagés de leur longue misère par la seule réflexion que la mort n'est pas un mal pour eux ? Non ! Une tristesse implacable, une effroyable fatalité pèse sur l'œuvre de l'artiste. Cela ressemble à une malédiction amère lancée sur le sort de l'humanité.

C'est bien là la satire douloureuse, la peinture vraie de la société qu'Holbein avait sous les yeux. Crime et malheur, voilà ce qui le frappait ; mais nous, artistes d'un autre siècle, que peindrons-nous ? Chercherons-nous dans la pensée de la mort la rémunération de l'humanité présente ? l'invoquerons-nous comme le châtiment de l'injustice et le dédommagement de la souffrance ?

Non, nous n'avons plus affaire à la mort, mais à la vie. Nous ne croyons plus ni au néant de la tombe ni au salut acheté par un renoncement forcé, nous voulons que la vie soit bonne, parce que nous voulons qu'elle soit féconde. Il faut que Lazare quitte son fumier, afin que le pauvre ne se réjouisse plus de la mort du riche. Il faut que tous soient heureux, afin que le bonheur de quelques-uns ne soit pas criminel et maudit de Dieu. Il faut que le laboureur, en semant son blé, sache qu'il travaille à l'œuvre de vie, et non qu'il se réjouisse de ce que la mort marche à ses côtés. Il faut enfin que la mort ne soit plus ni le châtiment de la prospérité, ni la con-

solation de la détresse. Dieu ne l'a destinée ni à punir, ni à dédommager de la vie ; car il a béni la vie, et la tombe ne doit pas être un refuge où il soit permis d'envoyer ceux qu'on ne veut pas rendre heureux.

Certains artistes de notre temps, jetant un regard sérieux sur ce qui les entoure, s'attachent à peindre la douleur, l'abjection de la misère, le fumier de Lazare. Ceci peut être du domaine de l'art et de la philosophie ; mais, en peignant la misère si laide, si avilie, parfois si vicieuse et si criminelle, leur but est-il atteint, et l'effet en est-il salutaire, comme ils le voudraient ? Nous n'osons pas nous prononcer là-dessus. On peut nous dire qu'en montrant ce gouffre creusé sous le sol fragile de l'opulence, ils effraient le mauvais riche, comme, au temps de la *danse macabre*, on lui montrait sa fosse béante et la mort prête à l'enlacer dans ses bras immondes. Aujourd'hui on lui montre le bandit crochetant sa porte et l'assassin guettant son sommeil. Nous confessons que nous ne comprenons pas trop comment on le réconciliera avec l'humanité qu'il méprise, comment on le rendra sensible aux douleurs du pauvre qu'il redoute, en lui montrant ce pauvre sous la forme du forçat évadé et du rôdeur de nuit. L'affreuse mort, grinçant des dents et jouant du violon dans les images d'Holbein et de ses devanciers, n'a pas trouvé moyen, sous cet aspect, de convertir les pervers et de consoler les victimes. Est-ce que notre littérature ne procéderait pas un peu en ceci comme les artistes du moyen âge et de la renaissance ?

Les buveurs d'Holbein remplissent leurs coupes avec une sorte de fureur pour écarter l'idée de la mort, qui, invisible pour eux, leur sert d'échanson. Les mauvais riches d'aujourd'hui demandent des fortifications et des canons pour écarter l'idée d'une jacquerie, que l'art leur montre travaillant dans l'ombre, en détail, en attendant le moment de fondre sur l'état social. L'Église du moyen âge répondait aux terreurs des puissants de la terre par la vente des indulgences. Le gouvernement d'aujourd'hui calme l'inquiétude des riches en leur faisant payer beaucoup de gendarmes et de geôliers, de baïonnettes et de prisons.

Albert Durer, Michel-Ange, Holbein, Callot, Goya, ont fait de puissantes satires des maux de leur siècle et de leur pays. Ce sont des œuvres immortelles, des pages historiques d'une valeur incontestable ; nous ne voulons donc pas dénier aux artistes le droit de sonder les plaies de la société et de les mettre à nu sous nos yeux ; mais n'y a-t-il pas autre chose à faire maintenant que la peinture d'épouvante et de menace ? Dans cette littérature de mystères d'iniquité, que le talent et l'imagination ont mise à la mode, nous aimons mieux les figures douces et suaves que les scélérats à effet dramatique. Celles-là peuvent entreprendre et amener des conversions, les autres font peur, et la peur ne guérit pas l'égoïsme, elle l'augmente.

Nous croyons que la mission de l'art est une mission de sentiment et d'amour, que le roman d'aujourd'hui devrait remplacer la parabole et l'apologue des temps naïfs, et que l'artiste a une tâche plus large et plus poétique que celle de proposer quelques mesures de prudence et de conciliation pour atténuer l'effroi qu'inspirent ses peintures. Son but devrait être de faire aimer les objets de sa sollicitude, et au besoin, je ne lui ferais pas un reproche de les embellir un peu. L'art n'est pas une étude de la réalité positive ; c'est une recherche de la vérité idéale, et le *Vicaire de Wakefield* fut un livre plus utile et plus sain à l'âme que le *Paysan perverti* ou les *Liaisons dangereuses*.

Lecteur, pardonnez-moi ces réflexions, et veuillez les accepter en manière de préface. Il n'y en aura point dans l'historiette que je vais vous raconter, et elle sera si courte et si simple que j'avais besoin de m'en excuser d'avance, en vous disant ce que je pense des histoires terribles.

C'est à propos d'un laboureur que je me suis laissé entraîner à cette digression. C'est l'histoire d'un laboureur précisément que j'avais l'intention de vous dire et que je vous dirai tout à l'heure.

II.

LE LABOUR.

Je venais de regarder longtemps et avec une profonde mélancolie le laboureur d'Holbein, et je me promenais dans la campagne, rêvant à la vie des champs et à la destinée du cultivateur. Sans doute il est lugubre de consumer ses forces et ses jours à fendre le sein de cette terre jalouse, qui se fait arracher les trésors de sa fécondité, lorsqu'un morceau de pain le plus noir et le plus grossier est, à la fin de la journée, l'unique récompense et l'unique profit attachés à un si dur labeur. Ces richesses qui couvrent le sol, ces moissons, ces fruits, ces bestiaux orgueilleux qui s'engraissent dans les longues herbes, sont la propriété de quelques-uns et les instruments de la fatigue et de l'esclavage du plus grand nombre. L'homme de loisir n'aime en général pour eux-mêmes, ni les champs, ni les prairies, ni le spectacle de la nature, ni les animaux superbes qui doivent se convertir en pièces d'or pour son usage. L'homme de loisir vient chercher un peu d'air et de santé dans le séjour de la campagne, puis il retourne dépenser dans les grandes villes le fruit du travail de ses vassaux.

De son côté, l'homme du travail est trop accablé, trop malheureux, et trop effrayé de l'avenir, pour jouir de la beauté des campagnes et des charmes de la vie rustique. Pour lui aussi les champs dorés, les belles prairies, les animaux superbes, représentent des sacs d'écus dont il n'aura qu'une faible part, insuffisante à ses besoins, et que, pourtant, il faut remplir, chaque année, ces sacs maudits, pour satisfaire le maître et payer le droit de vivre parcimonieusement et misérablement sur son domaine.

Et pourtant, la nature est éternellement jeune, belle et généreuse. Elle verse la poésie et la beauté à tous les êtres, à toutes les plantes, qu'on laisse s'y développer à souhait. Elle possède le secret du bonheur et nul n'a su le lui ravir. Le plus heureux des hommes serait celui qui, possédant la science de son labeur, et travaillant de ses mains, puisant le bien-être et la liberté dans l'exercice de sa force intelligente, aurait le temps de vivre par le cœur et par le cerveau, de comprendre son œuvre et d'aimer celle de Dieu. L'artiste a des jouissances de ce genre, dans la contemplation et la reproduction des beautés de la nature; mais, en voyant la douleur des hommes qui peuplent ce paradis de la terre, l'artiste au cœur droit et humain est troublé au milieu de sa jouissance. Le bonheur serait là où l'esprit, le cœur et les bras, travaillant de concert sous l'œil de la Providence, une sainte harmonie existerait entre la munificence de Dieu et les ravissements de l'âme humaine. C'est alors qu'au lieu de la piteuse et affreuse mort, marchant dans son sillon le fouet à la main, le peintre d'allégories pourrait placer à ses côtés un ange radieux, semant à pleines mains le blé béni sur le sillon fumant.

Et le rêve d'une existence douce, libre, poétique, laborieuse et simple pour l'homme des champs, n'est pas si difficile à concevoir qu'on doive le reléguer parmi les chimères. Le mot triste et doux de Virgile : « O heureux l'homme des champs, s'il connaissait son bonheur ! » est un regret; mais, comme tous les regrets, c'est aussi une prédiction. Un jour viendra où le laboureur pourra être aussi un artiste, sinon pour exprimer (ce qui importera assez peu alors), du moins pour sentir le beau. Croit-on que cette mystérieuse intuition de la poésie ne soit pas en lui déjà à l'état d'instinct et de vague rêverie? Chez ceux qu'un peu d'aisance protége dès aujourd'hui, et chez qui l'excès du malheur n'étouffe pas tout développement moral et intellectuel, le bonheur pur, senti et apprécié est à l'état élémentaire; et, d'ailleurs, si du sein de la douleur et de la fatigue, des voix de poëte se sont déjà élevées, pourquoi dirait-on que le travail des bras est exclusif des fonctions de l'âme? Sans doute cette exclusion est le résultat général d'un travail excessif et d'une misère profonde; mais qu'on ne dise pas que quand l'homme travaillera modérément et utilement il n'y aura plus que de mauvais ouvriers et de mauvais poëtes. Celui qui puise de nobles jouissances dans le sentiment de la poésie est un vrai poëte, n'eût-il pas fait un vers dans toute sa vie.

Mes pensées avaient pris ce cours, et je ne m'apercevais pas que cette confiance dans l'éducabilité de l'homme était fortifiée en moi par les influences extérieures. Je marchais sur la lisière d'un champ que des paysans étaient en train de préparer pour la semaille prochaine. L'arène était vaste comme celle du tableau d'Holbein. Le paysage était vaste aussi et encadrait de grandes lignes de verdure, un peu rougie aux approches de l'automne, ce large terrain d'un brun vigoureux, où des pluies récentes avaient laissé, dans quelques sillons, des lignes d'eau que le soleil faisait briller comme de minces filets d'argent. La journée était claire et tiède, et la terre, fraîchement ouverte par le tranchant des charrues, exhalait une vapeur légère. Dans le haut du champ un vieillard, dont le dos large et la figure sévère rappelaient celui d'Holbein, mais dont les vêtements n'annonçaient pas la misère, poussait gravement son *areau* de forme antique, traîné par deux bœufs tranquilles, à la robe d'un jaune pâle, véritables patriarches de la prairie, hauts de taille, un peu maigres, les cornes longues et rabattues, de ces vieux travailleurs qu'une longue habitude a rendus *frères*, comme on les appelle dans nos campagnes, et qui, privés l'un de l'autre, se refusent au travail avec un nouveau compagnon et se laissent mourir de chagrin. Les gens qui ne connaissent pas la campagne taxent de fable l'amitié du bœuf pour son camarade d'attelage. Qu'ils viennent voir au fond de l'étable un pauvre animal maigre, exténué, battant de sa queue inquiète ses flancs décharnés, soufflant avec effroi et dédain sur la nourriture qu'on lui présente, les yeux toujours tournés vers la porte, en grattant du pied la place vide à ses côtés, flairant les jougs et les chaines que son compagnon a portés, et l'appelant sans cesse avec de déplorables mugissements. Le bouvier dira : « C'est une paire de bœufs perdue; son frère est mort, et celui-là ne travaillera plus. Il faudrait pouvoir l'engraisser pour l'abattre; mais il ne veut pas manger, et bientôt il sera mort de faim. »

Le vieux laboureur travaillait lentement, en silence, sans efforts inutiles. Son docile attelage ne se pressait pas plus que lui; mais grâce à la continuité d'un labeur sans distraction et d'une dépense de forces éprouvées et soutenues, son sillon était aussi vite creusé que celui de son fils, qui menait, à quelque distance, quatre bœufs moins robustes, dans une veine de terres plus fortes et plus pierreuses.

Mais ce qui attira ensuite mon attention était véritablement un beau spectacle, un noble sujet pour un peintre. A l'autre extrémité de la plaine labourable, un jeune homme de bonne mine conduisait un attelage magnifique : quatre paires de jeunes animaux à robe sombre mêlée de noir fauve à reflets de feu, avec ces têtes courtes et frisées qui sentent encore le taureau sauvage, ces gros yeux farouches, ces mouvements brusques, ce travail nerveux et saccadé qui s'irrite encore du joug et de l'aiguillon et n'obéit qu'en frémissant de colère à la domination nouvellement imposée. C'était ce qu'on appelle des bœufs *fraîchement liés*. L'homme qui les gouvernait avait à défricher un coin naguère abandonné au pâturage et rempli de souches séculaires, travail d'athlète auquel suffisaient à peine son énergie, sa jeunesse et ses huit animaux quasi indomptés.

Un enfant de six à sept ans, beau comme un ange, et les épaules couvertes, sur sa blouse, d'une peau d'agneau qui le faisait ressembler au petit saint Jean-Baptiste des peintres de la Renaissance, marchait dans le sillon parallèle à la charrue et piquait le flanc des bœufs avec une gaule longue et légère, armée d'un aiguillon peu acéré. Les fiers animaux frémissaient sous la petite main de l'enfant, et faisaient grincer les jougs et les courroies liés à leur front, en imprimant au timon de violentes secousses. Lorsqu'une racine arrêtait le soc, le laboureur criait d'une voix puissante, appelant chaque bête par son nom, mais plutôt pour calmer que pour exciter; car les bœufs, irrités par cette brusque résistance, bondissaient, creusaient la terre de leurs larges pieds fourchus, et se seraient jetés de côté emportant l'areau à travers champs, si, de la voix et de l'aiguillon, le jeune homme n'eût maintenu les quatre premiers, tandis que l'enfant gouvernait les quatre autres. Il criait aussi, le pauvret, d'une voix qu'il voulait rendre terrible et qui restait douce comme sa figure angélique. Tout cela était beau de force ou de grâce : le paysage, l'homme, l'enfant, les taureaux sous le joug; et, malgré cette lutte puissante, où la terre était vaincue, il y avait un sentiment de douceur et de calme profond qui planait sur toutes choses. Quand l'obstacle était surmonté et que l'attelage reprenait sa marche égale et solennelle, le laboureur, dont la feinte violence n'était qu'un exercice de vigueur et une dépense d'activité, reprenait tout à coup la sérénité des âmes simples et jetait un regard de contentement paternel sur son enfant, qui se retournait pour lui sourire. Puis la voix mâle de ce jeune père de famille entonnait le chant solennel et mélancolique que l'antique tradition du pays transmet, non à tous les laboureurs indistinctement, mais aux plus consommés dans l'art d'exciter et de soutenir l'ardeur des bœufs de travail. Ce chant, dont l'origine fut peut-être considérée comme sacrée, et auquel de mystérieuses influences ont dû être attribuées jadis, est réputé encore aujourd'hui vouloir posséder la vertu d'entretenir le courage de ces animaux, d'apaiser leurs mécontentements et de charmer l'ennui de leur longue besogne. Il ne suffit pas de savoir bien les conduire en traçant un sillon parfaitement rectiligne, de leur alléger la peine en soulevant ou enfonçant à point le fer dans la terre : on n'est point un parfait laboureur si on ne sait chanter aux bœufs, et c'est là une science à part qui exige un goût et des moyens particuliers.

Ce chant n'est, à vrai dire, qu'une sorte de récitatif interrompu et repris à volonté. Sa forme irrégulière et ses intonations fausses selon les règles de l'art musical le rendent intraduisible. Mais ce n'en est pas moins un beau chant, et tellement approprié à la nature du travail qu'il accompagne, à l'allure du bœuf, au calme des lieux agrestes, à la simplicité des hommes qui le disent, qu'aucun génie étranger au travail de la terre ne l'eût inventé, et qu'aucun chanteur autre qu'un *fin laboureur* de cette contrée ne saurait le redire. Aux époques de l'année où il n'y a pas d'autre travail et d'autre mouvement dans la campagne que celui du labourage, ce chant si doux et si puissant monte comme une voix de la brise, à laquelle sa tonalité particulière donne une certaine ressemblance. La note finale de chaque phrase, tenue et tremblée avec une longueur et une puissance d'haleine incroyable, monte d'un quart de ton en faussant systématiquement. Cela est sauvage, mais le charme en est indicible, et quand on s'est habitué à l'entendre, on ne conçoit pas qu'un autre chant pût s'élever à ces heures et dans ces lieux-là, sans en déranger l'harmonie.

Il se trouvait donc que j'avais sous les yeux un tableau qui contrastait avec celui d'Holbein, quoique ce fût une scène pareille. Au lieu d'un triste vieillard, un homme jeune et dispos; au lieu d'un attelage de chevaux efflanqués et harassés, un double quadrige de bœufs robustes et ardents; au lieu de la mort, un bel enfant; au lieu d'une image de désespoir et d'une idée de destruction, un spectacle d'énergie et une pensée de bonheur.

C'est alors que le quatrain français

A la sueur de ton visage, etc.

et le « *O fortunatos... agricolas* » de Virgile, me revinrent ensemble à l'esprit; et qu'en voyant ce couple si beau, l'homme et l'enfant, accomplir dans des conditions si poétiques, et avec tant de grâce unie à la force, un travail plein de grandeur et de solennité, je sentis une pitié profonde mêlée à un respect involontaire. Heureux le laboureur! oui, sans doute, je le serais à sa place, si mon bras, devenu tout d'un coup robuste, et ma poi-

trine devenue puissante, pouvaient ainsi féconder et chanter la nature, sans que mes yeux cessassent de voir et mon cerveau de comprendre l'harmonie des couleurs et des sons, la finesse des tons et la grâce des contours, en un mot, la beauté mystérieuse des choses! et surtout sans que mon cœur cessât d'être en relation avec le sentiment divin qui a présidé à la création immortelle et sublime.

Mais, hélas! cet homme n'a jamais compris le mystère du beau, cet enfant ne le comprendra jamais!... Dieu me préserve de croire qu'ils ne soient pas supérieurs aux animaux qu'ils dominent, et qu'ils n'aient pas par instants une sorte de révélation extatique qui charme leur fatigue et endort leurs soucis! Je vois sur leurs nobles fronts le sceau du Seigneur, car ils sont nés rois de la terre bien mieux que ceux qui la possèdent pour l'avoir payée. Et la preuve qu'ils le sentent, c'est qu'on ne les dépayserait pas impunément, c'est qu'ils aiment ce sol arrosé de leurs sueurs, c'est que le vrai paysan meurt de nostalgie sous le harnais du soldat, loin du champ qui l'a vu naître. Mais il manque à cet homme une partie des jouissances que je possède, jouissances immatérielles qui lui seraient bien dues, à lui, l'ouvrier du vaste temple que le ciel est seul assez vaste pour embrasser. Il lui manque la connaissance de son sentiment. Ceux qui l'ont condamné à la servitude dès le ventre de sa mère, ne pouvant lui ôter la rêverie, lui ont ôté la réflexion.

Eh bien! tel qu'il est, incomplet et condamné à une éternelle enfance, il est encore plus beau que celui chez qui la science a étouffé le sentiment. Ne vous élevez pas au-dessus de lui, vous autres qui vous croyez investis du droit légitime et imprescriptible de lui commander, car cette erreur effroyable où vous êtes prouve que votre esprit a tué votre cœur, et que vous êtes les plus incomplets et les plus aveugles des hommes!... J'aime encore mieux cette simplicité de son âme que les fausses lumières de la vôtre; et si j'avais à raconter sa vie, j'aurais plus de plaisir à en faire ressortir les côtés doux et touchants, que vous n'avez de mérite à peindre l'abjection où les rigueurs et les mépris de vos préceptes sociaux peuvent le précipiter.

Je connaissais ce jeune homme et ce bel enfant; je savais leur histoire, car ils avaient une histoire : tout le monde a la sienne, et chacun pourrait intéresser au roman de sa propre vie, s'il l'avait compris... Quoique paysan et simple laboureur, Germain s'était rendu compte de ses devoirs et de ses affections. Il me les avait racontés naïvement, clairement, et je l'avais écouté avec intérêt. Quand je l'eus regardé labourer assez longtemps, je me demandai pourquoi son histoire ne serait pas écrite, quoique ce fût une histoire aussi simple, aussi droite et aussi peu ornée que le sillon qu'il traçait avec sa charrue.

L'année prochaine, ce sillon sera comblé et couvert par un sillon nouveau. Ainsi s'imprime et disparaît la trace de la plupart des hommes dans le champ de l'humanité. Un peu de terre l'efface, et les sillons que nous avons creusés se succèdent les uns aux autres comme les tombes dans le cimetière. Le sillon du laboureur ne vaut-il pas celui de l'oisif, qui a pourtant un nom, un nom qui restera, si, par une singularité ou une absurdité quelconque, il fait un peu de bruit dans le monde?...

Eh bien! arrachons, s'il se peut, au néant de l'oubli, le sillon de Germain, le *fin laboureur*. Il n'en saura rien et ne s'en inquiétera guère; mais j'aurai eu quelque plaisir à le tenter.

III.

LE PÈRE MAURICE.

Germain, lui dit un jour son beau-père, il faut pourtant te décider à reprendre femme. Voilà bientôt deux ans que tu es veuf de ma fille, et ton aîné a sept ans. Tu approches de la trentaine, mon garçon, et tu sais que, passé cet âge-là, dans nos pays, un homme est réputé trop vieux pour rentrer en ménage. Tu as trois beaux enfants, et jusqu'ici ils ne nous ont point embarrassés. Ma femme et ma bru les ont soignés de leur mieux, et les ont aimés comme elles le devaient. Voilà Petit-Pierre quasi élevé ; il pique déjà les bœufs assez gentiment ; il est assez sage pour garder les bêtes au pré, et assez fort pour mener les chevaux à l'abreuvoir. Ce n'est donc pas celui-là qui nous gêne : mais les deux autres, que nous aimons pourtant, Dieu le sait, les pauvres innocents ! nous donnent cette année beaucoup de souci. Ma bru est près d'accoucher, et elle en a encore un tout petit sur les bras. Quand celui que nous attendons sera venu, elle ne pourra plus s'occuper de ta petite Solange et surtout de ton Sylvain, qui n'a pas quatre ans et qui ne se tient guère en repos ni le jour ni la nuit. C'est un sang vif comme toi : ça fera un bon ouvrier, mais ça fait un terrible enfant, et ma vieille ne court plus assez vite pour le rattraper quand il se sauve du côté de la fosse, ou quand il se jette sous les pieds des bêtes. Et puis, avec cet autre que ma bru va mettre au monde, son avant-dernier va retomber pendant un an au moins sur les bras de ma femme. Donc tes enfants nous inquiètent et nous surchargent. Nous n'aimons pas à voir des enfants mal soignés ; et quand on pense aux accidents qui peuvent leur arriver, faute de surveillance, on n'a pas la tête en repos. Il te faut donc une autre femme et à moi une autre bru. Songes-y, mon garçon. Je t'ai déjà averti plusieurs fois, le temps se passe, les années ne t'attendront point. Tu dois à tes enfants et à nous autres, qui voulons que tout aille bien dans la maison, de te remarier au plus tôt.

— Eh bien, mon père, répondit le gendre, si vous le voulez absolument, il faudra donc vous contenter. Mais je ne peux pas vous cacher que cela me fera beaucoup de peine, et que je n'en ai guère plus d'envie que de me noyer. On sait qui on perd et on ne sait pas qui l'on trouve. J'avais une brave femme, une belle femme, douce, courageuse, bonne à son père et mère, bonne à son mari, bonne à ses enfants, bonne au travail, aux champs comme à la maison, adroite à l'ouvrage, bonne à tout enfin ; et quand vous me l'avez donnée, quand je l'ai prise, nous n'avions pas mis dans nos conditions que je viendrais à l'oublier si j'avais le malheur de la perdre.

— Ce que tu dis là est d'un bon cœur, Germain, reprit le père Maurice ; je sais que tu as aimé ma fille, que tu l'as rendue heureuse, et que si tu avais pu contenter la mort en passant à sa place, Catherine serait en vie à l'heure qu'il est, et toi dans le cimetière. Elle méritait bien d'être aimée de toi à ce point-là, et si tu ne t'en consoles pas, nous ne nous en consolons pas non plus. Mais je ne te parle pas de l'oublier. Le bon Dieu a voulu qu'elle nous quittât, et nous ne passerons pas un jour sans lui faire savoir par nos prières, nos pensées, nos paroles et nos actions, que nous respectons son souvenir et que nous sommes fâchés de son départ. Mais si elle pouvait te parler de l'autre monde et te donner à connaître sa volonté, elle te commanderait de chercher une mère pour ses petits orphelins. Il s'agit donc de rencontrer une femme qui soit digne de la remplacer. Ce ne sera pas bien aisé ; mais ce n'est pas impossible ; et quand nous te l'aurons trouvée, tu l'aimeras comme tu aimais ma fille, parce que tu es un honnête homme, et que tu lui sauras gré de nous rendre service et d'aimer tes enfants.

— C'est bien, père Maurice, dit Germain, je ferai votre volonté comme je l'ai toujours faite.

— C'est une justice à te rendre, mon fils, que tu as toujours écouté l'amitié et les bonnes raisons de ton chef de famille. Avisons donc ensemble au choix de ta nouvelle femme. D'abord, je ne suis pas d'avis que tu prennes une jeunesse. Ce n'est pas ce qu'il te faut. La jeunesse est légère ; et comme c'est un fardeau d'élever trois enfants, surtout quand ils sont d'un autre lit, il faut une femme âme bien sage, bien douce et très-portée au travail. Si ta femme n'a pas environ le même âge que toi, elle n'aura pas assez de raison pour accepter un pareil devoir. Elle te trouvera trop vieux, et tes enfants trop jeunes. Elle se plaindra et tes enfants pâtiront.

— Voilà justement ce qui m'inquiète, dit Germain. Si ces pauvres petits venaient à être maltraités, haïs, battus ?

— A Dieu ne plaise ! reprit le vieillard. Mais les méchantes femmes sont plus rares dans notre pays que les bonnes, et il faudrait être bien fou, pour ne pas mettre la main sur celle qui convient.

— C'est vrai, mon père : il y a de bonnes filles dans notre village. Il y a la Louise, la Sylvaine, la Claudie, la Marguerite... enfin, celle que vous voudrez.

— Doucement, doucement, mon garçon, toutes ces filles-là sont trop jeunes ou trop pauvres... ou trop jolies filles ; car, enfin, il faut penser à cela aussi, mon fils. Une jolie femme n'est pas toujours aussi rangée qu'une autre.

— Vous voulez donc que j'en prenne une laide ? dit Germain un peu inquiet.

— Non, point laide, car cette femme te donnera d'autres enfants et il n'y a rien de si triste que d'avoir des enfants laids, chétifs et malsains. Mais une femme encore fraîche, d'une bonne santé et qui ne soit ni belle ni laide, ferait très-bien ton affaire.

— Je vois bien, dit Germain en souriant un peu tristement, que, pour l'avoir telle que vous la voulez, il faudra la faire faire exprès : d'autant plus, que vous ne la voulez point pauvre, et que les riches ne sont pas faciles à obtenir surtout pour un veuf.

— Et si elle était veuve elle-même, Germain ? là, une veuve sans enfants, et avec un bon bien ?

— Je n'en connais pas pour le moment dans notre paroisse.

— Ni moi non plus, mais il y en a ailleurs.

— Vous avez quelqu'un en vue, mon père ; alors, dites-le tout de suite.

IV.

GERMAIN LE FIN LABOUREUR.

— Oui, j'ai quelqu'un en vue : répondit le père Maurice. C'est une Léonard, veuve d'un Guérin, qui demeure à Fourche.

— Je ne connais ni la femme ni l'endroit, répondit Germain résigné, mais de plus en plus triste.

— Elle s'appelle Catherine, comme ta défunte.

— Catherine ? Oui, ça me fera plaisir d'avoir à dire ce nom-là ; Catherine ! Et pourtant, si je ne peux pas l'aimer autant que l'autre, ça me fera encore plus de peine, ça me la rappellera plus souvent.

— Je te dis que tu l'aimeras : c'est un bon sujet, une femme de grand cœur ; je ne l'ai pas vue depuis longtemps, elle n'était pas laide fille alors ; mais elle n'est plus jeune, elle a trente-deux ans. Elle est d'une bonne famille, tous braves gens, et elle a bien pour huit ou dix mille francs de terres, qu'elle vendrait volontiers pour en acheter d'autres dans l'endroit où elle s'établirait ; car elle songe aussi à se remarier, et je sais que, si ton caractère lui convenait, elle ne trouverait pas la position mauvaise.

— Vous avez donc déjà arrangé tout cela ?

— Oui, sauf votre avis à tous les deux ; et c'est ce qu'il faudrait vous demander l'un à l'autre en faisant connaissance. Le père de cette femme-là est un peu mon parent, et il a été beaucoup mon ami. Tu le connais bien, le père Léonard ?

— Oui, je l'ai vu vous parler dans les foires, et, à la dernière, vous avez déjeuné ensemble ; c'est donc de cela qu'il vous entretenait si longuement ?

— Sans doute ; il te regardait vendre tes bêtes et il trouvait que tu t'y prenais bien, que tu étais un garçon de bonne mine, que tu paraissais actif et entendu ; et quand je lui eus dit tout ce que tu es et comme tu te conduis bien avec nous, depuis huit ans que nous vivons et travaillons ensemble, sans avoir jamais eu un mot de chagrin ou de colère, il s'est mis dans la tête de te faire épouser sa fille ; ce qui me convient aussi, je te le con-

Germain, lui dit un jour son beau-père, il faut pourtant te décider à reprendre femme. (Page 6.)

fesse, d'après la bonne renommée qu'elle a, d'après l'honnêteté de sa famille et les bonnes affaires où je sais qu'ils sont.

—Je vois, père Maurice, que vous tenez un peu aux bonnes affaires.

—Sans doute, j'y tiens. Est-ce que tu n'y tiens pas aussi?

—J'y tiens si vous voulez, pour vous faire plaisir; mais vous savez que, pour ma part, je ne m'embarrasse jamais de ce qui me revient ou ne me revient pas dans nos profits. Je ne m'entends pas à faire des partages, et ma tête n'est pas bonne pour ces choses-là. Je connais la terre, je connais les bœufs, les chevaux, les attelages, les semences, la battaison, les fourrages. Pour les moutons, la vigne, le jardinage, les menus profits et la culture fine, vous savez que ça regarde votre fils et que je ne m'en mêle pas beaucoup. Quant à l'argent, ma mémoire est courte, et j'aimerais mieux tout céder que de disputer sur le tien et le mien. Je craindrais de me tromper et de réclamer ce qui ne m'est pas dû, et si les affaires n'étaient pas simples et claires, je ne m'y retrouverais jamais.

—C'est tant pis, mon fils, et voilà pourquoi j'aimerais que tu eusses une femme de tête pour me remplacer quand je n'y serai plus. Tu n'as jamais voulu voir clair dans nos comptes, et ça pourrait t'amener du désagrément avec mon fils, quand vous ne m'aurez plus pour vous mettre d'accord et vous dire ce qui vous revient à chacun.

—Puissiez-vous vivre longtemps, père Maurice! Mais ne vous inquiétez pas de ce qui sera après vous; jamais je ne me disputerai avec votre fils. Je me fie à Jacques comme à vous-même, et comme je n'ai pas de bien à moi, que tout ce qui peut me revenir provient de votre fille et appartient à nos enfants, je peux être tranquille et vous aussi; Jacques ne voudrait pas dépouiller les enfants de sa sœur pour les siens, puisqu'il les aime quasi autant les uns que les autres.

—Tu as raison en cela, Germain. Jacques est un bon fils, un bon frère et un homme qui aime la vérité. Mais Jacques peut mourir avant toi, avant que vos enfants soient élevés, et il faut toujours songer, dans une famille, à ne pas laisser des mineurs sans un chef pour les bien conseiller et régler leurs différends. Autrement les gens

Il ne faut pas voir comme ça les choses par le mauvais côté, répondit la
petite Marie, en tenant la bride du cheval. (Page 12.)

de loi s'en mêlent, les brouillent ensemble et leur font tout manger en procès. Ainsi donc, nous ne devons pas penser à mettre chez nous une personne de plus, soit homme, soit femme, sans nous dire qu'un jour cette personne-là aura peut-être à diriger la conduite et les affaires d'une trentaine d'enfants, petits-enfants, gendres et brus... On ne sait pas combien une famille peut s'accroître, et quand la ruche est trop pleine, qu'il faut essaimer, chacun songe à emporter son miel. Quand je t'ai pris pour gendre, quoique ma fille fût riche et toi pauvre, je ne lui ai pas fait reproche de t'avoir choisi. Je te voyais bon travailleur, et je savais bien que la meilleure richesse pour des gens de campagne comme nous, c'est une paire de bras et un cœur comme les tiens. Quand un homme apporte cela dans une famille, il apporte assez. Mais une femme, c'est différent : son travail dans la maison est bon pour conserver, non pour acquérir. D'ailleurs, à présent que tu es père et que tu cherches femme, il faut songer que tes nouveaux enfants, n'ayant rien à prétendre dans l'héritage de ceux du premier lit, se trouveraient dans la misère si tu venais à mourir, à moins que ta femme n'eût quelque bien de son côté. Et puis, les

enfants dont tu vas augmenter notre colonie coûteront quelque chose à nourrir. Si cela retombait sur nous seuls, nous les nourririons, bien certainement, et sans nous en plaindre ; mais le bien-être de tout le monde en serait diminué, et les premiers enfants auraient leur part de privations là-dedans. Quand les familles augmentent outre mesure sans que le bien augmente en proportion, la misère vient, quelque courage qu'on y mette. Voilà mes observations, Germain, pèse-les, et tâche de te faire agréer à la veuve Guérin ; car sa bonne conduite et ses écus apporteront ici de l'aide dans le présent et de la tranquillité pour l'avenir.

— C'est dit, mon père. Je vais tâcher de lui plaire et qu'elle me plaise.

— Pour cela il faut la voir et aller la trouver.

— Dans son endroit? A Fourche? C'est loin d'ici, n'est-ce pas? et nous n'avons guère le temps de courir dans cette saison.

— Quand il s'agit d'un mariage d'amour, il faut s'attendre à perdre du temps ; mais quand c'est un mariage de raison entre deux personnes qui n'ont pas de caprices et savent ce qu'elles veulent, c'est bientôt décidé. C'est demain samedi; tu feras ta journée de labour un peu courte, tu partiras vers les deux heures après-dîner; tu seras à Fourche à la nuit; la lune est grande dans ce moment-ci, les chemins sont bons, et il n'y a pas plus de trois lieues de pays. C'est près du Magnier. D'ailleurs tu prendras la jument.

— J'aimerais autant aller à pied, par ce temps frais.

— Oui, mais la jument est belle, et un prétendu qui arrive aussi bien monté a meilleur air. Tu mettras tes habits neufs et tu porteras un peu présent de gibier au père Léonard. Tu arriveras de ma part, tu causeras avec lui, tu passeras la journée du dimanche avec sa fille, et tu reviendras avec un oui ou un non lundi matin.

— C'est entendu, répondit tranquillement Germain; et pourtant il n'était pas tout à fait tranquille.

Germain avait toujours vécu sagement comme vivent les paysans laborieux. Marié à vingt ans, il n'avait aimé qu'une femme dans sa vie, et, depuis son veuvage, quoiqu'il fût d'un caractère impétueux et enjoué, il n'avait ri et folâtré avec aucune autre. Il avait porté fidèlement un véritable regret dans son cœur, et ce n'était pas sans crainte et sans tristesse qu'il cédait à son beau-père; mais le beau-père avait toujours gouverné sagement la famille, et Germain, qui s'était dévoué tout entier à l'œuvre commune, et, par conséquent, à celui qui la personnifiait, au père de famille, Germain ne comprenait pas qu'il pût se révolter contre de bonnes raisons, contre l'intérêt de tous.

Néanmoins, il était triste. Il se passait peu de jours qu'il ne pleurât sa femme en secret, et, quoique la solitude commençât à lui peser, il était plus effrayé de former une union nouvelle que désireux de se soustraire à son chagrin. Il se disait vaguement que l'amour eût pu le consoler, en venant le surprendre, car l'amour ne console pas autrement. On ne le trouve pas quand on le cherche; il vient à nous quand nous ne l'attendons pas. Ce froid projet de mariage que lui montrait le père Maurice, cette fiancée inconnue, peut-être même tout ce bien qu'on lui disait de sa raison et de sa vertu, lui donnaient à penser. Et il s'en allait, songeant, comme songent les hommes qui n'ont pas assez d'idées pour qu'elles se combattent entre elles, c'est-à-dire ne se formulant pas à lui-même de belles raisons de résistance et d'égoïsme, mais souffrant d'une douleur sourde, et ne luttant pas contre un mal qu'il fallait accepter.

Cependant, le père Maurice était rentré à la métairie, tandis que Germain, entre le coucher du soleil et la nuit, occupait la dernière heure du jour à fermer les brèches que les moutons avaient faites à la bordure d'un enclos voisin des bâtiments. Il relevait les tiges d'épine et les soutenait avec des mottes de terre, tandis que les grives babillaient dans le buisson voisin et semblaient lui crier de se hâter, curieuses qu'elles étaient de venir examiner son ouvrage aussitôt qu'il serait parti.

V.

LA GUILLETTE.

Le père Maurice trouva chez lui une vieille voisine qui était venue causer avec sa femme tout en cherchant de la braise pour allumer son feu. La mère Guillette habitait une chaumière fort pauvre à deux portées de fusil de la ferme. Mais c'était une femme d'ordre et de volonté. Sa pauvre maison était propre et bien tenue, et ses vêtements rapiécés avec soin annonçaient le respect de soi-même au milieu de la détresse.

— Vous êtes venue chercher le feu du soir, mère Guillette, lui dit le vieillard. Voulez-vous quelque autre chose?

— Non, père Maurice, répondit-elle; rien pour le moment. Je ne suis pas quémandeuse, vous le savez, et je n'abuse pas de la bonté de mes amis.

— C'est la vérité; aussi vos amis sont toujours prêts à vous rendre service.

— J'étais en train de causer avec votre femme, et je lui demandais si Germain se décidait enfin à se remarier.

— Vous n'êtes point une bavarde, répondit le père Maurice, on peut parler devant vous sans craindre les propos : ainsi je dirai à ma femme et à vous que Germain est tout à fait décidé; il part demain pour le domaine de Fourche.

— A la bonne heure! s'écria la mère Maurice; ce pauvre enfant! Dieu veuille qu'il trouve une femme aussi bonne et aussi brave que lui!

— Ah! il va à Fourche? observa la Guillette. Voyez comme ça se trouve! cela m'arrange beaucoup, et puisque vous me demandiez tout à l'heure si je désirais quelque chose, je vais vous dire, père Maurice, en quoi vous pouvez m'obliger.

— Dites, dites, vous obliger, nous le voulons.

— Je voudrais que Germain prît la peine d'emmener ma fille avec lui.

— Où donc? à Fourche?

— Non pas à Fourche; mais aux Ormeaux, où elle va demeurer le reste de l'année.

— Comment! dit la mère Maurice, vous vous séparez de votre fille?

— Il faut bien qu'elle entre en condition et qu'elle gagne quelque chose. Ça me fait assez de peine et à elle aussi, la pauvre âme! Nous n'avons pas pu nous décider à nous quitter à l'époque de la Saint-Jean; mais voilà que la Saint-Martin arrive, et qu'elle trouve une bonne place de bergère dans les fermes des Ormeaux. Le fermier passait l'autre jour par ici en revenant de la foire. Il vit ma petite Marie qui gardait ses trois moutons sur le communal. « Vous n'êtes guère occupée, ma petite fille, qu'il lui dit; et trois moutons pour une *pastoure*, ce n'est guère. Voulez-vous en garder cent? je vous emmène. La bergère de chez nous est tombée malade, elle retourne chez ses parents, et si vous voulez être chez nous avant huit jours, vous aurez cinquante francs pour le reste de l'année jusqu'à la Saint-Jean. » L'enfant a refusé, mais elle n'a pu se défendre d'y songer et de me le dire lorsqu'en rentrant le soir elle m'a vue triste et embarrassée de passer l'hiver, qui va être rude et long, puisqu'on a vu, cette année, les grues et les oies sauvages traverser les airs un grand mois plus tôt que de coutume. Nous avons pleuré toutes deux; mais enfin le courage est venu. Nous nous sommes dit que nous ne pouvions pas rester ensemble, puisqu'il y a à peine de quoi faire vivre une seule personne sur notre lopin de terre; et puisque Marie est en âge (la voilà qui prend seize ans), il faut bien qu'elle fasse comme les autres, qu'elle gagne son pain et qu'elle aide sa pauvre mère.

— Mère Guillette, dit le vieux laboureur, s'il ne fallait que cinquante francs pour vous consoler de vos peines et vous dispenser d'envoyer votre enfant au loin, vrai, je vous les ferais trouver, quoique cinquante francs pour des gens comme nous ça commence à peser. Mais en toutes choses il faut consulter la raison autant que l'amitié. Pour être sauvée de la misère de cet hiver, vous ne le serez pas de la misère à venir, et plus votre fille tardera à prendre un parti, plus elle et vous aurez de peine à vous quitter. La petite Marie se fait grande et forte, et elle n'a pas de quoi s'occuper chez vous. Elle pourrait y prendre l'habitude de la fainéantise...

— Oh! pour ça, je ne le crains pas, dit la Guillette. Marie est courageuse autant que fille riche et à la tête d'un gros travail puisse l'être. Elle ne reste pas un instant les bras croisés, et quand nous n'avons pas d'ouvrage, elle nettoie et frotte nos pauvres meubles qu'elle rend clairs comme des miroirs. C'est une enfant qui vaut son pesant d'or, et j'aurais bien mieux aimé qu'elle entrât chez vous comme bergère que d'aller si loin chez des gens que je ne connais pas. Vous l'auriez prise à la Saint-Jean, si nous avions su nous décider; mais à présent vous avez loué tout votre monde, et ce n'est qu'à la Saint-Jean de l'autre année que nous pourrons y songer.

— Eh! j'y consens de tout mon cœur, Guillette! Cela me fera plaisir. Mais en attendant, elle fera bien d'apprendre un état et de s'habituer à servir les autres.

— Oui, sans doute; le sort en est jeté. Le fermier des

Ormeaux l'a fait demander ce matin ; nous avons dit oui, et il faut qu'elle parte. Mais la pauvre enfant ne sait pas le chemin, et je n'aimerais pas à l'envoyer si loin toute seule. Puisque votre gendre va à Fourche demain, il peut bien l'emmener. Il paraît que c'est tout à côté du domaine où elle va, à ce qu'on m'a dit ; car je n'ai jamais fait ce voyage-là.

— C'est tout à côté, et mon gendre la conduira. Cela se doit ; il pourra même la prendre en croupe sur la jument, ce qui ménagera ses souliers. Le voilà qui rentre pour souper. Dis-moi, Germain, la petite Marie à la mère Guillette s'en va bergère aux Ormeaux. Tu la conduiras sur ton cheval, n'est-ce pas ?

— C'est bien, répondit Germain, qui était soucieux, mais toujours disposé à rendre service à son prochain.

Dans notre monde à nous, pareille chose ne viendrait pas à la pensée d'une mère, de confier une fille de seize ans à un homme de vingt-huit ! car Germain n'avait réellement que vingt-huit ans, et, quoique, selon les idées de son pays, il passât pour vieux au point de vue du mariage, il était encore le plus bel homme de l'endroit. Le travail ne l'avait pas creusé et flétri comme la plupart des paysans qui ont dix années de labourage sur la tête. Il était de force à labourer encore dix ans sans paraître vieux, et il eût fallu que le préjugé de l'âge fût bien fort sur l'esprit d'une jeune fille pour l'empêcher de voir que Germain avait le teint frais, l'œil vif et bleu comme le ciel de mai, la bouche rose, des dents superbes, le corps élégant et souple comme celui d'un jeune cheval qui n'a pas encore quitté le pré.

Mais la chasteté des mœurs est une tradition sacrée dans certaines campagnes éloignées du mouvement corrompu des grandes villes, et, entre toutes les familles de Bélair la famille de Maurice était réputée honnête et servant la vérité. Germain s'en allait chercher femme ; Marie était une enfant trop jeune et trop pauvre pour qu'il y songeât dans cette vue, et, à moins d'être un sans cœur et un mauvais homme, il était impossible qu'il eût une coupable pensée auprès d'elle. Le père Maurice ne fut donc nullement inquiet de lui voir prendre en croupe cette jolie fille ; la Guillette eût cru lui faire injure si elle lui eût recommandé de la respecter comme sa sœur ; Marie monta sur la jument en pleurant, après avoir vingt fois embrassé sa mère et ses jeunes amies. Germain, qui était triste de son compte, compatissait d'autant plus à son chagrin, et s'en alla d'un air sérieux, tandis que les gens du voisinage disaient adieu de la main à la pauvre Marie sans songer à mal.

VI.

PETIT PIERRE.

La Grise était jeune, belle et vigoureuse. Elle portait sans effort son double fardeau, couchant les oreilles et rongeant son frein, comme une fière et ardente jument qu'elle était. En passant devant le pré-long, elle aperçut sa mère, qui s'appelait la vieille Grise, comme elle la jeune Grise, et elle hennit en signe d'adieu. La vieille Grise approcha de la haie en faisant résonner ses enferges, essaya de galoper sur la marge du pré pour suivre sa fille ; puis, la voyant prendre le grand trot, elle hennit à son tour, et resta pensive, inquiète, le nez au vent, la bouche pleine d'herbes qu'elle ne songeait plus à manger.

— Cette pauvre bête connaît toujours sa progéniture, dit Germain pour distraire la petite Marie de son chagrin. Ça me fait penser que je n'ai pas embrassé mon petit Pierre avant de partir. Le mauvais enfant n'était pas là ! Il voulait, hier au soir, me faire promettre de l'emmener, et il a pleuré pendant une heure dans son lit. Ce matin, encore, il a tout essayé pour me persuader. Oh ! qu'il est adroit et câlin ! mais quand il a vu que ça ne se pouvait pas, monsieur s'est fâché : il est parti dans les champs, et je ne l'ai pas revu de la journée.

— Moi, je l'ai vu, dit la petite Marie en faisant effort pour rentrer ses larmes. Il courait avec les enfants de Soulas du côté des tailles, et je me suis bien doutée qu'il était hors de la maison depuis longtemps, car il avait faim et mangeait des prunelles et des mûres de buisson. Je lui ai donné le pain de mon goûter, et il m'a dit : Merci, ma Marie mignonne : quand tu viendras chez nous, je te donnerai de la galette. C'est un enfant trop gentil que vous avez là, Germain !

— Oui, qu'il est gentil, reprit le laboureur, et je ne sais pas ce que je ne ferais pas pour lui ! Si sa grand'-mère n'avait pas eu plus de raison que moi, je n'aurais pas pu me tenir de l'emmener, quand je le voyais pleurer si fort que son pauvre petit cœur en était tout gonflé.

— Eh bien ! pourquoi ne l'auriez-vous pas emmené, Germain ? Il ne vous aurait guère embarrassé ; il est si raisonnable quand on fait sa volonté !

— Il paraît qu'il aurait été de trop là où je vais. Du moins c'était l'avis du père Maurice... Moi, pourtant, j'aurais pensé qu'au contraire il fallait voir comment on le recevrait, et qu'un si gentil enfant ne pouvait qu'être pris en bonne amitié... Mais ils disent à la maison qu'il ne faut pas commencer par faire voir les charges du ménage... Je ne sais pas pourquoi je te parle de ça, petite Marie : tu n'y comprends rien.

— Si fait, Germain ; je sais que vous allez pour vous marier ; ma mère me l'a dit, en me recommandant de n'en parler à personne, ni chez nous, ni là où je vais, et vous pouvez être tranquille : je n'en dirai mot.

— Tu feras bien, car ce n'est pas fait ; peut-être que je ne conviendrai pas à la femme en question.

— Il faut espérer que si, Germain. Pourquoi donc ne ne lui conviendriez-vous pas ?

— Qui sait ? J'ai trois enfants, et c'est lourd pour une femme qui n'est pas leur mère !

— C'est vrai, mais vos enfants ne sont pas comme d'autres enfants.

— Crois-tu ?

— Ils sont beaux comme des petits anges, et si bien élevés qu'on n'en peut pas voir de plus aimables.

— Il y a Sylvain qui n'est pas trop commode.

— Il est tout petit ! il ne peut pas être autrement que terrible, mais il a tant d'esprit !

— C'est vrai qu'il a de l'esprit : et un courage ! Il ne craint ni vaches ni taureaux, et si on le laissait faire, il grimperait déjà sur les chevaux avec son aîné.

— Moi, à votre place, j'aurais amené l'aîné. Bien sûr ça vous aurait fait aimer tout de suite, d'avoir un enfant si beau !

— Oui, si la femme aime les enfants ; mais si elle ne les aime pas !

— Est-ce qu'il y a des femmes qui n'aiment pas les enfants ?

— Pas beaucoup, je pense ; mais enfin il y en a, et c'est là ce qui me tourmente.

— Vous ne la connaissez donc pas du tout cette femme ?

— Pas plus que toi, et je crains de ne pas la mieux connaître, après que je l'aurai vue. Je ne suis pas méfiant, moi. Quand on me dit de bonnes paroles, j'y crois : mais j'ai été plus d'une fois à même de m'en repentir, car les paroles ne sont pas des actions.

— On dit que c'est une fort brave femme.

— Qui dit cela ? le père Maurice !

— Oui, votre beau-père.

— C'est fort bien ; mais il ne la connaît pas non plus.

— Eh bien, vous la verrez tantôt, vous ferez grande attention, et il faut espérer que vous ne vous tromperez pas, Germain.

— Tiens, petite Marie, je serais bien aise que tu entres un peu dans la maison, avant de t'en aller tout droit aux Ormeaux : tu es fine, toi, tu as toujours montré de l'esprit, et tu fais attention à tout. Si tu vois quelque chose qui te donne à penser, tu m'en avertiras tout doucement.

— Oh ! non, Germain, je ne ferai pas cela ! je craindrais trop de me tromper ; et, d'ailleurs, si une parole dite à la légère venait à vous dégoûter de ce mariage, vos parents m'en voudraient, et j'ai bien assez de chagrins comme ça, sans en attirer d'autres sur ma pauvre chère femme de mère.

Comme ils devisaient ainsi, la Grise fit un écart en dressant les oreilles, puis revint sur ses pas, et se rapprocha du buisson, où quelque chose qu'elle commençait à reconnaître l'avait d'abord effrayée. Germain jeta un regard sur le buisson, et vit dans le fossé, sous les branches épaisses et encore fraîches d'un têteau de chêne, quelque chose qu'il prit pour un agneau.

— C'est une bête égarée, dit-il, ou morte, car elle ne bouge. Peut-être que quelqu'un la cherche; il faut voir!

— Ce n'est pas une bête, s'écria la petite Marie : c'est un enfant qui dort; c'est votre Petit-Pierre.

— Par exemple! dit Germain en descendant de cheval : voyez ce petit garnement qui dort là, si loin de la maison, et dans un fossé où quelque serpent pourrait bien le trouver!

Il prit dans ses bras l'enfant, qui lui sourit en ouvrant les yeux et jeta ses bras autour de son cou, en lui disant : Mon petit père, tu vas m'emmener avec toi!

— Ah oui! toujours la même chanson! Que faisiez-vous là, mauvais Pierre?

— J'attendais mon petit père à passer, dit l'enfant; je regardais sur le chemin, et à force de regarder, je me suis endormi.

— Et si j'étais passé sans te voir, tu serais resté toute la nuit dehors, et le loup t'aurait mangé?

— Oh! je savais bien que tu me verrais! répondit Petit-Pierre avec confiance.

— Eh bien, à présent, mon Pierre, embrasse-moi, dis-moi adieu, et retourne vite à la maison, si tu ne veux pas qu'on soupe sans toi.

— Tu ne veux donc pas m'emmener? s'écria le petit en commençant à frotter ses yeux pour montrer qu'il avait dessein de pleurer.

— Tu sais bien que grand-père et grand'mère ne le veulent pas, dit Germain, se retranchant derrière l'autorité des vieux parents, comme un homme qui ne compte guère sur la sienne propre.

Mais l'enfant n'entendit rien. Il se prit à pleurer tout de bon, disant que puisque son père emmenait la petite Marie, il pouvait bien l'emmener aussi. On lui objecta qu'il fallait passer les grands bois, qu'il y avait beaucoup là de méchantes bêtes qui mangeaient les petits enfants, que la Grise ne voulait pas porter trois personnes, qu'elle l'avait déclaré en partant, et que, dans le pays où l'on se rendait, il n'y avait ni lit ni souper pour les marmots. Toutes ces excellentes raisons ne persuadèrent point Petit-Pierre; il se jeta sur l'herbe, et s'y roula, en criant que son petit père ne l'aimait plus, et que s'il ne l'emmenait pas, il ne rentrerait point du jour ni de la nuit à la maison.

Germain avait un cœur de père aussi tendre et aussi faible que celui d'une femme. La mort de la sienne, les soins qu'il avait été forcé de rendre seul à ses petits, aussi la pensée que ces pauvres enfants sans mère avaient besoin d'être beaucoup aimés, avaient contribué à le rendre ainsi, et il se fit en lui un si rude combat, d'autant plus qu'il rougissait de sa faiblesse et s'efforçait de cacher son malaise à la petite Marie, que la sueur lui en vint au front et que ses yeux se bordèrent de rouge, prêts à pleurer aussi. Enfin il essaya de se mettre en colère; mais, en se retournant vers la petite Marie, comme pour la prendre à témoin de sa fermeté d'âme, il vit que le visage de cette bonne fille était baigné de larmes, et tout son courage l'abandonnant, il lui fut impossible de retenir les siennes, bien qu'il grondât et menaçât encore.

— Vrai, vous avez le cœur trop dur, lui dit enfin la petite Marie, et, pour ma part, je ne pourrai jamais résister comme cela à un enfant qui a un si gros chagrin. Voyons, Germain, emmenez-le. Votre jument est bien habituée à porter deux personnes et un enfant, à preuve que votre beau-frère et sa femme, qui est plus lourde que moi de beaucoup, vont au marché le samedi avec leur garçon, sur le dos de cette bonne bête. Vous le mettrez à cheval devant vous, et d'ailleurs j'aime mieux m'en aller

toute seule à pied que de faire de la peine à ce petit.

— Qu'à cela ne tienne, répondit Germain, qui mourait d'envie de se laisser convaincre. La Grise est forte et en porterait deux de plus, s'il y avait place sur son échine. Mais que ferons-nous de cet enfant en route? il aura froid, il aura faim... et qui prendra soin de lui ce soir et demain pour le coucher, le laver et le rhabiller? Je n'ose pas donner cet ennui-là à une femme que je ne connais pas, et qui trouvera, sans doute, que je suis bien sans façons avec elle pour commencer.

— D'après l'amitié ou l'ennui qu'elle montrera, vous la connaîtrez tout de suite, Germain, croyez-moi, et d'ailleurs, si elle rebute votre Pierre, moi je m'en charge. J'irai chez elle l'habiller et je l'emmènerai aux champs demain. Je l'amuserai toute la journée et j'aurai soin qu'il ne manque de rien.

— Et il t'ennuiera, ma pauvre fille! Il te gênera! toute une journée, c'est long!

— Ça me fera plaisir, au contraire, ça me tiendra compagnie, et ça me rendra moins triste le premier jour que j'aurai à passer dans un nouveau pays. Je me figurerai que je suis encore chez nous.

L'enfant, voyant que la petite Marie prenait son parti, s'était cramponné à sa jupe et la tenait si fort qu'il eût fallu lui faire du mal pour l'en arracher. Quand il reconnut que son père cédait, il prit la main de Marie dans ses deux petites mains brunies par le soleil, et l'embrassa en sautant de joie et en la tirant vers la jument, avec cette impatience ardente que les enfants portent dans leurs désirs.

— Allons, allons, dit la jeune fille, en le soulevant dans ses bras, tâchons d'apaiser ce pauvre cœur qui saute comme un petit oiseau, et si tu sens le froid quand la nuit viendra, dis-le-moi, mon Pierre, je te serrerai dans ma cape. Embrasse ton petit père et demande-lui pardon d'avoir fait le méchant. Dis que ça ne t'arrivera plus, jamais! jamais, entends-tu?

— Oui, oui, à condition que je ferai toujours sa volonté, n'est-ce pas? dit Germain en essuyant les yeux du petit avec son mouchoir : ah! Marie, vous me le gâtez, ce drôle-là!... Et vraiment, tu es une trop bonne fille, petite Marie. Je ne sais pas pourquoi tu n'es pas entrée bergère chez nous à la Saint-Jean dernière. Tu aurais pris soin de mes enfants, et j'aurais mieux aimé te payer un bon prix pour les servir, que d'aller chercher une femme qui croira peut-être me faire beaucoup de grâce en ne me détestant pas.

— Il ne faut pas voir comme ça les choses par le mauvais côté, répondit la petite Marie, en tenant la bride du cheval pendant que Germain plaçait son fils sur le devant du large bât garni de peau de chèvre : si votre femme n'aime pas les enfants, vous me prendrez à votre service l'an prochain, et, soyez tranquille, je les amuserai si bien, qu'ils ne s'apercevront de rien.

VII.

DANS LA LANDE.

— Ah ça, dit Germain, lorsqu'ils eurent fait quelques pas, que va-t-on penser à la maison en ne voyant pas rentrer ce petit bonhomme? Les parents vont être inquiets et le chercheront partout.

— Vous allez dire au cantonnier qui travaille là-haut sur la route, que vous l'emmenez, et vous lui recommanderez d'avertir votre monde.

— C'est vrai, Marie, tu t'avises de tout, toi! moi, je ne pensais plus que Jeannie devait être par là.

— Et justement, il demeure tout près de la métairie; il ne manquera pas de faire la commission.

Quand on eut avisé à cette précaution, Germain remit la jument au trot, et Petit-Pierre était si joyeux, qu'il ne s'aperçut pas tout de suite qu'il n'avait pas dîné; mais le mouvement du cheval lui creusant l'estomac, il se prit, au bout d'une lieue, à bâiller, à pâlir, et à confesser qu'il mourait de faim.

— Voilà que ça commence, dit Germain. Je savais bien que nous n'irions pas loin sans que ce Monsieur criât la faim ou la soif.

— J'ai soif aussi ! dit Petit-Pierre.

— Eh bien ! nous allons donc entrer dans le cabaret de la mère Rebec, à Corlay, au *Point du Jour ?* Belle enseigne, mais pauvre gîte ! Allons, Marie, tu boiras aussi un doigt de vin.

— Non, non, je n'ai besoin de rien, dit-elle, je tiendrai la jument pendant que vous entrerez avec le petit.

— Mais j'y songe, ma bonne fille, tu as donné ce matin le pain de ton goûter à mon Pierre, et toi, tu es à jeun ; tu n'as pas voulu dîner avec nous à la maison, tu ne faisais que pleurer.

— Oh ! je n'avais pas faim, j'avais trop de peine ! et je vous jure qu'à présent encore je ne sens aucune envie de manger.

— Il faut te forcer, petite ; autrement tu seras malade. Nous avons du chemin à faire, et il ne faut pas arriver là-bas comme des affamés pour demander du pain avant de dire bonjour. Moi-même je veux te donner l'exemple, quoique je n'aie pas grand appétit ; mais j'en viendrai à bout, vu que, après tout, je n'ai pas dîné non plus. Je vous voyais pleurer, toi et ta mère, et ça me troublait le cœur. Allons, allons, je vais attacher la Grise à la porte ; descends, je le veux.

Ils entrèrent tous trois chez la Rebec, et, en moins d'un quart d'heure, la grosse boiteuse réussit à leur servir une omelette de bonne mine, du pain bis et du vin clairet.

Les paysans ne mangent pas vite, et le petit Pierre avait si grand appétit qu'il se passa bien une heure avant que Germain pût songer à se remettre en route. La petite Marie avait mangé par complaisance d'abord ; puis, peu à peu, la faim était venue : car à seize ans on ne peut pas faire longtemps diète, et l'air des campagnes est impérieux. Les bonnes paroles que Germain sut lui dire pour la consoler et lui faire prendre courage produisirent aussi leur effet ; elle fit effort pour se persuader que sept mois seraient bientôt passés, et pour songer au bonheur qu'elle aurait de se retrouver dans sa famille et dans son hameau, puisque le père Maurice et Germain s'accordaient pour lui promettre de la prendre à leur service. Mais comme elle commençait à s'égayer et à badiner avec le petit Pierre, Germain eut la malheureuse idée de lui faire regarder, de la fenêtre du cabaret, la belle vue de la vallée qu'on voit tout entière de cette hauteur, et qui est si riante, si verte et si fertile. Marie regarda et demanda si de là on voyait les maisons de Belair.

— Sans doute, dit Germain, et la métairie, et même ta maison. Tiens, ce petit point gris, pas loin du grand peuplier à Godard, plus bas que le clocher.

— Ah ! je la vois, dit la petite, et là-dessus elle recommença de pleurer.

— J'ai eu tort de te faire songer à ça, dit Germain, je ne fais que des bêtises aujourd'hui ! Allons, Marie, partons, ma fille ; les jours sont courts et, dans une heure, quand la lune montera, il ne fera pas chaud.

Ils se remirent en route, traversèrent la grande *brande*, et, comme pour ne pas fatiguer la jeune fille et l'enfant par un trop grand trot, Germain ne pouvait faire aller la Grise bien vite, le soleil était couché quand ils quittèrent la route pour gagner les bois.

Germain connaissait le chemin jusqu'au Magnier ; mais il pensa qu'il aurait plus court en ne prenant pas l'avenue de Chanteloube, mais en descendant par Presles et la Sépulture, direction qu'il n'avait pas l'habitude de prendre quand il allait à la foire. Il se trompa et perdit encore un peu de temps avant d'entrer dans le bois ; encore n'y entra-t-il point par le bon côté, et il ne s'en aperçut pas, si bien qu'il tourna le dos à Fourche et gagna beaucoup plus haut du côté d'Ardente.

Ce qui l'empêchait alors de s'orienter, c'était un brouillard qui s'élevait avec la nuit, un de ces brouillards des soirs d'automne, que la blancheur du clair de lune rend plus vagues et plus trompeurs encore. Les grandes flaques d'eau dont les clairières sont semées exhalaient des vapeurs si épaisses que, lorsque la Grise les traversait, on ne s'en apercevait qu'au clapotement de ses pieds et à la peine qu'elle avait à les tirer de la vase.

Quand on eut enfin trouvé une belle allée bien droite, et qu'arrivé au bout, Germain chercha à voir où il était, il s'aperçut bien qu'il s'était perdu ; car le père Maurice, en lui expliquant son chemin, lui avait dit qu'à la sortie des bois il aurait à descendre un bout de côte très-raide, à traverser une immense prairie et à passer deux fois la rivière à gué. Il lui avait même recommandé d'entrer dans cette rivière avec précaution, parce qu'au commencement de la saison il y avait eu de grandes pluies et que l'eau pouvait être un peu haute. Ne voyant ni descente, ni prairie, ni rivière, mais la lande unie et blanche comme une nappe de neige, Germain s'arrêta, chercha une maison, attendit un passant et ne trouva rien qui pût le renseigner. Alors il revint sur ses pas et rentra dans les bois. Mais le brouillard s'épaissit encore plus, la lune fut tout à fait voilée, les chemins étaient affreux, les fondrières profondes. Par deux fois, la Grise faillit s'abattre ; chargée comme elle l'était, elle perdait courage, et, si elle conservait assez de discernement pour ne pas se heurter contre les arbres, elle ne pouvait empêcher que ceux qui la montaient n'eussent affaire à de grosses branches, qui barraient le chemin à la hauteur de leurs têtes et qui les mettaient fort en danger. Germain perdit son chapeau dans une de ces rencontres et eut grand'peine à le retrouver. Petit-Pierre s'était endormi, et, se laissant aller comme un sac, il embarrassait tellement les bras de son père, que celui-ci ne pouvait plus ni soutenir ni diriger le cheval.

— Je crois que nous sommes ensorcelés, dit Germain en s'arrêtant : car ces bois ne sont pas assez grands pour qu'on s'y perde, à moins d'être ivre, et il y a deux heures au moins que nous y tournons sans pouvoir en sortir. La Grise n'a qu'une idée en tête, c'est de s'en retourner à la maison, et c'est elle qui me fait tromper. Si nous voulons nous en aller chez nous, nous n'avons qu'à la laisser faire. Mais quand nous sommes peut-être à deux pas de l'endroit où nous devons coucher, il faudrait être fou pour y renoncer et recommencer une si longue route. Cependant, je ne sais plus que faire. Je ne vois ni ciel ni terre, et je crains que cet enfant-là ne prenne la fièvre si nous restons dans ce damné brouillard, ou qu'il ne soit écrasé par notre poids si le cheval vient à s'abattre en avant.

— Il ne faut pas nous obstiner davantage, dit la petite Marie. Descendons, Germain ; donnez-moi l'enfant, je le porterai fort bien, et j'empêcherai mieux que vous que la cape, se dérangeant, ne le laisse à découvert. Vous conduirez la jument par la bride, et nous verrons peut-être plus clair quand nous serons plus près de terre.

Ce moyen ne réussit qu'à les préserver d'une chute de cheval, car le brouillard rampait et semblait se coller à la terre humide. La marche était pénible, et, ils furent bientôt si harassés qu'ils s'arrêtèrent en rencontrant enfin un endroit sec sous de grands chênes. La petite Marie était en nage, mais elle ne se plaignait ni ne s'inquiétait de rien. Occupée seulement de l'enfant, elle s'assit sur le sable et le coucha sur ses genoux, tandis que Germain explorait les environs, après avoir passé les rênes de la Grise dans une branche d'arbre.

Mais la Grise, qui s'ennuyait fort de ce voyage, donna un coup de reins, dégagea les rênes, rompit les sangles, et lâchant, par manière d'acquit, une demi-douzaine de ruades plus haut que sa tête, partit à travers les taillis, montrant fort bien qu'elle n'avait besoin de personne pour retrouver son chemin.

— Çà, dit Germain, après avoir vainement cherché à la rattraper, nous voici à pied, et rien ne nous servirait de nous retrouver sur le bon chemin, car il nous faudrait traverser la rivière à pied ; et, à voir comme ces routes sont pleines d'eau, nous pouvons être bien sûrs que la prairie est sous la rivière. Nous ne connaissons pas les autres passages. Il nous faut donc attendre que ce brouillard se dissipe ; ça ne peut pas durer plus d'une heure ou deux. Quand nous verrons clair, nous chercherons une maison, la première venue à la lisière du bois ; mais à présent nous ne pouvons sortir d'ici ; il y a là une fosse, un étang, je ne sais quoi devant nous ; et derrière, je ne saurais pas non plus dire ce qu'il y a, car je ne comprends plus par quel côté nous sommes arrivés.

VIII.

SOUS LES GRANDS CHÊNES.

— Eh bien ! prenons patience, Germain, dit la petite Marie. Nous ne sommes pas mal sur cette petite hauteur. La pluie ne perce pas la feuillée de ces gros chênes, et nous pouvons allumer du feu, car je sens des vieilles souches qui ne tiennent à rien et qui sont assez sèches pour flamber. Vous avez bien du feu, Germain ? Vous fumiez votre pipe tantôt.

— J'en avais ! mon briquet était sur le bât dans mon sac, avec le gibier que je portais à ma future ; mais la maudite jument a tout emporté, même mon manteau, qu'elle va perdre et déchirer à toutes les branches.

— Non pas, Germain ; la bâtine, le manteau, le sac, tout est là par terre, à vos pieds. La Grise a cassé les sangles et tout jeté à côté d'elle en partant.

— C'est, vrai Dieu, certain ! dit le laboureur, et si nous pouvons trouver un peu de bois mort à tâtons, nous réussirons à nous sécher et à nous réchauffer.

— Ce n'est pas difficile, dit la petite Marie, le bois mort craque partout sous les pieds ; mais donnez-moi d'abord ici la bâtine.

— Qu'en veux-tu faire ?

— Un lit pour le petit : non, pas comme ça, à l'envers ; il ne roulera pas dans la ruelle ; et c'est encore tout chaud du dos de la bête. Calez-moi ça de chaque côté avec ces pierres que vous voyez là !

— Je ne les vois pas, moi ! Tu as donc des yeux de chat !

— Tenez ! voilà qui est fait, Germain ! Donnez-moi votre manteau, que j'enveloppe ses petits pieds, et ma cape par-dessus son corps. Voyez ! s'il n'est pas couché là aussi bien que dans son lit ! et tâtez-le comme il a chaud !

— C'est vrai ! tu t'entends à soigner les enfants, Marie !

— Ça n'est pas bien sorcier. A présent, cherchez votre briquet dans votre sac, et je vais arranger le bois.

— Ce bois ne prendra jamais, il est trop humide.

— Vous doutez de tout, Germain ! vous ne vous souvenez donc pas d'avoir été pâtour et d'avoir fait de grands feux aux champs, au beau milieu de la pluie ?

— Oui, c'est le talent des enfants qui gardent les bêtes ; mais moi, j'ai été toucheur de bœufs aussitôt que j'ai su marcher.

— C'est pour cela que vous êtes plus fort de vos bras qu'adroit de vos mains. Le voilà bâti, ce bûcher, vous allez voir s'il ne flambera pas ! Donnez-moi le feu et une poignée de fougère sèche. C'est bien ! soufflez à présent ; vous n'êtes pas poumonique.

— Non pas que je sache, dit Germain en soufflant comme un soufflet de forge. Au bout d'un instant, la flamme brilla, jeta d'abord une lumière rouge, et finit par s'élever en jets bleuâtres sous le feuillage des chênes, luttant contre la brume et séchant peu à peu l'atmosphère à dix pieds à la ronde.

— Maintenant, je vais m'asseoir auprès du petit pour qu'il ne lui tombe pas d'étincelles sur le corps, dit la jeune fille. Vous, mettez du bois et animez le feu, Germain ! Nous n'attraperons ici ni fièvre, ni rhume, je vous en réponds.

— Ma foi, tu es une fille d'esprit, dit Germain, et tu sais faire le feu comme une petite sorcière de nuit. Je me sens tout ranimé, et le cœur me revient ; car avec les jambes mouillées jusqu'aux genoux, et l'idée de rester

comme cela jusqu'au point du jour, j'étais de fort mauvaise humeur tout à l'heure.

— Et quand on est de mauvaise humeur, on ne s'avise de rien, reprit la petite Marie.

— Tu n'es donc jamais de mauvaise humeur, toi ?

— Eh non ! jamais. A quoi bon ?

— Oh ! ce n'est bon à rien, certainement ; mais le moyen de s'en empêcher, quand on a des ennuis ! Dieu sait que tu n'en as pas manqué, toi, pourtant, ma pauvre petite : car tu n'as pas toujours été heureuse !

— C'est vrai, nous avons souffert, ma pauvre mère et moi. Nous avions du chagrin, mais nous ne perdions jamais courage.

— Je ne perdrais pas courage pour quelque ouvrage que ce fût, dit Germain ; mais la misère me fâcherait ; car je n'ai jamais manqué de rien. Ma femme m'avait fait riche et je le suis encore ; je le serai tant que je travaillerai à la métairie : ce sera toujours, j'espère ; mais chacun doit avoir sa peine ! j'ai souffert autrement.

— Oui, vous avez perdu votre femme, et c'est grand' pitié !

— N'est-ce pas ?

— Oh ! je l'ai bien pleurée, allez, Germain ! car elle était si bonne ! Tenez, n'en parlons plus ; car je la pleurerais encore, tous mes chagrins sont en train de me revenir aujourd'hui.

— C'est vrai qu'elle t'aimait beaucoup, petite Marie ! elle faisait grand cas de toi et de ta mère. Allons ! tu pleures ? Voyons, ma fille, je ne veux pas pleurer moi...

— Vous pleurez, pourtant, Germain ! Vous pleurez aussi ! Quelle honte y a-t-il pour un homme à pleurer sa femme ? Ne vous gênez pas, allez ! je suis bien de moitié avec vous dans cette peine-là !

— Tu as un bon cœur, Marie, et ça me fait du bien de pleurer avec toi. Mais approche donc tes pieds du feu ; tu as tes jupes toutes mouillées aussi, pauvre petite fille ! Tiens, je vais prendre ta place auprès du petit, chauffe-toi mieux que ça.

— J'ai assez chaud, dit Marie ; et si vous voulez vous asseoir, prenez un coin du manteau, moi, je suis très-bien.

— Le fait est qu'on n'est pas mal ici, dit Germain en s'asseyant tout auprès d'elle. Il n'y a que la faim qui me tourmente un peu. Il est bien neuf heures du soir, et j'ai eu tant de peine à marcher dans ces mauvais chemins, que je me sens tout affaibli. Est-ce que tu n'as pas faim, aussi, toi, Marie ?

— Moi ? pas du tout. Je ne suis pas habituée, comme vous, à faire quatre repas, et j'ai été tant de fois me coucher sans souper, qu'une fois de plus ne m'étonne guère.

— Eh bien ! c'est commode une femme comme toi ; ça ne fait pas de dépense, dit Germain en souriant.

— Je ne suis pas une femme, dit naïvement Marie, sans s'apercevoir de la tournure que prenaient les idées du laboureur. Est-ce que vous rêvez ?

— Oui, je crois que je rêve, répondit Germain ; c'est la faim qui me fait divaguer peut-être !

— Que vous êtes donc gourmand ! reprit-elle en s'égayant un peu à son tour ; eh bien ! si vous ne pouvez pas vivre cinq ou six heures sans manger, est-ce que vous n'avez pas là du gibier dans votre sac, et du feu pour le faire cuire ?

— Diantre ! c'est une bonne idée ! mais le présent à mon futur beau-père ?

— Vous avez six perdrix et un lièvre ! Je pense qu'il ne vous faut pas tout cela pour vous rassasier ?

— Mais faire cuire cela ici, sans broche et sans landiers, ça deviendra du charbon !

— Non pas, dit la petite Marie, je me charge de vous le faire cuire sous la cendre sans goût de fumée. Est-ce que vous n'avez jamais attrapé d'alouettes dans les champs, et que vous ne les avez pas fait cuire entre deux pierres ? Ah ! c'est vrai ! j'oublie que vous n'avez pas été pastour ! Voyons, plumez cette perdrix ! Pas si fort ! vous lui arrachez la peau !

— Tu pourrais bien plumer l'autre pour me montrer !

— Vous voulez donc en manger deux? Quel ogre! allons, les voilà plumées. Je vais les cuire.

— Tu ferais une parfaite cantinière, petite Marie; mais, par malheur, tu n'as pas de cantine, et je serai réduit à boire l'eau de cette mare.

— Vous voudriez du vin, pas vrai? Il vous faudrait peut-être du café? vous vous croyez à la foire sous la ramée! Appelez l'aubergiste : de la liqueur au fin laboureur de Belair!

— Ah! petite méchante, vous vous moquez de moi? Vous ne boiriez pas du vin, vous, si vous en aviez?

— Moi? j'en ai bu ce soir, avec vous, chez la Rebec, pour la seconde fois de ma vie; mais, si vous êtes bien sage, je vais vous en donner une bouteille quasi pleine, et du bon encore!

— Comment, Marie, tu es donc sorcière, décidément?

— Est-ce que vous n'avez pas fait la folie de demander deux bouteilles de vin à la Rebec? Vous en avez bu une avec votre petit, et j'ai à peine avalé trois gouttes de celle que vous aviez mise devant moi. Cependant vous les avez payées toutes les deux, sans y regarder.

— Eh bien?

— Eh bien, j'ai mis dans mon panier celle qui n'avait pas été bue, parce que j'ai pensé que vous ou votre petit auriez soif en route; et la voilà.

— Tu es la fille la plus avisée que j'aie jamais rencontrée. Voyez! elle pleurait pourtant, cette pauvre enfant, en sortant de l'auberge! ça ne l'a pas empêchée de penser aux autres plus qu'à elle-même. Petite Marie, l'homme qui t'épousera ne sera pas sot.

— Je l'espère, car je n'aimerais pas un sot. Allons, mangez vos perdrix, elles sont cuites à point; et, faute de pain, vous vous contenterez de châtaignes.

— Et où diable as-tu pris aussi des châtaignes?

— C'est bien étonnant! tout le long du chemin, j'en ai pris aux branches en passant, et j'en ai rempli mes poches.

— Et elles sont cuites aussi?

— A quoi donc aurais-je eu l'esprit si je ne les avais pas mises dans le feu dès qu'il a été allumé? Ça se fait toujours aux champs.

— Ah ça, petite Marie, nous allons souper ensemble! je veux boire à ta santé et te souhaiter un bon mari... là, comme tu le souhaiterais toi-même. Dis-moi un peu cela!

— J'en serais fort empêchée, Germain, car je n'y ai pas encore songé.

— Comment, pas du tout? jamais? dit Germain, en commençant à manger avec un appétit de laboureur, mais coupant les meilleurs morceaux pour les offrir à sa compagne, qui refusa obstinément et se contenta de quelques châtaignes. Dis-moi donc, petite Marie, reprit-il, voyant qu'elle ne songeait pas à lui répondre, tu n'as pas encore eu l'idée du mariage? tu es en âge, pourtant!

— Peut-être, dit-elle; mais je suis trop pauvre. Il faut au moins cent écus pour entrer en ménage, et je dois travailler cinq ou six ans pour les amasser.

— Pauvre fille! je voudrais que le père Maurice voulût bien me donner cent écus pour t'en faire cadeau.

— Grand merci, Germain. Eh bien! qu'est-ce qu'on dirait de moi?

— Que veux-tu qu'on dise? on sait bien que je suis vieux et que je ne peux pas t'épouser. Alors on ne supposerait pas que je... que tu...

— Dites donc, laboureur! voilà votre enfant qui se réveille, dit la petite Marie.

IX.

LA PRIÈRE DU SOIR.

Petit Pierre s'était soulevé et regardait autour de lui d'un air tout pensif.

— Ah! il n'en fait jamais d'autre quand il entend manger, celui-là! dit Germain : le bruit du canon ne le réveillerait pas; mais quand on remue les mâchoires auprès de lui, il ouvre les yeux tout de suite.

— Vous avez dû être comme ça à son âge, dit la petite Marie avec un sourire malin. Allons, mon petit Pierre, tu cherches ton ciel de lit? Il est fait de verdure, ce soir, mon enfant; mais ton père n'en soupe pas moins. Veux-tu souper avec lui? Je n'ai pas mangé ta part; je me doutais bien que tu la réclamerais!

— Marie, je veux que tu manges, s'écria le laboureur, je ne mangerai plus. Je suis un vorace, un grossier : toi, tu te prives pour nous, ce n'est pas juste, j'en ai honte. Tiens, ça m'ôte la faim; je ne veux pas que mon fils soupe, si tu ne soupes pas.

— Laissez-nous tranquilles, répondit la petite Marie, vous n'avez pas la clef de nos appétits. Le mien est fermé aujourd'hui, mais celui de votre Pierre est ouvert comme celui d'un petit loup. Tenez, voyez comme il s'y prend! Oh! ce sera aussi un rude laboureur!

En effet, petit Pierre montra bientôt de qui il était fils, et à peine éveillé, ne comprenant ni où il était, ni comment il y était venu, il se mit à dévorer. Puis, quand il n'eut plus faim, se trouvant excité comme il arrive aux enfants qui rompent leurs habitudes, il eut plus d'esprit, plus de curiosité et plus de raisonnement qu'à l'ordinaire. Il se fit expliquer où il était, et quand il sut que c'était au milieu d'un bois, il eut un peu peur.

— Y a-t-il des méchantes bêtes dans ce bois? demanda-t-il à son père.

— Non, fit le père, il n'y en a point. Ne crains rien.

— Tu as donc menti quand tu m'as dit que si j'allais avec toi dans les grands bois les loups m'emporteraient?

— Voyez-vous ce raisonneur? dit Germain embarrassé.

— Il a raison, reprit la petite Marie, vous lui avez dit cela : il a bonne mémoire, il s'en souvient. Mais apprends, mon petit Pierre, que ton père ne ment jamais. Nous avons passé les grands bois pendant que tu dormais, et nous sommes à présent dans les petits bois, où il n'y a pas de méchantes bêtes.

— Les petits bois sont-ils bien loin des grands?

— Assez loin; d'ailleurs les loups ne sortent pas des grands bois. Et puis, s'il en venait ici, ton père les tuerait.

— Et toi aussi, petite Marie?

— Et nous aussi, car tu nous aiderais bien, mon Pierre? Tu n'as pas peur, toi? Tu taperais bien dessus!

— Oui, oui, dit l'enfant enorgueilli, en prenant une pose héroïque, nous les tuerions!

— Il n'y a personne comme toi pour parler aux enfants, dit Germain à la petite Marie, et pour leur faire entendre raison. Il est vrai qu'il n'y a pas longtemps que tu étais toi-même un petit enfant, et tu te souviens de ce que te disait ta mère. Je crois bien que plus on est jeune, mieux on s'entend avec ceux qui le sont. J'ai grand'peur qu'une femme de trente ans, qui ne sait pas encore ce que c'est que d'être mère, n'apprenne avec peine à babiller et à raisonner avec des marmots.

— Pourquoi donc pas, Germain? Je ne sais pourquoi vous avez une mauvaise idée touchant cette femme; vous en reviendrez!

— Au diable la femme! dit Germain. Je voudrais en être revenu pour n'y plus retourner. Qu'ai-je besoin d'une femme que je ne connais pas?

— Mon petit père, dit l'enfant, pourquoi donc est-ce que tu parles toujours de ta femme aujourd'hui, puisqu'elle est morte?...

— Hélas! tu ne l'as donc pas oubliée, toi, ta pauvre chère mère?

— Non, puisque je l'ai vu mettre dans une belle boîte de bois blanc, et que ma grand'mère m'a conduit auprès pour l'embrasser et lui dire adieu!... Elle était toute blanche et toute froide, et tous les soirs ma tante me fait prier le bon Dieu pour qu'elle aille se réchauffer avec lui dans le ciel. Crois-tu qu'elle y soit, à présent?

— Je l'espère, mon enfant; mais il faut toujours prier, ça fait voir à ta mère que tu l'aimes.

— Je vais dire ma prière, reprit l'enfant; je n'ai pas

Tiens, ce petit point gris, pas loin du grand peuplier à Godart, plus bas que le clocher.
(Page 13.)

pensé à la dire ce soir. Mais je ne peux pas la dire tout seul ; j'en oublie toujours un peu. Il faut que la petite Marie m'aide.

— Oui, mon Pierre, je vas t'aider, dit la jeune fille. Viens là, te mettre à genoux sur moi.

L'enfant s'agenouilla sur la jupe de la jeune fille, joignit ses petites mains, et se mit à réciter sa prière, d'abord avec attention et ferveur, car il savait très-bien le commencement ; puis avec plus de lenteur et d'hésitation, et enfin répétant mot à mot ce que lui dictait la petite Marie, lorsqu'il arriva à cet endroit de son oraison, où le sommeil le gagnant chaque soir, il n'avait jamais pu l'apprendre jusqu'au bout. Cette fois encore, le travail de l'attention et la monotonie de son propre accent produisirent leur effet accoutumé ; il ne prononça plus qu'avec effort les dernières syllabes, et encore après se les être fait répéter trois fois ; sa tête s'appesantit et se pencha sur la poitrine de Marie : ses mains se détendirent, se séparèrent et retombèrent ouvertes sur ses genoux. À la lueur du feu du bivouac, Germain regarda son petit ange assoupi sur le cœur de la jeune fille, qui, le soutenant dans ses bras et réchauffant ses cheveux blonds de sa

pure haleine, s'était laissée aller aussi à une rêverie pieuse, et priait mentalement pour l'âme de Catherine.

Germain fut attendri, chercha ce qu'il pourrait dire à la petite Marie pour lui exprimer ce qu'elle lui inspirait d'estime et de reconnaissance, mais ne trouva rien qui pût rendre sa pensée. Il s'approcha d'elle pour embrasser son fils qu'elle tenait toujours pressé contre son sein, et il eut peine à détacher ses lèvres du front du petit Pierre.

— Vous l'embrassez trop fort, lui dit Marie en repoussant doucement la tête du laboureur, vous allez le réveiller. Laissez-moi le recoucher, puisque le voilà reparti pour les rêves du paradis.

L'enfant se laissa coucher, mais en s'étendant sur la peau de chèvre du bât, il demanda s'il était sur la Grise. Puis, ouvrant ses grands yeux bleus, et les tenant fixés vers les branches pendant une minute, il parut rêver tout éveillé, ou être frappé d'une idée qui avait glissé dans son esprit durant le jour, et qui s'y formulait à l'approche du sommeil. « Mon petit père, dit-il, si tu veux me donner une autre mère, je veux que ce soit la petite Marie. »

Et, sans attendre de réponse, il ferma les yeux et s'endormit.

A la lueur du feu du bivouac Germain regardait son petit ange assoupi
sur le cœur de la jeune fille. (Page 16.)

X.

MALGRÉ LE FROID.

La petite Marie ne parut pas faire d'autre attention aux paroles bizarres de l'enfant que de les regarder comme une preuve d'amitié ; elle l'enveloppa avec soin, ranima le feu, et, comme le brouillard endormi sur la mare voisine ne paraissait nullement près de s'éclaircir, elle conseilla à Germain de s'arranger auprès du feu pour faire un somme.

— Je vois que cela vous vient déjà, lui dit-elle, car vous ne dites plus mot, et vous regardez la braise comme votre petit faisait tout à l'heure. Allons, dormez, je veillerai à l'enfant et à vous.

— C'est toi qui dormiras, répondit le laboureur, et moi je vous garderai tous les deux, car jamais je n'ai eu moins envie de dormir ; j'ai cinquante idées dans la tête.

— Cinquante, c'est beaucoup, dit la fillette avec une intention un peu moqueuse ; il y tant de gens qui seraient heureux d'en avoir une !

— Eh bien ! si je ne suis pas capable d'en avoir cinquante, j'en ai du moins une qui ne me lâche pas depuis une heure.

— Et je vais vous la dire, ainsi que celles que vous aviez auparavant.

— Eh bien ! oui, dis-la si tu la devines, Marie ; dis-la moi toi-même, ça me fera plaisir.

— Il y a une heure, reprit-elle, vous aviez l'idée de manger... et à présent vous avez l'idée de dormir.

— Marie, je ne suis qu'un bouvier, mais vraiment tu me prends pour un bœuf. Tu es une méchante fille, et je vois bien que tu ne veux point causer avec moi. Dors donc, cela vaudra mieux que de critiquer un homme qui n'est pas gai.

— Si vous voulez causer, causons, dit la petite fille en se couchant à demi auprès de l'enfant, et en appuyant sa tête contre le bât. Vous êtes en train de vous tourmenter, Germain, et en cela vous ne montrez pas beaucoup de courage pour un homme. Que ne dirais-je pas, moi, si je ne me défendais pas de mon mieux contre mon propre chagrin ?

— Oui, sans doute, et c'est là justement ce qui m'occupe, ma pauvre enfant ! Tu vas vivre loin de tes parents et dans un vilain pays de landes et de marécages, où tu attraperas les fièvres d'automne, où les bêtes à laine ne profitent pas, ce qui chagrine toujours une bergère qui a bonne intention ; enfin tu seras au milieu d'étrangers qui ne seront peut-être pas bons pour toi, qui ne comprendront pas ce que tu vaux. Tiens, ça me fait plus de peine que je ne peux te le dire, et j'ai envie de te remmener chez ta mère au lieu d'aller à Fourche.

— Vous parlez avec beaucoup de bonté, mais sans raison, mon pauvre Germain ; on ne doit pas être lâche pour ses amis, et, au lieu de me montrer le mauvais côté de mon sort, vous devriez m'en montrer le bon, comme vous faisiez quand nous avons goûté chez la Rebec.

— Que veux-tu ! ça me paraissait ainsi dans ce moment-là, et à présent ça me paraît autrement. Tu ferais mieux de trouver un mari.

— Ça ne se peut pas, Germain, je vous l'ai dit ; et comme ça ne se peut pas, je n'y pense pas.

— Mais enfin si ça se trouvait ? Peut-être que si tu voulais me dire comme tu souhaiterais qu'il fût, je parviendrais à imaginer quelqu'un.

— Imaginer n'est pas trouver. Moi, je ne m'imagine rien puisque c'est inutile.

— Tu n'aurais pas l'idée de trouver un riche ?

— Non, bien sûr, puisque je suis pauvre comme Job.

— Mais s'il était à son aise, ça ne te ferait pas de peine d'être bien logée, bien nourrie, bien vêtue et dans une famille de braves gens qui te permettrait d'assister ta mère ?

— Oh ! pour cela, oui ! assister ma mère est tout mon souhait.

— Et si cela se rencontrait, quand même l'homme ne serait pas de la première jeunesse, tu ne ferais pas trop la difficile ?

— Ah ! pardonnez-moi, Germain. C'est justement la chose à laquelle je tiendrais. Je n'aimerais pas un vieux !

— Un vieux, sans doute ; mais, par exemple, un homme de mon âge ?

— Votre âge est vieux pour moi, Germain ; j'aimerais l'âge de Bastien, quoique Bastien ne soit pas si joli homme que vous.

— Tu aimerais mieux Bastien le porcher ? dit Germain avec humeur. Un garçon qui a des yeux faits comme les bêtes qu'il mène ?

— Je passerais par-dessus ses yeux, à cause de ses dix-huit ans.

Germain se sentit horriblement jaloux. Allons, dit-il, je vois que tu en tiens pour Bastien. C'est une drôle d'idée, pas moins !

— Oui, ce serait une drôle d'idée, répondit la petite Marie en riant aux éclats, et ça ferait un drôle de mari. On lui ferait accroire tout ce qu'on voudrait. Par exemple, l'autre jour, j'avais ramassé une tomate dans le jardin à monsieur le curé ; je lui ai dit que c'était une belle pomme rouge, et il a mordu dedans comme un goulu. Si vous aviez vu quelle grimace ! Mon Dieu, qu'il était vilain !

— Tu ne l'aimes donc pas, puisque tu te moques de lui ?

— Ce ne serait pas une raison. Mais je ne l'aime pas : il est brutal avec sa petite sœur, et il est malpropre.

— Eh bien ! tu ne te sens pas portée pour quelque autre ?

— Qu'est-ce que ça vous fait, Germain ?

— Ça ne me fait rien, c'est pour parler. Je vois bien, petite fille, que tu as déjà un galant dans la tête.

— Non, Germain, vous vous trompez, je n'en ai pas encore ; ça pourra venir plus tard : mais puisque je ne me marierai que quand j'aurai un peu amassé, je suis destinée à me marier tard et avec un vieux.

— Eh bien, prends-en un vieux tout de suite.

— Non pas ! quand je ne serai plus jeune, ça me sera égal ; à présent, ce serait différent.

— Je vois bien, Marie, que je te déplais : c'est assez

clair, dit Germain avec dépit, et sans peser ses paroles.

La petite Marie ne répondit pas. Germain se pencha vers elle : elle dormait ; elle était tombée vaincue et comme foudroyée par le sommeil, comme font les enfants qui dorment déjà lorsqu'ils babillent encore.

Germain fut content qu'elle n'eût pas fait attention à ses dernières paroles ; il reconnut qu'elles n'étaient point sages, et il lui tourna le dos pour se distraire et changer de pensée.

Mais il eut beau faire, il ne put ni s'endormir, ni songer à autre chose qu'à ce qu'il venait de dire. Il tourna vingt fois autour du feu, il s'éloigna, il revint ; enfin, se sentant aussi agité que s'il eût avalé de la poudre à canon, il s'appuya contre l'arbre qui abritait les deux enfants et les regarda dormir.

— Je ne sais pas comment je ne m'étais jamais aperçu, pensait-il, que cette petite Marie est la plus jolie fille du pays !... Elle n'a pas beaucoup de couleur, mais elle a un petit visage frais comme une rose de buissons ! Quelle gentille bouche et quel mignon petit nez !... Elle n'est pas grande pour son âge, mais elle est faite comme une petite caille et légère comme un petit pinson !... Je ne sais pas pourquoi on fait tant de cas chez nous d'une grande et grosse femme bien-vermeille... La mienne était plutôt mince et pâle, et elle me plaisait par-dessus tout... Celle-ci est toute délicate, mais elle ne s'en porte pas plus mal, et elle est jolie à voir comme un chevreau blanc !... Et puis, quel air doux et honnête ! comme on lit son bon cœur dans ses yeux, même lorsqu'ils sont fermés pour dormir !... Quant à de l'esprit, elle en a plus que ma chère Catherine n'en avait, il faut en convenir, et on ne s'ennuierait pas avec elle... C'est gai, c'est sage, c'est laborieux, c'est aimant, et c'est drôle. Je ne vois pas ce qu'on pourrait souhaiter de mieux...

Mais qu'ai-je à m'occuper de tout cela ? reprenait Germain en tâchant de regarder d'un autre côté. Mon beau-père ne voudrait pas en entendre parler, et toute la famille me traiterait de fou !... D'ailleurs, elle-même ne voudrait pas de moi, la pauvre enfant !... Elle me trouve trop vieux : elle me l'a dit... Elle n'est pas intéressée, elle se soucie peu d'avoir encore de la misère et de la peine, de porter de pauvres habits, et de souffrir de la faim pendant deux ou trois mois de l'année, pourvu qu'elle contente son cœur un jour, et qu'elle puisse se donner à un mari qui lui plaira... elle a raison, elle ! je ferais de même à sa place... et, dès à présent, si je pouvais suivre ma volonté, au lieu de m'embarquer dans un mariage qui ne me sourit pas, je choisirais une fille à mon gré...

Plus Germain cherchait à raisonner et à se calmer, moins il en venait à bout. Il s'en allait à vingt pas de là, se perdre dans le brouillard ; et puis, tout d'un coup, il se retrouvait à genoux à côté des deux enfants endormis. Une fois même il voulut embrasser Petit-Pierre, qui avait un bras passé autour du cou de Marie, et il se trompa si bien, que Marie, sentant une haleine chaude comme le feu courir sur ses lèvres, se réveilla et le regarda d'un air tout effaré, ne comprenant rien du tout à ce qui se passait en lui.

— Je ne vous voyais pas, mes pauvres enfants ! dit Germain en se retirant bien vite. J'ai failli tomber sur vous et vous faire du mal.

La petite Marie eut la candeur de le croire, et se rendormit. Germain passa de l'autre côté du feu, et jura à Dieu qu'il n'en bougerait jusqu'à ce qu'elle fût réveillée. Il tint parole, mais ce ne fut pas sans peine. Il crut qu'il en deviendrait fou.

Enfin, vers minuit, le brouillard se dissipa, et Germain put voir les étoiles briller à travers les arbres. La lune se dégagea aussi des vapeurs qui la couvraient et commença à semer des diamants sur la mousse humide. Le tronc des chênes restait dans une majestueuse obscurité ; mais, un peu plus loin, les tiges blanches des bouleaux semblaient une rangée de fantômes dans leurs suaires. Le feu se reflétait dans la mare ; et les grenouilles, commençant à s'y habituer, hasardaient quelques notes grêles et timides ; les branches anguleuses des vieux arbres, hérissées de pâles lichens, s'étendaient et s'entre-croisaient comme de grands bras décharnés sur la tête de nos voyageurs; c'était un bel endroit, mais si désert et si triste, que Germain, las d'y souffrir, se mit à chanter et à jeter des pierres dans l'eau pour s'étourdir sur l'ennui effrayant de la solitude. Il désirait aussi éveiller la petite Marie; et lorsqu'il vit qu'elle se levait et regardait le temps, il lui proposa de se remettre en route.

— Dans deux heures, lui dit-il, l'approche du jour rendra l'air si froid, que nous ne pourrons plus y tenir, malgré notre feu... A présent, on voit à se conduire, et nous trouverons une maison qui nous ouvrira, ou du moins quelque grange où nous pourrons passer à couvert le reste de la nuit.

Marie n'avait pas de volonté; et, quoiqu'elle eût encore grande envie de dormir, elle se disposa à suivre Germain.

Celui-ci prit son fils dans ses bras sans le réveiller, et voulut que Marie s'approchât de lui pour se cacher dans son manteau, puisqu'elle ne voulait pas reprendre sa cape roulée autour du Petit-Pierre.

Quand il sentit la jeune fille si près de lui, Germain, qui s'était distrait et égayé un instant, recommença à perdre la tête. Deux ou trois fois il s'éloigna brusquement, et la laissa marcher seule. Puis, voyant qu'elle avait peine à le suivre, il l'attendait, l'attirait vivement près de lui, et la pressait si fort, qu'elle en était étonnée et même fâchée sans oser le dire.

Comme ils ne savaient point du tout de quelle direction ils étaient partis, ils ne savaient pas celle qu'ils suivaient; si bien, qu'ils remontèrent encore une fois tout le bois, se retrouvèrent, de nouveau, en face de la lande déserte, revinrent sur leurs pas, et, après avoir tourné et marché longtemps, ils aperçurent de la clarté à travers les branches.

— Bon! voici une maison, dit Germain, et des gens déjà éveillés, puisque le feu est allumé. Il est donc bien tard?

Mais ce n'était pas une maison: c'était le feu de bivouac qu'ils avaient couvert en partant, et qui s'était rallumé à la brise....

Ils avaient marché pendant deux heures pour se retrouver au point de départ.

XI.

A LA BELLE ÉTOILE.

— Pour le coup, j'y renonce! dit Germain en frappant du pied. On nous a jeté un sort, c'est bien sûr, et nous ne sortirons d'ici qu'au grand jour. Il faut que cet endroit soit endiablé.

— Allons, allons, ne nous fâchons pas, dit Marie, et prenons-en notre parti. Nous ferons un plus grand feu, l'enfant est si bien enveloppé qu'il ne risque rien, et pour passer une nuit dehors nous n'en mourrons point. Où avez-vous caché la bâtine, Germain? Au milieu des houx, grand étourdi! C'est commode pour aller la reprendre!

— Tiens l'enfant, prends-le, que je retire son lit des broussailles; je ne veux pas qu'il se pique tes mains.

— C'est fait, voici le lit, et quelques piqûres ne sont pas des coups de sabre, reprit la brave petite fille.

Elle procéda de nouveau au coucher du petit Pierre, qui était si bien endormi cette fois qu'il ne s'aperçut en rien de ce nouveau voyage. Germain mit tant de bois au feu que toute la forêt en resplendit à la ronde: mais la petite Marie n'en pouvait plus, et quoiqu'elle ne se plaignît de rien, elle ne se soutenait plus sur ses jambes. Elle était pâle et ses dents claquaient de froid et de faiblesse. Germain la prit dans ses bras pour la réchauffer; et l'inquiétude, la compassion, des mouvements de tendresse irrésistibles s'emparant de son cœur, firent taire ses sens. Sa langue se délia comme par miracle, et toute honte cessant:

— Marie, lui dit-il, tu me plais, et je suis bien malheureux de ne pas te plaire. Si tu voulais m'accepter pour ton mari, il n'y aurait ni beau-père, ni parents, ni voisins, ni conseils qui pussent m'empêcher de me donner à toi. Je sais que tu rendrais mes enfants heureux, que tu leur apprendrais à respecter le souvenir de leur mère, et, ma conscience étant en repos, je pourrais contenter mon cœur. J'ai toujours eu de l'amitié pour toi, et à présent je me sens si amoureux que si tu me demandais de faire toute ma vie tes mille volontés, je te le jurerais sur l'heure. Vois, je t'en prie, comme je t'aime, et tâche d'oublier mon âge. Pense que c'est une fausse idée qu'on se fait quand on croit qu'un homme de trente ans est vieux. D'ailleurs je n'ai que vingt-huit ans! une jeune fille craint de se faire critiquer en prenant un homme qui a dix ou douze ans de plus qu'elle, parce que ce n'est pas la coutume du pays; mais j'ai entendu dire que dans d'autres pays on ne regardait point à cela; qu'au contraire on aimait mieux donner pour soutien, à une jeunesse, un homme raisonnable et d'un courage bien éprouvé qu'un jeune gars qui peut se déranger, et, de bon sujet qu'on le croyait, devenir un mauvais garnement. D'ailleurs, les années ne font pas toujours l'âge. Cela dépend de la force et de la santé qu'on a. Quand un homme est usé par trop de travail et de misère ou par la mauvaise conduite, il est vieux avant vingt-cinq ans. Au lieu que moi.... Mais tu ne m'écoutes pas, Marie!

— Si fait, Germain, je vous entends bien, répondit la petite Marie, mais je songe à ce que m'a toujours dit ma mère: c'est qu'une femme de soixante ans est bien à plaindre quand son mari en a soixante-dix ou soixante-quinze, et qu'il ne peut plus travailler pour la nourrir. Il devient infirme, et il faut qu'elle le soigne à l'âge où elle commencerait elle-même à avoir grand besoin de ménagement et de repos. C'est ainsi qu'on arrive à finir sur la paille.

— Les parents ont raison de dire cela, j'en conviens, Marie, reprit Germain; mais enfin ils sacrifieraient tout le temps de la jeunesse, qui est le meilleur, à prévoir ce qu'on deviendra à l'âge où l'on n'est plus bon à rien, et où il est indifférent de finir d'une manière ou d'une autre. Mais moi je ne suis pas dans le danger de mourir de faim sur mes vieux jours. Je suis à même d'amasser quelque chose, puisque, vivant avec les parents de ma femme, je travaille beaucoup et je ne dépense rien. D'ailleurs, je t'aimerai tant, vois-tu, que ça m'empêchera de vieillir. On dit que quand un homme est heureux, il se conserve, et je sens bien que je suis plus jeune que Bastien pour t'aimer; car il ne t'aime pas, lui, il est trop bête, trop enfant pour comprendre comme tu es jolie et bonne, et faite pour être recherchée. Allons, Marie, ne me déteste pas, je ne suis pas un méchant homme: j'ai rendu ma Catherine heureuse, elle a dit devant Dieu sur son lit de mort qu'elle n'avait jamais eu de moi que du contentement, et elle m'a recommandé de me remarier. Il semble que son esprit ait parlé ce soir à son enfant, au moment où il s'est endormi. Est-ce que tu n'as pas entendu ce qu'il disait? et comme sa petite bouche tremblait, pendant que ses yeux regardaient en l'air quelque chose que nous ne pouvions pas voir! Il voyait sa mère, sois-en sûre, et c'était elle qui lui faisait dire qu'il te voulait pour la remplacer.

— Germain, répondit Marie, tout étonnée et toute pensive, vous parlez honnêtement et tout ce que vous dites est vrai. Je suis sûre que je ferais bien de vous aimer, si ça ne mécontentait pas trop vos parents: mais que voulez-vous que j'y fasse? le cœur ne m'en dit pas pour vous. Je vous aime bien, mais quoique votre âge ne vous enlaidisse pas, il me fait peur. Il me semble que vous êtes quelque chose pour moi, comme un oncle ou un parrain; que je vous dois le respect, et que vous auriez des moments où vous me traiteriez comme une petite fille plutôt que comme votre femme et votre égale. Enfin, mes camarades se moqueraient peut-être de moi, et quoique ça soit une sottise de faire attention à cela, je crois que je serais honteuse et un peu triste le jour de mes noces.

— Ce sont là des raisons d'enfant; tu parles tout à fait comme un enfant, Marie!

— Eh bien ! oui, je suis un enfant, dit-elle, et c'est à cause de cela que je crains un homme trop raisonnable. Vous voyez bien que je suis trop jeune pour vous, puisque déjà vous me reprochez de parler sans raison ! Je ne puis pas avoir plus de raison que mon âge n'en comporte.

— Hélas ! mon Dieu, que je suis donc à plaindre d'être si maladroit et de dire si mal ce que je pense ! s'écria Germain. Marie, vous ne m'aimez pas, voilà le fait ; vous me trouvez trop simple et trop lourd. Si vous m'aimiez un peu, vous ne verriez pas si clairement mes défauts. Mais vous ne m'aimez pas, voilà !

— Eh bien ! ce n'est pas ma faute, répondit-elle, un peu blessée de ce qu'il ne la tutoyait plus ; j'y fais mon possible en vous écoutant, mais plus je m'y essaie et moins je peux me mettre dans la tête que nous devions être mari et femme.

Germain ne répondit pas. Il mit sa tête dans ses deux mains, et il fut impossible à la petite Marie de savoir s'il pleurait, s'il boudait, ou s'il était endormi. Elle fut un peu inquiète de le voir si morne et de ne pas deviner ce qu'il roulait dans son esprit ; mais elle n'osa pas lui parler davantage, et comme elle était trop étonnée de ce qui venait de se passer pour avoir envie de se rendormir, elle attendit le jour avec impatience, soignant toujours le feu et veillant l'enfant, dont Germain paraissait ne plus se souvenir. Cependant Germain ne dormait point ; il ne réfléchissait pas à son sort et ne faisait ni projets de courage, ni plans de séduction. Il souffrait, il avait une montagne d'ennuis sur le cœur. Il aurait voulu être mort. Tout lui paraissait devoir tourner mal pour lui, et s'il eût pu pleurer, il ne l'aurait pas fait à demi. Mais il y avait un peu de colère contre lui-même, mêlée à sa peine, et il étouffait sans pouvoir et sans vouloir se plaindre.

Quand le jour fut venu et que les bruits de la campagne l'annoncèrent à Germain, il sortit son visage de ses mains et se leva. Il vit que la petite Marie n'avait pas dormi non plus, mais il ne sut rien lui dire pour marquer sa sollicitude. Il était tout à fait découragé. Il cacha de nouveau le bât de la Grise dans les buissons, prit son sac sur son épaule, et, tenant son fils par la main :

— A présent, Marie, dit-il, nous allons tâcher d'achever notre voyage. Veux-tu que je te conduise aux Ormeaux ?

— Nous sortirons du bois ensemble, lui répondit-elle, et quand nous saurons où nous sommes, nous irons chacun de notre côté.

Germain ne répondit pas. Il était blessé de ce que la jeune fille ne lui demandait pas de la mener jusqu'aux Ormeaux, et il ne s'apercevait pas qu'il le lui avait offert d'un ton qui semblait provoquer un refus.

Un bûcheron qu'ils rencontrèrent au bout de deux cents pas les mit dans le bon chemin, et leur dit qu'après avoir passé la grande prairie ils n'avaient qu'à prendre, l'un tout droit, l'autre sur la gauche, pour gagner leurs différents gîtes, qui étaient d'ailleurs si voisins qu'on voyait distinctement les maisons de Fourche de la ferme des Ormeaux, et réciproquement.

Puis, quand ils eurent remercié et dépassé le bûcheron, celui-ci les rappela pour leur demander s'ils n'avaient pas perdu un cheval.

— J'ai trouvé, leur dit-il, une belle jument grise dans ma cour, où l'aura forcée de chercher un refuge. Mes chiens ont *jappé à nuitée*, et au point du jour j'ai vu la bête chevaline sous mon hangar ; elle y est encore. Allons-y, et si vous la reconnaissez, emmenez-la.

Germain ayant donné d'avance le signalement de la Grise et s'étant convaincu qu'il s'agissait bien d'elle, se mit en route pour aller rechercher son bât. La petite Marie lui offrit alors de conduire son enfant aux Ormeaux, où il viendrait le reprendre lorsqu'il aurait fait son entrée à Fourche.

— Il est un peu malpropre, après la nuit que nous avons passée, dit-elle. Je nettoierai ses habits, je laverai son joli museau, je le peignerai, et quand il sera beau et brave, vous pourrez le présenter à votre nouvelle famille.

— Et qui te dit que je veuille aller à Fourche ? répondit Germain avec humeur. Peut-être n'irai-je pas !

— Si fait, Germain, vous devez y aller, vous irez, reprit la jeune fille.

— Tu es bien pressée que je me marie avec une autre, afin d'être sûre que je ne t'ennuierai plus ?

— Allons, Germain, ne pensez plus à cela : c'est une idée qui vous est venue dans la nuit, parce que cette mauvaise aventure avait un peu dérangé vos esprits. Mais à présent il faut que la raison vous revienne ; je vous promets d'oublier ce que vous m'avez dit et de n'en jamais parler à personne.

— Et parles-en si tu veux. Je n'ai pas l'habitude de renier mes paroles. Ce que je t'ai dit était vrai, honnête, et je n'en rougirais devant personne.

— Oui ; mais si votre future savait qu'au moment d'arriver, vous avez pensé à une autre, ça la disposerait mal pour vous. Ainsi faites attention aux paroles que vous direz maintenant ; ne me regardez pas comme ça devant le monde, avec un air tout singulier. Songez au père Maurice qui compte sur votre obéissance, et qui serait bien en colère contre moi si je vous détournais de faire sa volonté. Bonjour, Germain ; j'emmène Petit-Pierre afin de vous forcer d'aller à Fourche. C'est un gage que je vous garde.

— Tu veux donc aller avec eux ? dit le laboureur à son fils, en voyant qu'il s'attachait aux mains de la petite Marie, et qu'il la suivait résolument.

— Oui, père, répondit l'enfant qui avait écouté et compris à sa manière ce qu'on venait de dire sans méfiance devant lui. Je m'en vais avec ma Marie mignonne : tu viendras me chercher quand tu auras fini de te marier ; mais je veux que Marie reste ma petite mère.

— Tu vois bien qu'il le veut, lui ! dit Germain à la jeune fille. Ecoute, Petit-Pierre, ajouta-t-il, moi je le souhaite, qu'elle soit ta mère et qu'elle reste toujours avec toi : c'est elle qui ne le veut pas. Tâche qu'elle t'accorde ce qu'elle me refuse.

— Sois tranquille, mon père, je lui ferai dire oui : la petite Marie fait toujours ce que je veux.

Il s'éloigna avec la jeune fille. Germain resta seul, plus triste, plus irrésolu que jamais.

XII.

LA LIONNE DU VILLAGE.

Cependant, quand il eut réparé le désordre du voyage dans ses vêtements et dans l'équipage de son cheval, quand il fut monté sur la Grise et qu'on lui eut indiqué le chemin de Fourche, il pensa qu'il n'y avait plus à reculer, et qu'il fallait oublier cette nuit d'agitations comme un rêve dangereux.

Il trouva le père Léonard au seuil de sa maison blanche. Il assis sur un beau banc de bois peint en vert-épinard. Il y avait six marches de pierre disposées en perron, ce qui faisait voir que la maison avait une cave. Le mur du jardin et de la chenevière était crépi à chaux et à sable. C'était une belle habitation ; il s'en fallait de peu qu'on ne la prît pour une maison de bourgeois.

Le futur beau-père vint au-devant de Germain, et après lui avoir demandé, pendant cinq minutes, des nouvelles de toute sa famille, il ajouta la phrase consacrée à questionner poliment ceux qu'on rencontre, sur le but de leur voyage : *Vous êtes donc venu pour vous promener par ici ?*

— Je suis venu vous voir, répondit le laboureur, et vous présenter ce petit cadeau de gibier de la part de mon beau-père, en vous disant, aussi de sa part, que vous devez savoir dans quelles intentions je viens chez vous.

— Ah ! ah ! dit le père Léonard en riant et en frappant sur son estomac rebondi, je vois, j'entends, j'y suis ! Et, clignant de l'œil, il ajouta : Vous ne serez pas le seul, mon jeune homme. Il y en a déjà trois à la maison qui attendent comme vous. Moi, je ne renvoie personne, et je serais bien embarrassé de donner tort ou raison à quelqu'un, car ce sont tous de bons partis. Pourtant, à cause du père Maurice et de la qualité des terres que vous cultivez, j'aimerais mieux que ce fût vous. Mais ma fille est majeure et maîtresse de son bien; elle agira donc selon son idée. Entrez, faites-vous connaître; je souhaite que vous ayez le bon numéro !

— Pardon, excuse, répondit Germain, fort surpris de se trouver en surnuméraire là où il avait compté d'être seul. Je ne savais pas que votre fille fût déjà pourvue de prétendants, et je n'étais pas venu pour la disputer aux autres.

— Si vous avez cru que, parce que vous tardiez à venir, répondit, sans perdre sa bonne humeur, le père Léonard, ma fille se trouvait au dépourvu, vous vous êtes grandement trompé, mon garçon. La Catherine a de quoi attirer les épouseurs, et elle n'aura que l'embarras du choix. Mais, entrez à la maison, vous dis-je, et ne perdez pas courage. C'est une femme qui vaut la peine d'être disputée.

Et poussant Germain par les épaules avec une rude gaîté : — Allons, Catherine, s'écria-t-il en entrant dans la maison, en voilà un de plus !

Cette manière joviale mais grossière d'être présenté à la veuve, en présence de ses autres soupirants, acheva de troubler et de mécontenter le laboureur. Il se sentit gauche et resta quelques instants sans oser lever les yeux sur la belle et sur sa cour.

La veuve Guérin était bien faite et ne manquait pas de fraîcheur. Mais elle avait une expression de visage et une toilette qui déplurent tout d'abord à Germain. Elle avait l'air hardi et content d'elle-même, et ses cornettes garnies d'un triple rang de dentelle, son tablier de soie, et son fichu de blonde noire étaient peu en rapport avec l'idée qu'il s'était faite d'une veuve sérieuse et rangée. Cette recherche d'habillements et ces manières dégagées la lui firent trouver vieille et laide, quoiqu'elle ne fût ni l'un ni l'autre. Il pensa qu'une si jolie parure et des manières si enjouées siéraient à l'âge et à l'esprit fin de la petite Marie, mais que cette veuve avait la plaisanterie lourde et hasardée, et qu'elle portait sans distinction ses beaux atours.

Les trois prétendants étaient assis à une table chargée de vins et de viandes, qui étaient là en permanence pour eux toute la matinée du dimanche ; car le père Léonard aimait à faire montre de sa richesse, et la veuve n'était pas fâchée non plus d'étaler sa belle vaisselle, et de tenir table comme une rentière. Germain, tout simple et confiant qu'il était, observa les choses avec assez de pénétration, et pour la première fois de sa vie il se tint sur la défensive en trinquant. Le père Léonard l'avait forcé de prendre place avec ses rivaux, et, s'asseyant lui-même vis-à-vis de lui, il le traitait de son mieux, et s'occupait de lui avec prédilection. Le cadeau de gibier, malgré la brèche que Germain y avait faite pour son propre compte, était encore assez copieux pour produire de l'effet. La veuve y parut sensible, et les prétendants y jetèrent un coup d'œil de dédain.

Germain se sentait mal à l'aise en cette compagnie et ne mangeait pas de bon cœur. Le père Léonard l'en plaisanta. — Vous voilà bien triste, lui dit-il, et vous boudez contre votre verre. Il ne faut pas que l'amour vous coupe l'appétit, car un galant à jeun ne sait point trouver de jolies paroles comme celui qui s'est éclairci les idées avec une petite pointe de vin. Germain fut mortifié qu'on le supposât déjà amoureux, et l'air maniéré de la veuve, qui baissa les yeux en souriant, comme une personne sûre de son fait, lui donna l'envie de protester contre sa prétendue défaite ; mais il craignit de paraître incivil, sourit et prit patience.

Les galants de la veuve lui parurent trois rustres. Il fallait qu'ils fussent bien riches pour qu'elle admît leurs prétentions. L'un avait plus de quarante ans et était quasi aussi gros que le père Léonard ; un autre était borgne et buvait tant qu'il en était abruti ; le troisième était jeune et assez joli garçon ; mais il voulait faire de l'esprit et disait des choses si plates que cela faisait pitié. Pourtant la veuve en riait comme si elle eût admiré toutes

ces sottises, et, en cela, elle ne faisait pas preuve de goût. Germain crut d'abord qu'elle en était coiffée ; mais bientôt il s'aperçut qu'il était lui-même encouragé d'une manière particulière, et qu'on souhaitait qu'il se livrât davantage. Ce lui fut une raison pour se sentir et se montrer plus froid et plus grave.

L'heure de la messe arriva, et on se leva de table pour s'y rendre ensemble. Il fallait aller jusqu'à Mers, à une bonne demi-lieue de là, et Germain était si fatigué qu'il eût fort souhaité avoir le temps de faire un somme auparavant ; mais il n'avait pas coutume de manquer la messe, et il se mit en route avec les autres.

Les chemins étaient couverts de monde et la veuve marchait d'un air fier, escortée de ses trois prétendants, donnant le bras tantôt à l'un, tantôt à l'autre, se rengorgeant et portant haut la tête. Elle eût fort souhaité produire le quatrième aux yeux des passants ; mais Germain trouva si ridicule d'être traîné ainsi de compagnie par un cotillon, à la vue de tout le monde, qu'il se tint à distance convenable, causant avec le père Léonard, et trouvant moyen de le distraire et de l'occuper assez pour qu'ils n'eussent point l'air de faire partie de la bande.

XIII.

LE MAITRE.

Lorsqu'ils atteignirent le village, la veuve s'arrêta pour les attendre. Elle voulait absolument faire son entrée avec tout son monde ; mais Germain, lui refusant cette satisfaction, quitta le père Léonard, accosta plusieurs personnes de sa connaissance, et entra dans l'église par une autre porte. La veuve en eut du dépit.

Après la messe, elle se montra partout triomphante sur la pelouse où l'on dansait, et ouvrit la danse avec ses trois amoureux successivement. Germain la regarda faire et trouva qu'elle dansait bien, mais avec affectation.

— Eh bien ! lui dit Léonard en lui frappant sur l'épaule, vous ne faites donc pas danser ma fille ? Vous êtes aussi par trop timide !

— Je ne danse plus depuis que j'ai perdu ma femme, répondit le laboureur.

— Eh bien ! puisque vous en recherchez une autre, le deuil est fini dans le cœur comme sur l'habit.

— Ce n'est pas une raison, père Léonard ; d'ailleurs je me trouve trop vieux, je n'aime plus la danse.

— Écoutez, reprit Léonard en l'attirant dans un endroit isolé, vous avez pris du dépit en entrant chez moi, de voir la place déjà entourée d'assiégeants, et je vois que vous êtes très-fier ; mais ceci n'est pas raisonnable, mon garçon. Ma fille est habituée à être courtisée, surtout depuis deux ans qu'elle a fini son deuil, et ce n'est pas à elle à aller au-devant de vous.

— Il y a déjà deux ans que votre fille est à marier, et elle n'a pas encore pris son parti ? dit Germain.

— Elle ne veut pas se presser, et elle a raison. Quoiqu'elle ait la mine éveillée et qu'elle vous paraisse peut-être ne pas beaucoup réfléchir, c'est une femme d'un grand sens, et qui sait fort bien ce qu'elle fait.

— Il ne me semble pas, dit Germain ingénument, car elle a trois galants à sa suite, et si elle savait ce qu'elle veut, il y en aurait au moins deux qu'elle trouverait de trop et qu'elle prierait de rester chez eux.

— Pourquoi donc ? vous n'y entendez rien, Germain. Elle ne veut ni du vieux, ni du borgne, ni du jeune, j'en suis quasi certain ; mais si elle les renvoyait, on penserait qu'elle veut rester veuve, et il n'en viendrait pas d'autre.

— Ah ! oui ! ceux-là servent d'enseigne !

— Comme vous dites. Où est le mal, si cela leur convient ?

— Chacun son goût ! dit Germain.

— Je vois que ce ne serait pas le vôtre. Mais voyons, on peut s'entendre, à supposer que vous soyez préféré : on pourrait vous laisser la place.

— Oui, à supposer! Et en attendant qu'on puisse le savoir, combien de temps faudrait-il rester le nez au vent?

— Ça dépend de vous, je crois, si vous savez parler et persuader. Jusqu'ici ma fille a très-bien compris que le meilleur temps de sa vie serait celui qu'elle passerait à se laisser courtiser, et elle ne se sent pas pressée de devenir la servante d'un homme, quand elle peut commander à plusieurs. Ainsi, tant que le jeu lui plaira elle peut se divertir; mais si vous plaisez plus que le jeu, le jeu pourra cesser. Vous n'avez qu'à ne pas vous rebuter. Revenez tous les dimanches, faites-la danser, donnez à connaître que vous vous mettez sur les rangs, et si on vous trouve plus aimable et mieux appris que les autres, un beau jour on vous le dira sans doute.

— Pardon, père Léonard, votre fille a le droit d'agir comme elle l'entend, et je ne suis pas celui de la blâmer. A sa place, moi, j'agirais autrement; j'y mettrais plus de franchise et je ne ferais pas perdre du temps à des hommes qui ont sans doute quelque chose de mieux à faire qu'à tourner autour d'une femme qui se moque d'eux. Mais, enfin, si elle trouve son amusement et son bonheur à cela, cela ne me regarde point. Seulement, il faut que je vous dise une chose qui m'embarrasse un peu à vous avouer depuis ce matin, vu que vous avez commencé par vous tromper sur mes intentions, et que vous ne m'avez pas donné le temps de vous répondre : si bien que vous croyez ce qui n'est point. Sachez donc que je ne suis pas venu ici dans la vue de demander votre fille en mariage, mais dans celle de vous acheter une paire de bœufs que vous voulez conduire en foire la semaine prochaine, et que mon beau-père suppose lui convenir.

— J'entends, Germain, répondit Léonard fort tranquillement; vous avez changé d'idée en voyant ma fille avec ses amoureux. C'est comme il vous plaira. Il paraît que ce qui attire les uns rebute les autres, et vous avez le droit de vous retirer puisque aussi bien vous n'avez pas encore parlé. Si vous voulez sérieusement acheter mes bœufs, venez les voir au pâturage ; nous en causerons, et, que nous fassions ou non ce marché, vous viendrez dîner avec nous avant de vous en retourner.

— Je ne veux pas que vous vous dérangiez, reprit Germain, vous avez peut-être affaire ici; moi je m'ennuie un peu de voir danser et de ne rien faire. Je vais voir vos bêtes, et je vous trouverai tantôt chez vous.

Là-dessus Germain s'esquiva et se dirigea vers les prés où Léonard lui avait, en effet, montré de loin une partie de son bétail. Il était vrai que le père Maurice en avait à acheter, et Germain pensa que s'il lui ramenait une belle paire de bœufs d'un prix modéré, il se ferait mieux pardonner d'avoir manqué volontairement le but de son voyage.

Il marcha vite et se trouva bientôt à peu de distance des Ormeaux. Il éprouva alors le besoin d'aller embrasser son fils, et même de revoir la petite Marie, quoiqu'il eût perdu l'espoir et chassé la pensée de lui devoir son bonheur. Tout ce qu'il venait de voir et d'entendre, cette femme coquette et vaine, ce père à la fois rusé et borné, qui encourageait sa fille dans des habitudes d'orgueil et de déloyauté, ce luxe des villes, qui lui paraissait une infraction à la dignité des mœurs de la campagne ; ce temps perdu à des paroles oiseuses et niaises, cet intérieur si différent du sien, et surtout ce malaise profond que l'homme des champs éprouve lorsqu'il sort de ses habitudes laborieuses, tout ce qu'il avait subi d'ennui et de confusion depuis quelques heures donnait à Germain l'envie de se retrouver avec son enfant et sa petite voisine. N'eût-il pas été amoureux de cette dernière, il l'aurait encore cherchée pour se distraire et remettre ses esprits dans leur assiette accoutumée.

Mais il regarda en vain dans les prairies environnantes, il n'y trouva ni la petite Marie ni le petit Pierre : il était pourtant l'heure où les pasteurs sont aux champs. Il y avait un grand troupeau dans une *chôme;* il demanda à un jeune garçon, qui le gardait, si c'étaient les moutons de la métairie des Ormeaux.

— Oui, dit l'enfant.

— En êtes-vous le berger? est-ce que les garçons gardent les bêtes à laine des métairies, dans votre endroit?

— Non. Je les garde aujourd'hui parce que la bergère est partie : elle était malade.

— Mais n'avez-vous pas une nouvelle bergère, arrivée de ce matin?

— Oh! bien oui! elle est déjà partie aussi.

— Comment, partie? n'avait-elle pas un enfant avec elle?

— Oui : un petit garçon qui a pleuré. Ils se sont en allés tous les deux au bout de deux heures.

— En allés, où?

— D'où ils venaient, apparemment. Je ne le leur ai pas demandé.

— Mais pourquoi donc s'en allaient-ils? dit Germain de plus en plus inquiet.

— Dame! est-ce que je sais?

— On ne s'est pas entendu sur le prix? ce devait être pourtant une chose convenue d'avance.

— Je ne peux rien vous en dire. Je les ai vus entrer et sortir, voilà tout.

Germain se dirigea vers la ferme et questionna les métayers. Personne ne put lui expliquer le fait; mais il était constant qu'après avoir causé avec le fermier, la jeune fille était partie sans rien dire, emmenant l'enfant qui pleurait.

— Est-ce qu'on a maltraité mon fils? s'écria Germain, dont les yeux s'enflammèrent.

— C'était donc votre fils? Comment se trouvait-il avec cette petite? D'où êtes-vous donc, et comment vous appelle-t-on?

Germain, voyant que, selon l'habitude du pays, on allait répondre à ses questions par d'autres questions, frappa du pied avec impatience et demanda à parler au maître.

Le maître n'y était pas : il n'avait pas coutume de rester la journée entière quand il venait à la ferme. Il était monté à cheval, et il était parti on ne savait pour quelle autre de ses fermes.

— Mais enfin, dit Germain en proie à une vive anxiété, ne pouvez-vous savoir la raison du départ de cette jeune fille?

Le métayer échangea un sourire étrange avec sa femme, puis il répondit qu'il n'en savait rien, que cela ne le regardait pas. Tout ce que Germain put apprendre, c'est que la jeune fille et l'enfant étaient allés du côté de Fourche. Il courut à Fourche : la veuve et ses amoureux n'étaient pas de retour, non plus que le père Léonard. La servante lui dit qu'une jeune fille et un enfant étaient venus le demander, mais que, ne les connaissant pas, elle n'avait pas voulu les recevoir, et leur avait conseillé d'aller à Mers.

— Et pourquoi avez-vous refusé de les recevoir? dit Germain avec humeur. On est donc bien méfiant dans ce pays-ci, qu'on n'ouvre pas la porte à son prochain?

— Ah dame! répondit la servante, dans une maison riche comme celle-ci on a raison de faire bonne garde. Je réponds de tout quand les maîtres sont absents, et je ne peux pas ouvrir aux premiers venus.

— C'est une triste coutume, dit Germain, et j'aimerais mieux être pauvre que de vivre comme cela dans la crainte. Adieu, la fille! adieu à votre vilain pays!

Il s'enquit dans les maisons environnantes. On avait vu la bergère et l'enfant. Comme le petit était parti de Belair à l'improviste, sans toilette, avec sa blouse un peu déchirée et sa petite peau d'agneau sur le corps; comme aussi la petite Marie était, pour cause, fort pauvrement vêtue en tout temps, on les avait pris pour des mendiants. On leur avait offert du pain; la jeune fille en avait accepté un morceau pour l'enfant qui avait faim, puis elle était partie très-vite avec lui, et avait gagné les bois.

Germain réfléchit un instant, puis il demanda si le fermier des Ormeaux n'était pas venu à Fourche.

— Oui, lui répondit-on; il a passé à cheval peu d'instants après cette petite.

— Est-ce qu'il a couru après elle?

— Ah! vous le connaissez donc? dit en riant le cabaretier de l'endroit, auquel il s'adressait. Oui, certes ; c'est un gaillard endiablé pour courir après les filles. Mais je ne crois pas qu'il ait attrapé celle-là ; quoique après tout, s'il l'eût vue...

— C'est assez, merci ! Et il vola plutôt qu'il ne courut à l'écurie de Léonard. Il jeta la bâtine sur la Grise, sauta dessus, et partit au grand galop dans la direction des bois de Chanteloube.

Le cœur lui bondissait d'inquiétude et de colère, la sueur lui coulait du front. Il mettait en sang les flancs de la Grise, qui, en se voyant sur le chemin de son écurie, ne se faisait pourtant pas prier pour courir.

XIV.

LA VIEILLE.

Germain se retrouva bientôt à l'endroit où il avait passé la nuit au bord de la mare. Le feu fumait encore ; une vieille femme ramassait le reste de la provision de bois mort que la petite Marie y avait entassée. Germain s'arrêta pour la questionner. Elle était sourde, et, se méprenant sur ses interrogations :

— Oui, mon garçon, dit-elle, c'est ici la Mare au Diable. C'est un mauvais endroit, et il ne faut pas en approcher sans jeter trois pierres dedans de la main gauche, en faisant le signe de la croix de la main droite : ça éloigne les esprits. Autrement il arrive des malheurs à ceux qui en ont fait le tour.

— Je ne vous parle pas de ça, dit Germain en s'approchant d'elle et en criant à tue-tête :

— N'avez-vous pas vu passer dans le bois une fille et un enfant ?

— Oui, dit la vieille, il s'y est noyé un petit enfant !

Germain frémit de la tête aux pieds ; mais heureusement la vieille ajouta :

— Il y a bien longtemps de ça ; en mémoire de l'accident on y avait planté une belle croix ; mais, par une nuit de grand orage, les mauvais esprits l'ont jetée dans l'eau. On peut en voir encore un bout. Si quelqu'un avait le malheur de s'arrêter ici la nuit, il serait bien sûr de ne pouvoir jamais en sortir avant le jour. Il aurait beau marcher, marcher, il pourrait faire deux lieues dans le bois et se retrouver toujours à la même place.

L'imagination du laboureur se frappa malgré lui de ce qu'il entendait, et l'idée du malheur qui devait arriver pour achever de justifier les assertions de la vieille femme, s'empara si bien de sa tête, qu'il se sentit froid par tout le corps. Désespérant d'obtenir d'autres renseignements, il remonta à cheval et recommença à parcourir le bois en appelant Pierre de toutes ses forces, et en sifflant, faisant claquer son fouet, cassant les branches pour remplir la forêt du bruit de sa marche, écoutant ensuite si quelque voix lui répondait ; mais il n'entendait que la cloche des vaches éparses dans les taillis, et le cri sauvage des porcs qui se disputaient la glandée.

Enfin Germain entendit derrière lui le bruit d'un cheval qui courait sur ses traces, et un homme entre deux âges, brun, robuste, habillé comme un demi-bourgeois, lui cria de s'arrêter. Germain n'avait jamais vu le fermier des Ormeaux, mais un instinct de rage lui fit juger de suite que c'était lui. Il se retourna, et, le toisant de la tête aux pieds, il attendit ce qu'il avait à lui dire.

— N'avez-vous pas vu passer ici une fille de quinze ou seize ans, avec un petit garçon ? dit le fermier en affectant un air d'indifférence, quoiqu'il fût visiblement ému.

— Et que lui voulez-vous ? répondit Germain sans chercher à déguiser sa colère.

— Je pourrais vous dire que ça ne vous regarde pas, mon camarade ! mais comme je n'ai pas de raisons pour le cacher, je vous dirai que c'est une bergère que j'avais louée pour l'année sans la connaître... Quand je l'ai vue arriver, elle m'a semblé trop jeune et trop faible pour l'ouvrage de la ferme. Je l'ai remerciée, mais je voulais

lui payer les frais de son petit voyage, et elle est partie fâchée, pendant que j'avais le dos tourné... Elle s'est tant pressée, qu'elle a même oublié une partie de ses effets et de sa bourse, qui ne contient pas grand'chose, à coup sûr ; quelques sous probablement !... mais enfin, comme j'avais à passer par ici, je pensais la rencontrer et lui remettre ce qu'elle a oublié et ce que je lui dois.

Germain avait l'âme trop honnête pour ne pas hésiter en entendant cette histoire, sinon très-vraisemblable, du moins possible. Il attachait un regard perçant sur le fermier, qui soutenait cette investigation avec beaucoup d'impudence ou de candeur.

— Je veux en avoir le cœur net, se dit Germain, et, contenant son indignation :

— C'est une fille de chez nous, dit-il ; je la connais : elle doit être par ici... Avançons ensemble... nous la retrouverons sans doute.

— Vous avez raison, dit le fermier. Avançons..... Et pourtant, si nous ne la trouvons pas au bout de l'avenue, j'y renonce... car il faut que je prenne le chemin d'Ardentes.

— Oh ! pensa le laboureur, je ne te quitte pas ! quand même je devrais tourner pendant vingt-quatre heures avec toi autour de la Mare au Diable !

— Attendez ! dit tout à coup Germain en fixant des yeux une touffe de genêts qui s'agitait singulièrement : holà ! holà ! petit Pierre ! est-ce toi, mon enfant ?

L'enfant, reconnaissant la voix de son père, sortit des genêts en sautant comme un chevreuil ; mais quand il le vit dans la compagnie du fermier, il s'arrêta comme effrayé et resta incertain.

— Viens, mon Pierre ! viens, c'est moi ! s'écria le laboureur en courant après lui, et en sautant à bas de son cheval pour le prendre dans ses bras : et où est la petite Marie ?

— Elle est là, qui se cache, parce qu'elle a peur de ce vilain homme noir, et moi aussi.

— Eh ! sois tranquille ; je suis là.... Marie ! Marie ! c'est moi !

Marie approcha en rampant, et dès qu'elle vit Germain, que le fermier suivait de près, elle courut se jeter dans ses bras ; et, s'attachant à lui comme une fille à son père :

— Ah ! mon brave Germain, lui dit-elle, vous me défendrez ; je n'ai pas peur avec vous.

Germain eut le frisson. Il regarda Marie : elle était pâle, ses vêtements étaient déchirés par les épines où elle avait couru, cherchant le fourré, comme une biche traquée par les chasseurs. Mais il n'y avait ni honte ni désespoir sur sa figure.

— Ton maître veut te parler, lui dit-il, en observant toujours ses traits.

— Mon maître ? dit-elle fièrement ; cet homme-là n'est pas mon maître et ne le sera jamais !... C'est vous, Germain, qui êtes mon maître. Je veux que vous me remeniez avec vous... Je vous servirai pour rien !

Le fermier s'était avancé, feignant un peu d'impatience.

— Hé ! la petite, dit-il, vous avez oublié chez nous quelque chose que vous me rapportez.

— Nenni, monsieur, répondit la petite Marie, je n'ai rien oublié, et je n'ai rien à vous demander...

— Écoutez un peu ici, reprit le fermier, j'ai quelque chose à vous dire, moi !... Allons !... n'ayez pas peur... deux mots seulement...

— Vous pouvez les dire tout haut... je n'ai pas de secrets avec vous.

— Venez prendre votre argent, au moins.

— Mon argent ? Vous ne me devez rien, Dieu merci !

— Je m'en doutais bien, dit Germain à demi-voix ; mais c'est égal, Marie... écoute ce qu'il a à te dire... car, moi, je suis curieux de le savoir. Tu me le diras après : j'ai mes raisons pour ça. Va auprès de son cheval... je ne te perds pas de vue.

Marie fit trois pas vers le fermier, qui lui dit, en se penchant sur le pommeau de sa selle et en baissant la voix :

— Petite, voilà un beau louis d'or pour toi ! tu ne diras rien, entends-tu ? Je dirai que je t'ai trouvée trop faible

Allons, Catherine, s'écria-t-il en entrant dans la maison, eu voilà encore un de plus !
(Page 24.)

pour l'ouvrage de ma ferme... Et qu'il ne soit plus question de ça... Je repasserai par chez vous un de ces jours ; et si tu n'as rien dit, je te donnerai encore quelque chose... Et puis, si tu es plus raisonnable, tu n'as qu'à parler : je te ramènerai chez moi, ou bien, j'irai causer avec toi à la brune dans les prés... Quel cadeau veux-tu que je te porte ?

— Voilà, monsieur, le cadeau que je vous fais, moi ! répondit à voix haute la petite Marie, en lui jetant son louis d'or au visage, et même assez rudement. Je vous remercie beaucoup, et vous prie, quand vous repasserez par chez nous, de me faire avertir : tous les garçons de mon endroit iront vous recevoir, parce que chez nous, on aime fort les bourgeois qui veulent en conter aux pauvres filles ! Vous verrez ça, on vous attendra.

— Vous êtes une menteuse et une sotte langue ! dit le fermier courroucé, en levant son bâton d'un air de menace. Vous voudriez faire croire ce qui n'est point ; mais vous ne me tirerez pas d'argent : on connaît vos pareilles !

Marie s'était reculée effrayée ; mais Germain s'était élancé à la bride du cheval du fermier, et, la secouant avec force :

— C'est entendu, maintenant ! dit-il, et nous voyons assez de quoi il retourne... A terre ! mon homme ! à terre ! et causons tous les deux !

Le fermier ne se souciait pas d'engager la partie : il éperonna son cheval pour se dégager, et voulut frapper de son bâton les mains du laboureur pour lui faire lâcher prise ; mais Germain esquiva le coup, et, lui prenant la jambe, il le désarçonna et le fit tomber sur la fougère, où il le terrassa, quoique le fermier se fût remis sur ses pieds et se défendît vigoureusement. Quand il le tint sous lui :

— Homme de peu de cœur ! lui dit Germain, je pourrais te rouer de coups si je voulais ! Mais je n'aime pas à faire du mal, et d'ailleurs aucune correction n'amenderait ta conscience... Cependant, tu ne bougeras pas d'ici que tu n'aies demandé pardon, à genoux, à cette jeune fille.

Le fermier, qui connaissait ces sortes d'affaires, voulut prendre la chose en plaisanterie. Il prétendit que son péché n'était pas si grave, puisqu'il ne consistait qu'en paroles, et qu'il voulait bien demander pardon, à condition qu'il embrasserait la fille, que l'on irait boire une pinte de vin au plus prochain cabaret, et qu'on se quitterait bons amis.

A terre, mon homme, à terre, et causons tous les deux. (Page 24.)

—Tu me fais peine ! lui répondit Germain en lui poussant la face contre terre, et j'ai hâte de ne plus voir ta méchante mine. Tiens, rougis si tu peux, et tâche de prendre le chemin des *affronteux* [1] quand tu passeras par chez nous.

Il ramassa le bâton de houx du fermier, le brisa sur son genou pour lui montrer la force de ses poignets, et en jeta les morceaux au loin avec mépris

Puis, prenant d'une main son fils, et de l'autre la petite Marie, il s'éloigna tout tremblant d'indignation.

XV.

LE RETOUR A LA FERME.

Au bout d'un quart d'heure ils avaient franchi les brandes. Ils trottaient sur la grand'route, et la Grise hennis-

[1]. C'est le chemin qui détourne de la rue principale à l'entrée des villages et les côtoie à l'extérieur. On suppose que les gens qui craignent de recevoir quelque affront mérité le prennent pour éviter d'être vus.

sait à chaque objet de sa connaissance. Petit Pierre racontait à son père ce qu'il avait pu comprendre dans ce qui s'était passé.

—Quand nous sommes arrivés, dit-il, cet *homme-là* est venu pour parler à *ma Marie* dans la bergerie où nous avions été tout de suite, pour voir les beaux moutons. Moi, j'étais monté dans la crèche pour jouer, et cet *homme-là* ne me voyait pas. Alors il a dit bonjour à ma Marie, et il l'a embrassée.

—Tu t'es laissé embrasser, Marie? dit Germain tout tremblant de colère.

—J'ai cru que c'était une honnêteté, une coutume de l'endroit aux arrivées, comme, chez vous, la grand'mère embrasse les jeunes filles qui entrent à son service, pour leur faire voir qu'elle les adopte et qu'elle leur sera comme une mère.

—Et puis alors, reprit petit Pierre, qui était fier d'avoir à raconter une aventure, cet *homme-là* t'a dit quelque chose de vilain, quelque chose que tu m'as dit de ne jamais répéter et de ne pas m'en souvenir : aussi je l'ai oublié bien vite. Cependant, si mon père veut que je lui dise ce que c'était...

— Non, mon Pierre, je ne veux pas l'entendre, et je veux que tu ne t'en souviennes jamais.

— En ce cas, je vais l'oublier encore, reprit l'enfant. Et puis alors, cet *homme-là* a eu l'air de se fâcher, parce que Marie lui disait qu'elle s'en irait. Il lui a dit qu'il lui donnerait tout ce qu'elle voudrait, cent francs! Et ma Marie s'est fâchée aussi. Alors il est venu contre elle, comme s'il voulait lui faire du mal. J'ai eu peur, et je me suis jeté contre Marie en criant. Alors cet *homme-là* a dit comme ça : « Qu'est-ce que c'est que ça? d'où sort cet enfant-là? Mettez-moi ça dehors. » Et il a levé son bâton pour me battre. Mais ma Marie l'a empêché, et elle lui a dit comme ça : « Nous causerons plus tard, monsieur; à présent il faut que je conduise cet enfant-là à Fourche, et puis je reviendrai. » Et aussitôt qu'il a été sorti de la bergerie, ma Marie m'a dit comme ça : « Sauvons-nous, mon Pierre, allons-nous-en d'ici bien vite, car cet homme-là est méchant, et il ne nous ferait que du mal. » Alors nous avons passé derrière les granges, nous avons passé un petit pré, et nous avons été à Fourche pour te chercher. Mais tu n'y.étais pas, et on n'a pas voulu nous laisser t'attendre. Et alors cet *homme-là*, qui était monté sur son cheval noir, est venu derrière nous, et nous nous sommes sauvés plus loin, et puis nous avons été nous cacher dans le bois. Et puis il y est venu aussi, et, quand nous l'entendions venir, nous nous cachions. Et puis, quand il avait passé, nous recommencions à courir pour nous en aller chez nous; et puis enfin tu es venu, et tu nous as trouvés; et voilà comme tout ça est arrivé. N'est-ce pas, mon Pierre, que je n'ai rien oublié?

— Non, mon Pierre, et ça est la vérité. A présent, Germain, vous rendrez témoignage pour moi, et vous direz à tout le monde de chez nous que si je n'ai pas pu rester là-bas, ce n'est pas faute de courage et d'envie de travailler.

— Et toi, Marie, dit Germain, je te prierai de te demander à toi-même si, quand il s'agit de défendre une femme et de punir un insolent, un homme de vingt-huit ans n'est pas trop vieux? Je voudrais un peu savoir si Bastien, ou tout autre joli garçon, riche de dix ans moins que moi, n'aurait pas été écrasé par cet *homme-là*, comme dit Petit Pierre : qu'en penses-tu?

— Je pense, Germain, que vous m'avez rendu un grand service, et que je vous en remercierai toute ma vie.

— C'est là tout?

— Mon petit père, dit l'enfant, je n'ai pas pensé à dire à la petite Marie ce que je t'avais promis. Je n'ai pas eu le temps, mais je le lui dirai à la maison, et je le dirai aussi à ma grand'mère.

Cette promesse de son enfant donna enfin à réfléchir à Germain. Il s'agissait maintenant de s'expliquer avec ses parents, et, en leur disant ses griefs contre la veuve Guérin, de ne pas leur dire quelles autres idées l'avaient disposé à tant de clairvoyance et de sévérité. Quand on est heureux et fier, le courage de faire accepter son bonheur aux autres paraît facile; mais être rebuté d'un côté, blâmé de l'autre, ne fait pas une situation fort agréable.

Heureusement, le petit Pierre dormait quand ils arrivèrent à la métairie, et Germain le déposa, sans l'éveiller, sur son lit. Puis il entra dans toutes les explications qu'il put donner. Le père Maurice, assis sur son escabeau à trois pieds, à l'entrée de la maison, l'écouta gravement, et, quoiqu'il fût mécontent du résultat de ce voyage, lorsque Germain, en racontant le système de coquetterie de la veuve, demanda à son beau-père s'il avait le temps d'aller les cinquante-deux dimanches de l'année faire sa cour, pour risquer d'être renvoyé au bout de l'an, le beau-père répondit, en inclinant la tête en signe d'adhésion : « Tu n'as pas tort, Germain; ça ne se pouvait pas. » Et ensuite, quand Germain raconta comme quoi il avait été forcé de ramener la petite Marie au plus vite pour la soustraire aux insultes, peut-être aux violences d'un indigne maître, le père Maurice approuva encore de la tête, en disant : « Tu n'as pas eu tort, Germain; ça se devait. »

Quand Germain eut achevé son récit et donné toutes ses raisons, le beau-père et la belle-mère firent simulta-nément un gros soupir de résignation, en se regardant. Puis, le chef de famille se leva en disant : « Allons! que la volonté de Dieu soit faite! l'amitié ne se commande pas! »

— Venez souper, Germain, dit la belle-mère. Il est malheureux que ça ne se soit pas mieux arrangé; mais, enfin, Dieu ne le voulait pas, à ce qu'il paraît. Il faudra voir ailleurs.

— Oui, ajouta le vieillard, comme dit ma femme, on verra ailleurs.

Il n'y eut pas d'autre bruit à la maison, et quand, le lendemain, le petit Pierre se leva avec les alouettes, il ne parlait pas à la petite Marie, il ne la regardait même pas; et pourtant si on lui eût demandé dans quel pré elle était et par quel chemin elle avait passé, il n'était point d'heure du jour où il n'eût pu le dire s'il avait voulu répondre. Il n'avait pas osé demander à ses parents de la recueillir à la ferme pendant l'hiver, et pourtant il savait bien qu'elle devait souffrir de la misère. Mais elle n'en souffrit pas, et la mère Guillette ne put jamais comprendre comment sa petite provision de bois ne diminuait point, et comment son hangar se trouvait rempli le matin lorsqu'elle l'avait laissé presque vide le soir. Il en fut de même du blé et des pommes de terre. Quelqu'un passait par la lucarne du grenier, et vidait un sac sur le plancher sans réveiller personne et sans laisser de traces. La vieille en fut à la fois inquiète et réjouie; elle engagea sa fille à n'en point parler, disant que si on venait à savoir le miracle qui se faisait chez elle, on la tiendrait pour sorcière. Elle pensait bien que le diable s'en mêlait, mais elle n'était pas pressée de se brouiller avec lui en appelant les exorcismes du curé sur sa maison; elle se disait qu'il serait temps, lorsque Satan viendrait lui demander son âme en retour de ses bienfaits.

La petite Marie comprenait mieux la vérité, mais elle n'osait en parler à Germain, de peur de le voir revenir à son idée de mariage, et elle feignait avec lui de ne s'apercevoir de rien.

XVI.

LA MÈRE MAURICE.

Un jour la mère Maurice, se trouvant seule dans le verger avec Germain, lui dit d'un air d'amitié : « Mon pauvre gendre, je crois que vous n'êtes pas bien. Vous ne mangez pas aussi bien qu'à l'ordinaire, vous ne riez plus, vous causez de moins en moins. Est-ce que quelqu'un de chez nous, ou nous-mêmes, sans le savoir et sans le vouloir, vous avons fait de la peine?

— Non, ma mère, répondit Germain, vous avez toujours été aussi bonne pour moi que la mère qui m'a mis au monde, et je serais un ingrat si je me plaignais de vous, ou de votre mari, ou de personne de la maison.

— En ce cas, mon enfant, c'est le chagrin de la mort de votre femme qui vous revient. Au lieu de s'en aller avec le temps, votre ennui empire, et il faut absolument faire ce que votre beau-père vous a dit fort sagement : il faut vous remarier.

— Oui, ma mère, ce serait aussi mon idée; mais les femmes que vous m'avez conseillé de rechercher ne me conviennent pas. Quand je les vois, au lieu d'oublier ma Catherine, j'y pense davantage.

— C'est qu'apparemment, Germain, nous n'avons pas su deviner votre goût. Il faut donc que vous m'aidiez, en nous disant la vérité. Sans doute il y a quelque part une femme qui est faite pour vous, car le bon Dieu ne fait personne sans lui réserver son bonheur dans une autre personne. Si donc vous savez où la prendre, cette femme qu'il vous faut, prenez-la ; et qu'elle soit belle ou laide, jeune ou vieille, riche ou pauvre, nous sommes décidés, mon vieux et moi, à vous donner consentement; car nous sommes fatigués de vous voir triste, et nous ne pouvons pas vivre tranquilles si vous ne l'êtes point.

— Ma mère, vous êtes aussi bonne que le bon Dieu, et mon père pareillement, répondit Germain ; mais votre compassion ne peut pas porter remède à mes ennuis : la fille que je voudrais ne veut point de moi.

— C'est donc qu'elle est trop jeune ? S'attacher à une jeunesse est déraison pour vous.

— Eh bien ! oui, bonne mère, j'ai cette folie de m'être attaché à une jeunesse, et je m'en blâme. Je fais mon possible pour n'y plus penser ; mais que je travaille ou que je me repose, que je sois à la messe ou dans mon lit, avec mes enfants ou avec vous, j'y pense toujours, je ne peux penser à autre chose.

— Alors c'est comme un sort qu'on vous a jeté, Germain ? Il n'y a à ça qu'un remède, c'est que cette fille change d'idée et vous écoute. Il faudra donc que je m'en mêle, et que je voie si c'est possible. Vous allez me dire où elle est et comment on l'appelle.

— Hélas ! ma chère mère, je n'ose pas, dit Germain, parce que vous allez vous moquer de moi.

— Je ne me moquerai pas de vous, Germain, parce que vous êtes dans la peine et que je ne veux pas vous y mettre davantage. Serait-ce point la Fanchette ?

— Non, ma mère, ça ne l'est point.

— Ou la Rosette ?

— Non.

— Dites donc, car je n'en finirai pas, s'il faut que je nomme toutes les filles du pays.

Germain baissa la tête et ne put se décider à répordre.

— Allons ! dit la mère Maurice, je vous laisse tranquille pour aujourd'hui, Germain ; peut-être que demain vous serez plus confiant avec moi, ou bien que votre belle-sœur sera plus adroite à vous questionner.

Et elle ramassa sa corbeille pour aller étendre son linge sur les buissons.

Germain fit comme les enfants qui se décident quand ils se voient qu'on ne s'occupera plus d'eux. Il suivit sa belle-mère, et lui nomma enfin en tremblant *la petite Marie à la Guillette.*

Grande fut la surprise de la mère Maurice : c'était la dernière à laquelle elle eût songé. Mais elle eut la délicatesse de ne point se récrier, et de faire mentalement ses commentaires. Puis, voyant que son silence accablait Germain, elle lui tendit sa corbeille en lui disant : — Alors est-ce une raison pour ne point m'aider dans mon travail ? Portez donc cette charge, et venez parler avec moi. Avez-vous bien réfléchi, Germain ? êtes-vous décidé ?

— Hélas ! ma chère mère, ce n'est pas comme cela qu'il faut parler : je serais décidé si je pouvais réussir ; mais comme je ne serais pas écouté, je ne suis décidé qu'à m'en guérir si je peux.

— Et si vous ne pouvez pas ?

— Toute chose a son terme, mère Maurice : quand le cheval est trop chargé, il tombe ; et quand le bœuf n'a rien à manger, il meurt.

— C'est donc à dire que vous mourrez, si vous ne réussissez point ? A Dieu ne plaise, Germain ! Je n'aime pas qu'un homme comme vous dise de ces choses-là, parce que quand il les dit il les pense. Vous êtes d'un grand courage, et la faiblesse est dangereuse chez les gens forts. Allons, prenez de l'espérance. Je ne conçois pas qu'une fille dans la misère, et à laquelle vous faites beaucoup d'honneur en la recherchant, puisse vous refuser.

— C'est pourtant la vérité, elle me refuse.

— Et quelles raisons vous en donne-t-elle ?

— Que vous lui avez toujours fait du bien, que sa famille doit beaucoup à la vôtre, et qu'elle ne veut point vous déplaire en me détournant d'un mariage riche.

— Si elle dit cela, elle prouve de bons sentiments, et c'est honnête de sa part. Mais en vous disant cela, Germain, elle ne vous guérit point, car elle vous dit sans doute qu'elle vous aime, et qu'elle vous épouserait si nous le voulions ?

— Voilà le pire ! elle dit que son cœur n'est point porté vers moi.

— Si elle dit ce qu'elle ne pense pas, pour mieux vous éloigner d'elle, c'est une enfant qui mérite que nous l'aimions et que nous passions par-dessus sa jeunesse à cause de sa grande raison.

— Oui ? dit Germain, frappé d'une espérance qu'il n'avait pas encore conçue : ça serait bien sage et bien *comme il faut* de sa part ! mais si elle est si raisonnable, je crains bien que c'est à cause que je lui déplais.

— Germain, dit la mère Maurice, vous allez me promettre de vous tenir tranquille pendant toute la semaine, de ne vous point tourmenter, de manger, de dormir, et d'être gai comme autrefois. Moi, je parlerai à mon vieux, et si je le fais consentir, vous saurez alors le vrai sentiment de la fille à votre endroit.

Germain promit, et la semaine se passa sans que le père Maurice lui dît un mot en particulier, et parût se douter de rien. Le laboureur s'efforça de paraître tranquille, mais il était toujours plus pâle et plus tourmenté.

XVII.

LA PETITE MARIE.

Enfin, le dimanche matin, au sortir de la messe, sa belle-mère lui demanda ce qu'il avait obtenu de sa bonne amie depuis la conversation dans le verger.

— Mais, rien du tout, répondit-il. Je ne lui ai pas parlé.

— Comment donc voulez-vous la persuader si vous ne lui parlez pas ?

— Je ne lui ai parlé qu'une fois, répondit Germain. C'est quand nous avons été ensemble à Fourche ; et, depuis ce temps-là, je ne lui ai pas dit un seul mot. Son refus m'a fait tant de peine que j'aime mieux ne pas l'entendre recommencer à me dire qu'elle ne m'aime pas.

— Eh bien ! mon fils, il faut lui parler maintenant ; votre beau-père vous autorise à le faire. Allez, décidez-vous ! je vous le dis, et, s'il le faut, je le veux ; car vous ne pouvez pas rester dans ce doute-là.

Germain obéit. Il arriva chez la Guillette, la tête basse et l'air accablé. La petite Marie était seule au coin du feu, si pensive qu'elle n'entendit pas venir Germain. Quand elle le vit devant elle, elle sauta de surprise sur sa chaise, et devint toute rouge.

— Petite Marie, lui dit-il en s'asseyant auprès d'elle, je viens te faire de la peine et t'ennuyer, je le sais bien : mais *l'homme et la femme de chez nous* (désignant ainsi, selon l'usage, les chefs de famille) veulent que je te parle et que te demande de m'épouser. Tu ne le veux pas, toi, je m'y attends.

— Germain, répondit la petite Marie, c'est donc décidé que vous m'aimez ?

— Ça te fâche, je le sais, mais ce n'est pas ma faute : si tu pouvais changer d'avis, je serais trop content, et sans doute je ne mérite pas que cela soit. Voyons, regarde-moi, Marie, je suis donc bien affreux ?

— Non, Germain, répondit-elle en souriant, vous êtes plus beau que moi.

— Ne te moque pas ; regarde-moi avec indulgence ; il ne me manque encore ni un cheveu ni une dent. Mes yeux te disent que je t'aime. Regarde-moi donc dans les yeux, ça y est écrit, et toute fille sait lire cette écriture-là.

Marie regarda dans les yeux de Germain avec son assurance enjouée : puis, tout à coup, elle détourna la tête et se mit à trembler.

— Ah ! mon Dieu ! je te fais peur, dit Germain ; tu me regardes comme si j'étais le fermier des Ormeaux. Ne me crains pas, je t'en prie, cela me fait trop de mal. Je ne

te dirai pas de mauvaises paroles, moi; je ne t'embras-
serai pas malgré toi, et quand tu voudras que je m'en
aille, tu n'auras qu'à me montrer la porte. Voyons, faut-il
que je sorte pour que tu finisses de trembler?

Marie tendit la main au laboureur, mais sans détourner
sa tête penchée vers le foyer, et sans dire un mot.

— Je comprends, dit Germain; tu me plains, tu es
bonne, tu es fâchée de me rendre malheureux: mais tu
ne peux pas m'aimer?

— Pourquoi me dites-vous de ces choses-là, Germain?
répondit enfin la petite Marie, vous voulez donc me faire
pleurer?

— Pauvre petite fille, tu as bon cœur, je le sais; mais
tu ne m'aimes pas, et tu me caches ta figure parce que
tu crains de me laisser voir ton déplaisir et ta répugnance.
Et moi, je n'ose pas seulement te serrer la main! Dans
le bois, quand mon fils dormait, et que tu dormais aussi,
j'ai failli t'embrasser tout doucement. Mais je serais mort
de honte plutôt que de te le demander, et j'ai autant souffert dans cette nuit-là qu'un homme qui brûlerait à petit
feu. Depuis ce temps-là j'ai rêvé à toi toutes les nuits.
Ah! comme je t'embrassais, Marie! Mais toi, pendant ce
temps-là, tu dormais sans rêver. Et, à présent, sais-tu ce
que je pense? c'est que si tu te retournais pour me regarder avec les yeux que j'ai pour toi, et si tu approchais
ton visage du mien, je crois que j'en tomberais mort de
joie. Et toi, tu penses que si pareille chose t'arrivait tu
en mourrais de colère et de honte!

Germain parlait comme dans un rêve sans entendre ce
qu'il disait. La petite Marie tremblait toujours; mais
comme il tremblait encore davantage, il ne s'en apercevait plus. Tout à coup elle se retourna; elle était tout en
larmes et le regardait d'un air de reproche. Le pauvre
laboureur crut que c'était le dernier coup, et, sans
attendre son arrêt, il se leva pour partir; mais la jeune
fille l'arrêta en l'entourant de ses deux bras, et, cachant
sa tête dans son sein: — Ah! Germain, lui dit-elle en
sanglotant, vous n'avez donc pas deviné que je vous
aime?

Germain serait devenu fou, si son fils qui le cherchait
et qui entra dans la chaumière au grand galop sur un
bâton, avec sa petite sœur en croupe qui fouettait avec
une branche d'osier ce coursier imaginaire, ne l'eût rap-
pelé à lui-même. Il le souleva dans ses bras, et le mettant
dans ceux de sa fiancée:

— Tiens, lui dit-il, tu as fait plus d'un heureux en
m'aimant!

APPENDICE.

LES NOCES DE CAMPAGNE.

I.

Ici finit l'histoire du mariage de Germain, telle qu'il
me l'a racontée lui-même, le fin laboureur qu'il est! Je te
demande pardon, lecteur ami, de n'avoir pas su te la
traduire mieux; car c'est une véritable traduction qu'il
faut au langage antique et naïf des paysans de la contrée que je chante (comme on disait jadis). Ces gens-là
parlent trop français pour nous, et, depuis Rabelais et
Montaigne, les progrès de la langue nous ont fait perdre
bien des vieilles richesses. Il en est ainsi de tous les progrès, il faut en prendre son parti. Mais c'est encore un
plaisir d'entendre ces idiotismes pittoresques régner sur
le vieux terroir du centre de la France; d'autant plus que
c'est la véritable expression du caractère moqueusement
tranquille et plaisamment disert des gens qui s'en servent.
La Touraine a conservé un certain nombre précieux de
locutions patriarcales. Mais la Touraine s'est grandement
civilisée avec et depuis la Renaissance. Elle s'est couverte de châteaux, de routes, d'étrangers et de mouvement. Le Berry est resté stationnaire, et je crois qu'après
la Bretagne et quelques provinces de l'extrême midi de la
France, c'est le pays le plus conservé qui se puisse

trouver à l'heure qu'il est. Certaines coutumes sont si
curieuses, que j'espère t'amuser encore un instant, cher
lecteur, si tu permets que je te raconte en détail une noce
de campagne, celle de Germain, par exemple, à laquelle j'eus le plaisir d'assister il y a quelques années.

Car, hélas! tout s'en va. Depuis seulement que j'existe il
s'est fait plus de mouvement dans les idées et les coutumes
de mon village, qu'il ne s'en était vu durant des siècles
avant la révolution. Déjà la moitié des cérémonies cel-
tiques, païennes ou moyen âge, que j'ai vues encore en
pleine vigueur dans mon enfance, se sont effacées. Encore un ou deux ans peut-être, et les chemins de fer pas-
seront leur niveau sur nos vallées profondes, emportant,
avec la rapidité de la foudre, nos antiques traditions et
nos merveilleuses légendes.

C'était en hiver, aux environs du carnaval, époque de
l'année où il est séant et convenable chez nous de faire
les noces. Dans l'été on n'a guère le temps, et les travaux
d'une ferme ne peuvent souffrir trois jours de retard,
sans parler des jours complémentaires affectés à la diges-
tion plus ou moins laborieuse de l'ivresse morale et physique que laisse une fête. — J'étais assis sous le vaste
manteau d'une antique cheminée de cuisine, lorsque des
coups de pistolet, des hurlements de chiens, et les sons
aigus de la cornemuse m'annoncèrent l'approche des
fiancés. Bientôt le père et la mère Maurice, Germain et
la petite Marie, suivis de Jacques et de sa femme, des principaux parents respectifs et des parrains et marraines
des fiancés, firent leur entrée dans la cour.

La petite Marie n'ayant pas encore reçu les cadeaux de
noces, appelés livrées, était vêtue de ce qu'elle avait de
mieux dans ses hardes modestes: une robe de gros drap
sombre, un fichu blanc à grands ramages de couleurs
voyantes, un tablier d'incarnat, indienne rouge fort à la
mode alors et dédaignée aujourd'hui, une coiffe de mousseline très-blanche, et dans cette forme heureusement con-
servée, qui rappelle la coiffure d'Anne Boleyn et d'Agnès
Sorel. Elle était fraîche et souriante, point orgueilleuse du
tout, quoiqu'il y eût bien de quoi. Germain était grave
et attendri auprès d'elle, comme le jeune Jacob saluant
Rachel aux citernes de Laban. Toute autre fille eût pris
un air d'importance et une tenue de triomphe; car, dans
tous les rangs, c'est quelque chose que d'être épousée
pour ses beaux yeux. Mais les yeux de la jeune fille
étaient humides et brillants d'amour; on voyait bien
qu'elle était profondément éprise, et qu'elle n'avait point
le loisir de s'occuper de l'opinion des autres. Son petit air
résolu ne l'avait point abandonnée; mais c'était toute franchise et tout bon vouloir chez elle; rien d'impertinent
dans son succès, rien de personnel dans le sentiment de
sa force. Je ne vis oncques si gentille fiancée, lorsqu'elle
répondait nettement à ses jeunes amies qui lui deman-
daient si elle était contente: — Dame! bien sûr! je ne
me plains pas du bon Dieu.

Le père Maurice porta la parole; il venait faire les
compliments et invitations d'usage. Il attacha d'abord au
manteau de la cheminée une branche de laurier ornée de
rubans; ceci s'appelle l'exploit, c'est-à-dire la lettre de
faire part; puis il distribua à chacun des invités une
petite croix faite d'un bout de ruban bleu traversé d'un
autre bout de ruban rose; le rose pour la fiancée, le
bleu pour l'épouseur; et les invités des deux sexes durent
garder ce signe pour en orner les uns leur cornette, les
autres leur boutonnière le jour de la noce. C'est la lettre
d'admission, la carte d'entrée.

Alors le père Maurice prononça son compliment. Il
invitait le maître de la maison et toute sa compagnie,
c'est-à-dire tous ses parents, tous ses amis et tous ses
serviteurs, à la bénédiction, au festin, à la divertis-
sance, à la dansière et à tout ce qui en suit. Il ne
manqua pas de dire: — Je viens vous faire l'honneur
de vous semondre. Locution très-juste, bien qu'elle nous
paraisse un contre-sens, puisqu'elle exprime l'idée de
rendre les honneurs à ceux qu'on en juge dignes.

Malgré la libéralité de l'invitation portée ainsi de maison
en maison dans toute la paroisse, la politesse, qui est
grandement discrète chez les paysans, veut que deux per-

sonnes seulement de chaque famille en profitent, un chef de famille sur le ménage, un de leurs enfants sur le nombre.

Ces invitations faites, les fiancés et leurs parents allèrent dîner ensemble à la métairie.

La petite Marie garda ses trois moutons sur le communal, et Germain travailla la terre comme si de rien n'était.

La veille du jour marqué pour le mariage, vers deux heures de l'après-midi, la musique arriva, c'est-à-dire le *cornemuseux* et le *vielleux*, avec leurs instruments ornés de longs rubans flottants, et jouant une marche de circonstance, sur un rhythme un peu lent pour des pieds qui ne seraient pas indigènes, mais parfaitement combiné avec la nature du terrain gras et des chemins ondulés de la contrée. Des coups de pistolet, tirés par les jeunes gens et les enfants, annoncèrent le commencement de la noce. On se réunit peu à peu, et l'on dansa sur la pelouse devant la maison pour se mettre en train. Quand la nuit fut venue, on commença d'étranges préparatifs, on se sépara en deux bandes, et quand la nuit fut close, on procéda à la cérémonie des *livrées*.

Ceci se passait au logis de la fiancée, la chaumière à la Guillette. La Guillette prit avec elle sa fille, une douzaine de jeunes et jolies *pastoures*, amies et parentes de sa fille, deux ou trois respectables matrones, voisines fortes en bec, promptes à la réplique et gardiennes rigides des anciens us. Puis elle choisit une douzaine de vigoureux champions, ses parents et amis; enfin le vieux *chanvreur* de la paroisse, homme disert et beau parleur s'il en fut.

Le rôle que joue en Bretagne le *bazvalan*, le tailleur du village, le broyeur de chanvre ou le cardeur de laine (deux professions souvent réunies en une seule) qui le remplit dans nos campagnes. Il est de toutes les solennités tristes ou gaies, parce qu'il est essentiellement érudit et beau diseur, et, dans ces occasions, il a toujours le soin de porter la parole pour accomplir dignement certaines formalités usitées de temps immémorial. Les professions errantes, qui introduisent l'homme au sein des familles sans lui permettre de se concentrer dans la sienne, sont propres à le rendre bavard, plaisant, conteur et chanteur.

Le broyeur de chanvre est particulièrement sceptique. Lui et un autre fonctionnaire rustique, dont nous parlerons tout à l'heure, le fossoyeur, sont toujours les esprits forts du lieu. Ils ont tant parlé de revenants et ils savent si bien tous les tours dont ces malins esprits sont capables, qu'ils ne les craignent guère. C'est particulièrement la nuit que tous, fossoyeurs, chanvreurs et revenants, exercent leur industrie. C'est aussi la nuit que le chanvreur raconte ses lamentables légendes. Qu'on me permette une digression.

Quand le chanvre est *arrivé* à point, c'est-à-dire suffisamment trempé dans les eaux courantes et à demi séché à la *rive*, on le rapporte dans la cour des habitations; on le place debout par petites gerbes qui, avec leurs tiges écartées du bas et leurs têtes liées en boules, ressemblent déjà passablement le soir à une longue procession de petits fantômes blancs, plantés sur leurs jambes grêles et marchant sans bruit le long des murs.

C'est à la fin de septembre, quand les nuits sont encore tièdes, qu'à la pâle clarté de la lune on commence à broyer. Dans la journée, le chanvre a été chauffé au four; on l'en retire, le soir, pour le broyer chaud. On se sert pour cela d'une sorte de chevalet surmonté d'un levier en bois, qui, retombant sur des rainures, hache la plante sans la couper. C'est alors qu'on entend la nuit, dans les campagnes, ce bruit sec et saccadé de trois coups frappés rapidement. Puis, un silence se fait; c'est le mouvement du bras qui retire la poignée de chanvre pour la broyer sur une autre partie de sa longueur. Et les trois coups recommencent; c'est l'autre bras qui agit sur le levier; et toujours ainsi jusqu'à ce que la lune soit voilée par les premières lueurs de l'aube. Comme ce travail ne dure que quelques jours dans l'année, les chiens ne s'y habituent pas et poussent des hurlements plaintifs vers tous les points de l'horizon.

C'est le temps des bruits insolites et mystérieux dans la campagne. Les grues émigrantes passent dans des régions où, en plein jour, l'œil les distingue à peine. La nuit, on les entend seulement; et ces voix rauques et gémissantes, perdues dans les nuages, semblent l'appel et l'adieu d'âmes tourmentées qui s'efforcent de trouver le chemin du ciel, et qu'une invincible fatalité force à planer non loin de la terre, autour de la demeure des hommes; car ces oiseaux voyageurs ont d'étranges incertitudes et de mystérieuses anxiétés dans le cours de leur traversée aérienne. Il leur arrive parfois de perdre le vent, lorsque des brises capricieuses se combattent ou se succèdent dans les hautes régions. Alors on voit, lorsque ces déroutes arrivent durant le jour, le chef de file flotter à l'aventure dans les airs, puis faire volte-face, revenir se placer à la queue de la phalange triangulaire, tandis qu'une savante manœuvre de ses compagnons les ramène bientôt en bon ordre derrière lui. Souvent, après de vains efforts, le guide épuisé renonce à conduire la caravane; un autre se présente, essaie à son tour, et cède la place à un troisième, qui retrouve le courant et engage victorieusement la marche. Mais que de cris, que de reproches, que de remontrances, que de malédictions sauvages ou de questions inquiètes sont échangés, dans une langue inconnue, entre ces pèlerins ailés!

Dans la nuit sonore, on entend ces clameurs sinistres tournoyer parfois assez longtemps au-dessus des maisons, et comme on ne peut rien voir, on ressent malgré soi une sorte de crainte et de malaise sympathique, jusqu'à ce que cette nuée sanglotante se soit perdue dans l'immensité.

Il y a d'autres bruits encore qui sont propres à ce moment de l'année, et qui se passent principalement dans les vergers. La cueille des fruits n'est pas encore faite, et mille crépitations inusitées font ressembler les arbres à des êtres animés. Une branche grince, en se courbant, sous un poids arrivé tout à coup à son dernier degré de développement; ou bien, une pomme se détache et tombe à vos pieds avec un son mat sur la terre humide. Alors vous entendez fuir, en frôlant les branches et les herbes, un être que vous ne voyez pas: c'est le chien du paysan, ce rôdeur curieux, inquiet, à la fois insolent et poltron, qui se glisse partout, qui ne dort jamais, qui cherche toujours on ne sait quoi, qui vous épie, caché dans les broussailles, et prend la fuite au bruit de la pomme tombée, croyant que vous lui lancez une pierre.

C'est durant ces nuits-là, nuits voilées et grisâtres, que le chanvreur raconte ses étranges aventures de follets et de lièvres blancs, d'âmes en peine et de sorciers transformés en loups, de sabbat au carrefour et de chouettes prophétesses au cimetière. Je me souviens d'avoir passé ainsi les premières heures de la nuit autour des *broyes* en mouvement, dont la percussion impitoyable, interrompant le récit du chanvreur à l'endroit le plus terrible, nous faisait passer un frisson glacé dans les veines. Et souvent aussi le bonhomme continuait à parler en broyant; et il y avait quatre à cinq mots perdus: mots effrayants, sans doute, que nous n'osions pas lui faire répéter, et dont l'omission ajoutait un mystère plus affreux aux mystères déjà si sombres de son histoire. C'est en vain que les servantes nous avertissaient qu'il était bien tard pour rester dehors, et que l'heure de dormir était depuis longtemps sonnée pour nous: elles-mêmes mouraient d'envie d'écouter encore; et avec quelle terreur ensuite nous traversions le hameau pour rentrer chez nous! comme le porche de l'église nous paraissait profond, et l'ombre des vieux arbres épaisse et noire! Quant au cimetière, on ne le voyait point; on fermait les yeux en le côtoyant.

Mais le chanvreur n'est pas plus que le sacristain adonné exclusivement au plaisir de faire peur; il aime à faire rire, il est moqueur et sentimental au besoin, quand il faut chanter l'amour et l'hyménée; c'est lui qui recueille et conserve dans sa mémoire les chansons les plus anciennes, et qui les transmet à la postérité. C'est donc lui qui est chargé, dans les noces, du personnage que nous allons lui voir jouer à la présentation des livrées de la petite Marie.

II.

LES LIVRÉES.

Quand tout ce monde fut réuni dans la maison, on ferma, avec le plus grand soin, les portes et les fenêtres; on alla même barricader la lucarne du grenier; on mit des planches, des tréteaux, des souches et des tables en travers de toutes les issues, comme si on se préparait à soutenir un siége; et il se fit dans cet intérieur fortifié un silence d'attente assez solennel, jusqu'à ce qu'on entendit au loin des chants, des rires, et le son des instruments rustiques. C'était la bande de l'épouseur, Germain en tête, accompagné de ses plus hardis compagnons, du fossoyeur, des parents, amis et serviteurs, qui formaient un joyeux et solide cortége.

Cependant, à mesure qu'ils approchèrent de la maison, ils se ralentirent, se concertèrent, et firent silence. Les jeunes filles, enfermées dans le logis, s'étaient ménagé aux fenêtres de petites fentes, par lesquelles elles les virent arriver et se développer en ordre de bataille. Il tombait une pluie fine et froide, qui ajoutait au piquant de la situation, tandis qu'un grand feu pétillait dans l'âtre de la maison. Marie eût voulu abréger les lenteurs inévitables de ce siége en règle: elle n'aimait pas à voir ainsi se morfondre son fiancé, mais elle n'avait pas voix au chapitre dans la circonstance, et même elle devait partager ostensiblement la mutine cruauté de ses compagnes.

Quand les deux camps furent ainsi en présence, une décharge d'armes à feu, partie du dehors, mit en grande rumeur tous les chiens des environs. Ceux de la maison se précipitèrent vers la porte en aboyant, croyant qu'il s'agissait d'une attaque réelle, et les petits enfants, que leurs mères s'efforçaient en vain de rassurer, se mirent à pleurer et à trembler. Toute cette scène fut si bien jouée qu'un étranger y eût été pris, et eût songé peut-être à se mettre en état de défense contre une bande de chauffeurs.

Alors le fossoyeur, barde et orateur du fiancé, se plaça devant la porte, et, d'une voix lamentable, engagea avec le chanvreur, placé à la lucarne qui était située au-dessus de la même porte, le dialogue suivant:

LE FOSSOYEUR.

Hélas! mes bonnes gens, mes chers paroissiens, pour l'amour de Dieu, ouvrez-moi la porte.

LE CHANVREUR.

Qui êtes-vous donc, et pourquoi prenez-vous la licence de nous appeler vos chers paroissiens? Nous ne vous connaissons pas.

LE FOSSOYEUR.

Nous sommes d'honnêtes gens bien en peine. N'ayez peur de nous, mes amis! donnez-nous l'hospitalité. Il tombe du verglas, nos pauvres pieds sont gelés, et nous revenons de si loin que nos sabots en sont fendus.

LE CHANVREUR.

Si vos sabots sont fendus, vous pouvez chercher par terre; vous trouverez bien un brin d'oisil (d'osier) pour vous faire des *arcelets* (petites lames de fer en forme d'arcs qu'on place sur les sabots fendus pour les consolider).

LE FOSSOYEUR.

Des arcelets d'oisil, ce n'est guère solide. Vous vous moquez de nous, bonnes gens, et vous feriez mieux de nous ouvrir. On voit luire une belle flamme dans votre logis; sans doute vous avez mis la broche, et on se réjouit chez vous le cœur et le ventre. Ouvrez donc à de pauvres pèlerins qui mourront à votre porte si vous ne leur faites merci.

LE CHANVREUR.

Ah! ah! vous êtes des pèlerins? vous ne nous disiez pas cela. Et de quel pèlerinage arrivez-vous, s'il vous plaît?

LE FOSSOYEUR.

Nous vous dirons cela quand vous nous aurez ouvert la porte, car nous venons de si loin que vous ne voudriez pas le croire.

LE CHANVREUR.

Vous ouvrir la porte? oui-da! nous ne saurions nous fier à vous. Voyons: est-ce de Saint-Sylvain de Pouligny que vous arrivez?

LE FOSSOYEUR.

Nous avons été à Saint-Sylvain de Pouligny, mais nous avons été bien plus loin encore.

LE CHANVREUR.

Alors vous avez été jusqu'à Sainte-Solange?

LE FOSSOYEUR.

A Sainte-Solange nous avons été, pour sûr; mais nous avons été plus loin encore.

LE CHANVREUR.

Vous mentez; vous n'avez même jamais été jusqu'à Sainte-Solange.

LE FOSSOYEUR.

Nous avons été plus loin, car, à cette heure, nous arrivons de Saint-Jacques de Compostelle.

LE CHANVREUR.

Quelle bêtise nous contez-vous? Nous ne connaissons pas cette paroisse-là. Nous voyons bien que vous êtes de mauvaises gens, des brigands, des *rien du tout* et des menteurs. Allez plus loin chanter vos sornettes; nous sommes sur nos gardes, et vous n'entrerez point céans.

LE FOSSOYEUR.

Hélas! mon pauvre homme, ayez pitié de nous! Nous ne sommes pas des pèlerins, vous l'avez deviné; mais nous sommes de malheureux braconniers poursuivis par les gardes. Mêmement les gendarmes sont après nous, et, si vous ne nous faites point cacher dans votre fenil, nous allons être pris et conduits en prison.

LE CHANVREUR.

Et qui nous prouvera que, cette fois-ci, vous soyez ce que vous dites? car voilà déjà un mensonge que vous n'avez pu soutenir.

LE FOSSOYEUR.

Si vous voulez nous ouvrir, nous vous montrerons une belle pièce de gibier que nous avons tuée.

LE CHANVREUR.

Montrez-la tout de suite, car nous sommes en méfiance.

LE FOSSOYEUR.

Eh bien, ouvrez une porte ou une fenêtre, qu'on vous passe la bête.

LE CHANVREUR.

Oh! que nenni! pas si sot! Je vous regarde par un petit pertuis, et je ne vois parmi vous ni chasseurs, ni gibier.

Ici un garçon bouvier, trapu et d'une force herculéenne, se détacha du groupe où il se tenait inaperçu, éleva vers la lucarne une oie plumée, passée dans une forte broche de fer, ornée de bouquets de paille et de rubans.

Oui-da! s'écria le chanvreur, après avoir passé avec précaution un bras dehors pour tâter le rôt; ceci n'est point une caille, ni une perdrix; ce n'est ni un lièvre, ni un lapin; c'est quelque chose comme une oie ou un dindon. Vraiment, vous êtes de beaux chasseurs! et ce gibier-là ne vous a guère fait courir. Allez plus loin, mes drôles! toutes vos menteries sont connues, et vous pouvez bien aller chez vous faire cuire votre souper. Vous ne mangerez pas le nôtre.

LE FOSSOYEUR.

Hélas! mon Dieu, où irions-nous faire cuire notre gibier? C'est bien peu de chose pour tant de monde que nous sommes; et, d'ailleurs, nous n'avons ni feu ni lieu. A cette heure-ci toutes les portes sont fermées, tout le monde est couché; il n'y a que vous qui fassiez la noce dans votre maison, et il faut que vous ayez le cœur bien dur pour nous laisser transir dehors. Ouvrez-nous, braves gens, encore une fois ; nous ne vous occasionnerons pas de dépenses. Vous voyez bien que nous apportons le rôti ; seulement un peu de place à votre foyer, un peu de flamme pour le faire cuire, et nous nous en irons contents.

LE CHANVREUR.

Croyez-vous qu'il y ait trop de place chez nous, et que le bois ne nous coûte rien ?

LE FOSSOYEUR.

Nous avons là une petite botte de paille pour faire le feu, nous nous en contenterons ; donnez-nous seulement la permission de mettre la broche en travers à votre cheminée.

LE CHANVREUR.

Cela ne sera point ; vous nous faites dégoût et point du tout pitié. M'est avis que vous êtes ivres, que vous n'avez besoin de rien, et que vous voulez entrer chez nous pour nous voler notre feu et nos filles.

LE FOSSOYEUR.

Puisque vous ne voulez entendre à aucune bonne raison, nous allons entrer chez vous par force.

LE CHANVREUR.

Essayez, si vous voulez. Nous sommes assez bien renfermés pour ne pas vous craindre. Et puisque vous êtes insolents, nous ne vous répondrons pas davantage.

Là-dessus le chanvreur ferma à grand bruit l'huis de la lucarne, et redescendit dans la chambre au-dessous, par une échelle. Puis il reprit la fiancée par la main, et les jeunes gens des deux sexes se joignant à eux, tous se mirent à danser, et à crier joyeusement, tandis que les matrones chantaient d'une voix perçante, et poussaient de grands éclats de rire en signe de mépris et de bravade contre ceux du dehors qui tentaient l'assaut.

Les assiégeants, de leur côté, faisaient rage : ils déchargeaient leurs pistolets dans les portes, faisaient gronder les chiens, frappaient de grands coups sur les murs, secouaient les volets, poussaient des cris effroyables ; enfin c'était un vacarme à ne pas s'entendre, une poussière et une fumée à ne se point voir.

Pourtant cette attaque était simulée : le moment n'était pas venu de violer l'étiquette. Si l'on parvenait, en rôdant, à trouver un passage non gardé, une ouverture quelconque, on pouvait chercher à s'introduire par surprise, et alors, si le porteur de la broche arrivait à mettre son rôti au feu, la prise de possession du foyer ainsi constatée, la comédie finissait et le fiancé était vainqueur.

Mais les issues de la maison n'étaient pas assez nombreuses pour qu'on eût négligé les précautions d'usage, et nul ne se fût arrogé le droit d'employer la violence avant le moment fixé pour la lutte.

Quand on fut las de sauter et de crier, le chanvreur songea à capituler. Il remonta à sa lucarne, l'ouvrit avec précaution, et salua les assiégeants désappointés par un éclat de rire.

—Eh bien, mes gars, dit-il, vous voilà bien penauds ! Vous pensiez que rien n'était plus facile que d'entrer céans, et vous voyez que notre défense est bonne. Mais nous commençons à avoir pitié de vous, si vous voulez vous soumettre et accepter nos conditions.

LE FOSSOYEUR.

Parlez, mes braves gens ; dites ce qu'il faut faire pour approcher de votre foyer.

LE CHANVREUR.

Il faut chanter, mes amis, mais chanter une chanson que nous ne connaissions pas, et à laquelle nous ne puissions pas répondre par une meilleure.

—Qu'à cela ne tienne ! répondit le fossoyeur, et il entonna d'une voix puissante :

Voilà six mois que c'était le printemps,

— *Me promenais sur l'herbette naissante,* répondit le chanvreur d'une voix un peu enrouée, mais terrible. Vous moquez-vous, mes pauvres gens, de nous chanter une pareille vieillerie ? vous voyez bien que nous nous arrêtons au premier mot !

— *C'était la fille d'un prince...*
— *Qui voulait se marier,* répondit le chanvreur. Passez, passez à une autre ! nous connaissons celle-là un peu trop.

LE FOSSOYEUR.

Voulez-vous celle-ci ?
—*En revenant de Nantes...*

LE CHANVREUR.

—*J'étais bien fatigué, voyez! J'étais bien fatigué.* Celle-là est du temps de ma grand'mère. Voyons-en une autre !

LE FOSSOYEUR.

—*L'autre jour, en me promenant...*

LE CHANVREUR.

—*Le long de ce bois charmant !* En voilà une qui est bête ! Nos petits enfants ne voudraient pas se donner la peine de vous répondre. Quoi ! voilà tout ce que vous savez ?

LE FOSSOYEUR.

Oh ! nous vous en dirons tant que vous finirez par rester court.

Il se passa bien une heure à combattre ainsi. Comme les deux antagonistes étaient les deux plus forts du pays sur la chanson, et que leur répertoire semblait inépuisable, cela eût pu durer toute la nuit, d'autant plus que le chanvreur mit un peu de malice à laisser chanter certaines complaintes en dix, vingt ou trente couplets, feignant, par son silence, de se déclarer vaincu. Alors on triomphait dans le camp du fiancé, on chantait en chœur à pleine voix, et on croyait que cette fois la partie serait perdue pour défaut ; mais, à la moitié du couplet final, on entendait la voix rude et enrhumée du vieux chanvreur beugler les derniers ; après quoi il s'écriait : Vous n'aviez pas besoin de vous fatiguer à en dire une si longue, mes enfants ! Nous la savions sur le bout du doigt !

Une ou deux fois pourtant le chanvreur fit la grimace, fronça le sourcil et se retourna d'un air désappointé vers les matrones attentives. Le fossoyeur chantait quelque chose de si vieux, que son adversaire l'avait oublié, ou peut-être qu'il ne l'avait jamais su ; mais aussitôt les bonnes commères nasillaient, d'une voix aigre comme celle de la mouette, le refrain victorieux ; et le fossoyeur, sommé de se rendre, passait à d'autres essais.

Il eût été trop long d'attendre de quel côté resterait la victoire. Le parti de la fiancée déclara qu'il faisait grâce à condition qu'on offrirait à celle-ci un présent digne d'elle.

Alors commença le chant des livrées sur un air solennel comme un chant d'église.

Les hommes du dehors dirent en basse-taille à l'unisson :

> Ouvrez la porte, ouvrez,
> Marie, ma mignonne,
> J'ons de beaux cadeaux à vous présenter.
> Hélas ! ma mie, laissez-nous entrer.

A quoi les femmes répondirent de l'intérieur, et en fausset, d'un ton dolent :

> Mon père est en chagrin, ma mère en grand' tristesse,
> Et moi je suis fille de trop grand' merci
> Pour ouvrir ma porte à *cette heure ici.*

Les hommes reprirent le premier couplet jusqu'au quatrième vers, qu'ils modifièrent de la sorte :

> J'ons un beau mouchoir à vous présenter.

Mais, au nom de la fiancée, les femmes répondirent de même que la première fois.

Pendant vingt couplets, au moins, les hommes énumérèrent tous les cadeaux de la livrée, mentionnant toujours un objet nouveau dans le dernier vers : un beau *devanteau* (tablier), de beaux rubans, un habit de drap, de la dentelle, une croix d'or, et jusqu'à *un cent d'épin-*

Ah ! Germain, vous n'avez donc pas deviné que je vous aime ? (Page 28.)

gles pour compléter la modeste corbeille de la mariée. Le refus des matrones était irrévocable ; mais enfin les garçons se décidèrent à parler *d'un beau mari à leur présenter*, et elles répondirent en s'adressant à la mariée, et en lui chantant avec les hommes :

> Ouvrez la porte, ouvrez,
> Marie, ma mignonne.
> C'est un beau mari qui vient vous chercher.
> Allons, ma mie, laissons-les entrer.

III.

LE MARIAGE.

Aussitôt le chanvreur tira la cheville de bois qui fermait la porte à l'intérieur : c'était encore, à cette époque, la seule serrure connue dans la plupart des habitations de notre hameau. La bande du fiancé fit irruption dans la demeure de la fiancée, mais non sans combat ; car les garçons cantonnés dans la maison, même le vieux chan-vreur et les vieilles commères, se mirent en devoir de garder le foyer. Le porteur de la broche, soutenu par les siens, devait arriver à planter le rôti dans l'âtre. Ce fut une véritable bataille, quoiqu'on s'abstînt de se frapper et qu'il n'y eût point de colère dans cette lutte. Mais on se poussait et on se pressait si étroitement, et il y avait tant d'amour-propre en jeu dans cet essai de forces musculaires, que les résultats pouvaient être plus sérieux qu'ils ne le paraissaient à travers les rires et les chansons. Le pauvre vieux chanvreur, qui se débattait comme un lion, fut collé à la muraille et serré par la foule, jusqu'à perdre la respiration. Plus d'un champion renversé fut foulé aux pieds involontairement, plus d'une main cramponnée à la broche fut ensanglantée. Ces jeux sont dangereux, et les accidents ont été assez graves dans les derniers temps pour que nos paysans aient résolu de laisser tomber en désuétude la cérémonie des livrées. Je crois que nous avons vu la dernière à la noce de Françoise Meillant, et encore la lutte ne fut-elle que simulée.

Cette lutte fut encore assez passionnée à la noce de Germain. Il y avait une question de point d'honneur de part et d'autre à envahir et à défendre le foyer de la

Guillette. L'énorme broche de fer fut tordue comme une vis sous les vigoureux poignets qui se la disputaient. Un coup de pistolet mit le feu à une petite provision de chanvre en *poupées*, placée sur une claie, au plafond. Cet incident fit diversion, et, tandis que les uns s'empressaient d'étouffer ce germe d'incendie, le fossoyeur, qui était grimpé au grenier sans qu'on s'en aperçût, descendit par la cheminée, et saisit la broche au moment où le bouvier, qui la défendait auprès de l'âtre, l'élevait au-dessus de sa tête pour empêcher qu'elle ne lui fût arrachée. Quelque temps avant la prise d'assaut, les matrones avaient eu le soin d'éteindre le feu, de crainte qu'en se débattant auprès quelqu'un ne vînt à y tomber et à se brûler. Le facétieux fossoyeur, d'accord avec le bouvier, s'empara donc du trophée sans difficulté et le jeta en travers sur les *landiers*. C'en était fait ! il n'était plus permis d'y toucher. Il sauta au milieu de la chambre et alluma un reste de paille, qui entourait la broche, pour faire le simulacre de la cuisson du rôti, car l'oie était en pièces et jonchait le plancher de ses membres épars.

Il y eut alors beaucoup de rires et de discussions fanfaronnes. Chacun montrait les horions qu'il avait reçus, et comme c'était souvent la main d'un ami qui avait frappé, personne ne se plaignit ni se querella. Le chanvreur, à demi aplati, se frottait les reins, disant qu'il s'en souciait fort peu, mais qu'il protestait contre la ruse de son compère le fossoyeur, et que, s'il n'eût été à demi-mort, le foyer n'eût pas été conquis si facilement. Les matrones balayaient le pavé, et l'ordre se faisait. La table se couvrait de brocs de vin nouveau. Quand on eut trinqué ensemble et repris haleine, le fiancé fut amené au milieu de la chambre, et, armé d'une baguette, il dut se soumettre à une nouvelle épreuve.

Pendant la lutte, la fiancée avait été cachée avec trois de ses compagnes par sa mère, sa marraine et ses tantes, qui avaient fait asseoir les quatre jeunes filles sur un banc, dans un coin reculé de la salle, et les avaient couvertes d'un grand drap blanc. Les trois compagnes avaient été choisies de la même taille que Marie, et leurs cornettes de hauteur identique, de sorte que le drap leur couvrant la tête et les enveloppant jusque par-dessous les pieds, il était impossible de les distinguer l'une de l'autre.

Le fiancé ne devait les toucher qu'avec le bout de sa baguette, et seulement pour désigner celle qu'il jugeait être sa femme. On lui donnait le temps d'examiner, mais avec les yeux seulement, et les matrones, placées à ses côtés, veillaient rigoureusement à ce qu'il n'y eût point de supercherie. S'il se trompait, il ne pouvait danser de la soirée avec sa fiancée, mais seulement avec celle qu'il avait choisie par erreur.

Germain, se voyant en présence de ces fantômes enveloppés sous le même suaire, craignait fort de se tromper ; et, de fait, cela était arrivé à bien d'autres, car les précautions étaient toujours prises avec un soin consciencieux. Le cœur lui battait. La petite Marie essayait bien de respirer fort et d'agiter un peu le drap, mais ses malignes rivales en faisaient autant, poussaient le drap avec leurs doigts, et il y avait autant de signes mystérieux que de jeunes filles sous le voile. Les cornettes carrées maintenaient ce voile si également qu'il était impossible de voir la forme d'un front dessiné par ses plis.

Germain, après dix minutes d'hésitation, ferma les yeux, recommanda son âme à Dieu, et tendit la baguette au hasard. Il toucha le front de la petite Marie, qui jeta le drap loin d'elle en criant victoire. Il eut alors la permission de l'embrasser, et, l'enlevant dans ses bras robustes, il la porta au milieu de la chambre, et ouvrit avec elle le bal, qui dura jusqu'à deux heures du matin.

Alors on se sépara pour se réunir à huit heures. Comme il y avait un certain nombre de jeunes gens venus des environs, et qu'on n'avait pas des lits pour tout le monde, chaque invitée du village reçut dans son lit deux ou trois jeunes compagnes, tandis que les garçons allèrent pêle-mêle s'étendre sur le fourrage du grenier de la métairie. Vous pouvez bien penser que là ils ne dormirent guère, car ils ne songèrent qu'à se lutiner les uns les autres, à échanger des lazzis et à se conter de folles histoires. Dans les noces il y a de rigueur trois nuits blanches, qu'on ne regrette point.

A l'heure marquée pour le départ, après qu'on eut mangé la soupe au lait relevée d'une forte dose de poivre, pour se mettre en appétit, car le repas de noces promettait d'être copieux, on se rassembla dans la cour de la ferme. Notre paroisse étant supprimée, c'est à une demi-lieue de chez nous qu'il fallait aller chercher la bénédiction nuptiale. Il faisait un beau temps frais, mais les chemins étant fort gâtés, chacun s'était muni d'un cheval, et chaque homme prit en croupe une compagne jeune ou vieille. Germain partit sur la *Grise*, qui, bien pansée, ferrée à neuf et ornée de rubans, piaffait et jetait le feu par les naseaux. Il alla chercher sa fiancée à la chaumière avec son beau-frère Jacques, lequel, monté sur la vieille *Grise*, prit la brave mère Guillette en croupe, tandis que Germain rentra dans la cour de la ferme, amenant sa chère petite femme d'un air de triomphe.

Puis la joyeuse cavalcade se mit en route, escortée par les enfants à pied, qui couraient en tirant des coups de pistolet et faisaient bondir les chevaux. La mère Maurice était montée sur une petite charrette avec les trois enfants de Germain et les ménétriers. Ils ouvraient la marche au son des instruments. Petit Pierre était si beau, que la vieille grand'mère en était tout orgueilleuse. Mais l'impétueux enfant ne tint pas longtemps à ses côtés. A un temps d'arrêt qu'il fallut faire à mi-chemin pour s'engager dans un passage difficile, il s'esquiva et alla supplier son père de l'asseoir devant lui sur la *Grise*.

— Oui-da ! répondit Germain, cela va nous attirer de mauvaises plaisanteries ! il ne faut point.

— Je ne me soucie guère de ce que diront les gens de Saint-Chartier, dit la petite Marie. Prenez-le, Germain, je vous en prie : je serai encore plus fière de lui que de ma toilette de noces.

Germain céda, et le beau trio s'élança dans les rangs au galop triomphant de la *Grise*.

Et, de fait, les gens de Saint-Chartier, quoique très-railleurs et un peu taquins à l'endroit des paroisses environnantes réunies à la leur, ne songèrent point à rire en voyant un si beau marié, une si jolie mariée, et un enfant qui eût fait envie à la femme d'un roi. Petit Pierre avait un habit complet de drap bleu barbeau, un gilet rouge si coquet et si court qu'il ne lui descendait guère au-dessous du menton. Le tailleur du village lui avait si bien serré les entournures qu'il ne pouvait rapprocher ses deux petits bras. Aussi comme il était fier ! Il avait un chapeau rond avec une ganse noir et or, et une plume de paon sortant crânement d'une touffe de plumes de pintade. Un bouquet de fleurs plus gros que sa tête lui couvrait l'épaule, et les rubans lui flottaient jusqu'aux pieds. Le chanvreur, qui était aussi le barbier et le perruquier de l'endroit, lui avait coupé les cheveux en rond, en lui couvrant la tête d'une écuelle et retranchant tout ce qui passait, méthode infaillible pour assurer le coup de ciseau. Ainsi accoutré, le pauvre enfant était moins poétique, à coup sûr, qu'avec ses longs cheveux au vent et sa peau de mouton à la Saint-Jean-Baptiste ; mais il n'en croyait rien, et tout le monde l'admirait, disant qu'il avait l'air d'un petit homme. Sa beauté triomphait de tout, et de quoi ne triompherait pas, en effet, l'incomparable beauté de l'enfance ?

Sa petite sœur Solange avait, pour la première fois de sa vie, une cornette à la place du béguin d'indienne que portent les petites filles jusqu'à l'âge de deux ou trois ans. Et quelle cornette ! plus haute et plus large que tout le corps de la pauvrette. Aussi comme elle se trouvait belle ! Elle n'osait pas tourner la tête, et se tenait toute raide, pensant qu'on la prendrait pour la mariée.

Quant au petit Sylvain, il était encore en robe, et, endormi sur les genoux de la grand'mère, il ne se doutait guère de ce que c'est qu'une noce.

Germain regardait ses enfants avec amour, et, en arrivant à la mairie, il dit à sa fiancée :

— Tiens, Marie, j'arrive là un peu plus content que le jour où t'ai ramenée chez nous, des bois de Chanteloube, croyant que tu ne m'aimerais jamais ; je te pris dans mes bras pour te mettre à terre comme à présent ; mais je pensais que nous ne nous retrouverions plus jamais sur la pauvre bonne Grise avec cet enfant sur nos genoux. Tiens, je t'aime tant, j'aime tant ces pauvres petits, je suis si heureux que tu m'aimes, et que tu les aimes, et que mes parents t'aiment, et j'aime tant ta mère et mes amis, et tout le monde aujourd'hui, que je voudrais avoir trois ou quatre cœurs pour y suffire. Vrai, c'est trop peu d'un pour y loger tant d'amitiés et tant de contentements ! J'en ai comme mal à l'estomac.

Il y eut une foule à la porte de la mairie et de l'église pour regarder la jolie mariée. Pourquoi ne dirions-nous pas son costume ? il lui allait si bien ! Sa cornette de mousseline claire et brodée partout, avait les barbes garnies de dentelle. Dans ce temps-là les paysannes ne se permettaient pas de montrer un seul cheveu ; et quoiqu'elles cachent sous leurs cornettes de magnifiques chevelures roulées dans des rubans de fil blanc pour soutenir la coiffe, encore aujourd'hui ce serait une action indécente et honteuse que de se montrer aux hommes la tête nue. Cependant elles se permettent à présent de laisser passer sur le front un mince bandeau qui les embellit beaucoup. Mais je regrette la coiffure classique de mon temps : ces dentelles blanches à cru sur la peau avaient un caractère d'antique chasteté qui me semblait plus solennel, et quand une figure était belle ainsi, c'était d'une beauté dont rien ne peut exprimer le charme et la majesté naïve.

La petite Marie portait encore cette coiffure, et son front était si blanc et si pur, qu'il défiait le blanc du linge de l'assombrir. Quoiqu'elle n'eût pas fermé l'œil de la nuit, l'air du matin et surtout la joie intérieure d'une âme aussi limpide que le ciel, et puis encore un peu de flamme secrète, contenue par la pudeur de l'adolescence, lui faisaient monter aux joues un éclat aussi suave que la fleur du pêcher aux premiers rayons d'avril.

Son fichu blanc, chastement croisé sur son sein, ne laissait voir que les contours délicats d'un cou arrondi comme celui d'une tourterelle ; son déshabillé de drap fin vert-myrte dessinait sa petite taille, qui semblait parfaite, mais qui devait grandir et se développer encore, car elle n'avait pas dix-sept ans. Elle portait un tablier de soie violet-pensée, avec la bavette, que nos villageoises ont eu le tort de supprimer et qui donnait tant d'élégance et de modestie à la poitrine. Aujourd'hui elles étalent leur fichu avec plus d'orgueil, mais il n'y a plus dans leur toilette cette fine fleur d'antique pudicité qui les faisait ressembler à des vierges d'Holbein. Elles sont plus coquettes, plus gracieuses. Le bon genre autrefois était une sorte de raideur sévère qui rendait leur rare sourire plus profond et plus idéal.

À l'offrande, Germain mit, selon l'usage, le *treizain*, c'est-à-dire treize pièces d'argent, dans la main de sa fiancée. Il lui passa au doigt une bague d'argent d'une forme invariable depuis des siècles, mais que *l'alliance d'or* a remplacée désormais. Au sortir de l'église, Marie lui dit tout bas : Est-ce bien la bague que je souhaitais ? celle que je vous ai demandée, Germain ?

— Oui, répondit-il, celle que ma Catherine avait au doigt lorsqu'elle est morte. C'est la même bague pour mes deux mariages.

— Je vous remercie, Germain, dit la jeune femme d'un ton sérieux et pénétré. Je mourrai avec, et si c'est avant vous, vous la garderez pour le mariage de votre petite Solange.

IV.

LE CHOU.

On remonta à cheval et on revint très-vite à Bel-Air. Le repas fut splendide, et dura, entremêlé de danses et de chants, jusqu'à minuit. Les vieux ne quittèrent point la table pendant quatorze heures. Le fossoyeur fit la cuisine et la fit fort bien. Il était renommé pour cela, et il quittait ses fourneaux pour venir danser et chanter entre chaque service. Il était épileptique pourtant, ce pauvre père Bontemps ! Qui s'en serait douté ? Il était frais, fort, et gai comme un jeune homme. Un jour nous le trouvâmes comme mort, tordu par son mal dans un fossé, à l'entrée de la nuit. Nous le rapportâmes chez nous dans une brouette, et nous passâmes la nuit à le soigner. Trois jours après il était de noce, chantait comme une grive et sautait comme un cabri, se trémoussant à l'ancienne mode. En sortant d'un mariage, il allait creuser une fosse et clouer une bière. Il s'en acquittait pieusement, et quoiqu'il n'y parût point ensuite à sa belle humeur, il en conservait une impression sinistre qui hâtait le retour de son accès. Sa femme, paralytique, ne bougeait de sa chaise depuis vingt ans. Sa mère en a cent quarante et vit encore. Mais lui, le pauvre homme, si gai, si bon, si amusant, il s'est tué l'an dernier en tombant de son grenier sur le pavé. Sans doute, il était en proie au fatal accès de son mal, et, comme d'habitude, il s'était caché dans le foin pour ne pas effrayer et affliger sa famille. Il termina ainsi, d'une manière tragique, une vie étrange comme lui-même, un mélange de choses lugubres et folles, terribles et riantes, au milieu desquelles son cœur était toujours resté bon et son caractère aimable.

Mais nous arrivons à la troisième journée des noces, qui est la plus curieuse, et qui s'est maintenue dans toute sa rigueur jusqu'à nos jours. Nous ne parlerons pas de la rôtie que l'on porte au lit nuptial, c'est un assez sot usage qui fait souffrir la pudeur de la mariée et tend à détruire celle des jeunes filles qui y assistent. D'ailleurs je crois que c'est un usage de toutes les provinces, et qui n'a chez nous rien de particulier.

De même que la cérémonie des *livrées* est le symbole de la prise de possession du cœur et du domicile de la mariée, celle du *chou* est le symbole de la fécondité de l'hymen. Après le déjeuner du lendemain de noces commence cette bizarre représentation d'origine gauloise, mais qui, en passant par le christianisme primitif, est devenue peu à peu une sorte de *mystère*, ou de moralité bouffonne du moyen âge.

Deux garçons (les plus enjoués et les mieux disposés de la bande) disparaissent pendant le déjeuner, vont se costumer, et enfin reviennent escortés de la musique, des chiens, des enfants et des coups de pistolet. Ils représentent un couple de gueux, mari et femme, couverts des haillons les plus misérables. Le mari est le plus sale des deux : c'est le vice qui l'a ainsi dégradé ; la femme n'est que malheureuse et avilie par les désordres de son époux.

Ils s'intitulent le *jardinier et la jardinière* et se disent préposés à la garde et à la culture du chou sacré. Mais le mari porte diverses qualifications qui toutes ont un sens. On l'appelle indifféremment le *peilloux*, parce qu'il est coiffé d'une perruque de paille ou du chanvre, et que, pour cacher sa nudité mal garantie par ses guenilles, il s'entoure les jambes et une partie du corps de paille. Il se fait aussi un gros ventre ou une bosse avec de la paille ou du foin cachés sous sa blouse. Le *peilloux*, parce qu'il est couvert de *peille* (de guenilles). Enfin, le *païen*, ce qui est plus significatif encore, parce qu'il est censé, par son cynisme et ses débauches, résumer en lui l'antipode de toutes les vertus chrétiennes.

Il arrive, le visage barbouillé de suie et de lie de vin, quelquefois affublé d'un masque grotesque. Une mauvaise tasse de terre ébréchée, ou un vieux sabot, pendu à sa ceinture par une ficelle, lui sert à demander l'aumône du vin. Personne ne lui refuse, et il feint de boire, puis il répand le vin par terre, en signe de libation. À chaque pas, il tombe, il se roule dans la boue, il affecte d'être en proie à l'ivresse la plus honteuse. Sa pauvre femme court après lui, le ramasse, appelle au secours, arrache les cheveux de chanvre qui sortent en mèches hérissées de sa cornette immonde, pleure sur l'abjection de son mari et lui fait des reproches pathétiques.

— Malheureux ! lui dit-elle, vois où nous a réduits ta mauvaise conduite ! J'ai beau filer, travailler pour toi, raccommoder tes habits ! tu te déchires, tu te souilles sans cesse. Tu m'as mangé mon pauvre bien, nos six enfants sont sur la paille, nous vivons dans une étable avec les animaux ; nous voilà réduits à demander l'aumône, et encore tu es si laid, si dégoûtant, si méprisé, que bientôt on nous jettera le pain comme à des chiens. Hélas ! mes pauvres *mondes* (mes pauvres gens), ayez pitié de nous ! ayez pitié de moi ! Je n'ai pas mérité mon sort, et jamais femme n'a eu un mari plus malpropre et plus détestable. Aidez-moi à le ramasser, autrement les voitures l'écraseront comme un vieux tesson de bouteille, et je serai veuve, ce qui achèverait de me faire mourir de chagrin, quoique tout le monde dise que ce serait un grand bonheur pour moi.

Tel est le rôle de la jardinière et ses lamentations continuelles durant toute la pièce. Car c'est une véritable comédie libre, improvisée, jouée en plein air, sur les chemins, à travers champs, alimentée par tous les accidents fortuits qui se présentent, et à laquelle tout le monde prend part, gens de la noce et du dehors, hôtes des maisons et passants des chemins pendant trois ou quatre heures de la journée, ainsi qu'on va le voir. Le thème est invariable, mais on brode à l'infini sur ce thème, et c'est là qu'il faut voir l'instinct mimique, l'abondance d'idées bouffonnes, la faconde, l'esprit de repartie, et même l'éloquence naturelle de nos paysans.

Le rôle de la jardinière est ordinairement confié à un homme mince, imberbe et à teint frais, qui sait donner une grande vérité à son personnage, et jouer le désespoir burlesque avec assez de naturel pour qu'on en soit égayé et attristé en même temps comme d'un fait réel. Ces hommes maigres et imberbes ne sont pas rares dans nos campagnes, et, chose étrange, ce sont parfois les plus remarquables pour la force musculaire.

Après que le malheur de la femme est constaté, les jeunes gens de la noce l'engagent à laisser là son ivrogne de mari, et à se divertir avec eux. Ils lui offrent le bras et l'entraînent. Peu à peu elle s'abandonne, s'égaie et se met à courir, tantôt avec l'un, tantôt avec l'autre, prenant des allures dévergondées : nouvelle *moralité*, l'inconduite du mari provoque et amène celle de la femme.

Le païen se réveille alors de son ivresse, il cherche des yeux sa compagne, s'arme d'une corde et d'un bâton et court après elle. On le fait courir, on se cache, on passe la femme de l'un à l'autre, on essaie de la distraire et de tromper le jaloux. Ses *amis* s'efforcent de l'enivrer. Enfin il rejoint son infidèle et veut la battre. Ce qu'il y a de plus réel et de mieux observé dans cette parodie des misères de la vie conjugale, c'est que le jaloux ne s'attaque jamais à ceux qui lui enlèvent sa femme. Il est fort poli et prudent avec eux, il ne veut s'en prendre qu'à la coupable, parce qu'elle est censée ne pouvoir lui résister.

Mais au moment où il lève son bâton et apprête sa corde pour attacher la délinquante, tous les hommes de la noce s'interposent et se jettent entre les deux époux. « *Ne la battez pas ! ne battez jamais votre femme !* » est la formule qui se répète à satiété dans ces scènes. On désarme le mari, on le force à pardonner, à embrasser sa femme, et bientôt il affecte de l'aimer plus que jamais. Il s'en va bras dessus, bras dessous avec elle, en chantant et en dansant, jusqu'à ce qu'un nouvel accès d'ivresse le fasse rouler par terre : et alors recommencent les lamentations de la femme, son découragement, ses égarements simulés : la jalousie du mari, l'intervention des voisins et le raccommodement. Il y a dans tout cela un enseignement naïf, grossier même, qui sent fort son origine moyen âge, mais qui fait toujours impression, sinon sur les mariés, trop amoureux ou trop raisonnables aujourd'hui pour en avoir besoin, du moins sur les enfants et les adolescents. Le païen effraie et dégoûte tellement les jeunes filles, en courant après elles et en feignant de vouloir les embrasser, qu'elles fuient avec une émotion qui n'a rien de joué. Sa face barbouillée et son grand bâton (inoffensif pourtant) font jeter les hauts cris aux marmots. C'est de la comédie de mœurs à l'état le plus élémentaire, mais aussi le plus frappant.

Quand cette farce est bien mise en train, on se dispose à aller chercher le chou. On apporte une civière sur laquelle on place le païen armé d'une bêche, d'une corde et d'une grande corbeille. Quatre hommes vigoureux l'enlèvent sur leurs épaules. Sa femme le suit à pied, les *anciens* viennent en groupe après lui d'un air grave et pensif ; puis la noce marche par couples au pas réglé par la musique. Les coups de pistolet recommencent, les chiens hurlent plus que jamais à la vue du païen immonde, ainsi porté en triomphe. Les enfants l'encensent dérisoirement avec des sabots au bout d'une ficelle.

Mais pourquoi cette ovation à un personnage si repoussant ? On marche à la conquête du chou sacré, emblème de la fécondité matrimoniale, et c'est cet ivrogne abruti qui, seul, peut porter la main sur la plante symbolique. Sans doute il y a là un mystère antérieur au christianisme, et qui rappelle la fête des Saturnales, ou quelque bacchanale antique. Peut-être ce païen, qui est en même temps le jardinier par excellence, n'est-il rien moins que Priape en personne, le dieu des jardins et de la débauche, divinité qui dut être pourtant chaste et sérieuse dans son origine, comme le mystère de la reproduction, mais que la licence des mœurs et l'égarement des idées ont dégradée insensiblement.

Quoi qu'il en soit, la marche triomphale arrive au logis de la mariée et s'introduit dans son jardin. Là on choisit le plus beau chou, ce qui ne se fait pas vite, car les anciens tiennent conseil et discutent à perte de vue, chacun plaidant pour le chou qui lui paraît le plus convenable. On va aux voix, et quand le choix est fixé, le *jardinier* attache sa corde autour de la tige, et s'éloigne autant que le permet l'étendue du jardin. La jardinière veille à ce que, dans sa chute, le légume sacré ne soit point endommagé. Les *Plaisants* de la noce, le chanvreur, le fossoyeur, le charpentier, ou le sabotier (tous ceux enfin qui ne travaillent pas la terre, et qui, passant leur vie chez les autres, sont réputés avoir, et sont réellement plus d'esprit et de babil que les simples ouvriers agriculteurs), se rangent autour du chou. L'un ouvre une tranchée à la bêche, si profonde qu'on dirait qu'il s'agit d'abattre un chêne. L'autre met sur son nez une *drogue* en bois ou en carton qui simule une paire de lunettes : il fait l'office d'*ingénieur*, s'approche, s'éloigne, lève un plan, lorgne les travailleurs, tire des lignes, fait le pédant, s'écrie qu'on va tout gâter, fait abandonner et reprendre le travail selon sa fantaisie, et, le plus longuement, le plus ridiculement possible, dirige la besogne. Ceci est-il une addition au formulaire antique de la cérémonie, en moquerie des théoriciens en général que le paysan coutumier méprise souverainement, ou en haine des arpenteurs qui règlent le cadastre et répartissent l'impôt, ou enfin des employés aux ponts et chaussées qui convertissent des communaux en routes, et font supprimer de vieux abus chers au paysan ? Tant il y a que ce personnage de la comédie s'appelle le *géomètre*, et qu'il fait son possible pour se rendre insupportable à ceux qui tiennent la pioche et la pelle.

Enfin, après un quart d'heure de difficultés et de momeries, pour ne pas couper les racines du chou et le déplanter sans dommage, tandis que des pelletées de terre sont lancées au nez des assistants (tant pis pour qui ne se range pas assez vite ; fût-il évêque ou prince, il faut qu'il reçoive le baptême de la terre), le *païen* tire la corde, la païenne tend son tablier, et le chou tombe majestueusement aux *vivat* des spectateurs. Alors on apporte la corbeille, et le couple païen y plante le chou avec toutes sortes de soins et de précautions. On l'entoure de terre fraîche, on le soutient avec des baguettes et des liens, comme font les bouquetières des villes pour leurs splendides camélias en pot, on pique des pommes rouges au bout des baguettes, des branches de thym, de sauge et de laurier tout autour ; on chamarre le tout de rubans et de banderoles ; on recharge le trophée sur la civière avec le païen, qui doit le maintenir en équilibre et le préserver d'accident, et enfin on sort du jardin en bon ordre et au pas de marche.

Mais là quand il s'agit de franchir la porte, de même que lorsque ensuite il s'agit d'entrer dans la cour de la maison du marié, un obstacle imaginaire s'oppose au passage. Les porteurs du fardeau trébuchent, poussent de grandes exclamations, reculent, avancent encore, et, comme repoussés par une force invincible, feignent de succomber sous le poids. Pendant cela, les assistants crient, excitent et calment l'attelage humain. « Bellement, bellement, enfant! La, la, courage! Prenez garde! patience! Baissez-vous. La porte est trop basse! Serrez-vous, elle est trop étroite! un peu à gauche, à droite à présent! allons, du cœur, vous y êtes! »

C'est ainsi que dans les années de récolte abondante, le char à bœufs, chargé, outre mesure, de fourrage ou de moissons se trouve trop large ou trop haut pour entrer sous le porche de la grange. C'est ainsi qu'on crie après les robustes animaux pour les retenir ou les exciter ; c'est ainsi qu'avec de l'adresse et de vigoureux efforts on fait passer la montagne des richesses, sans l'écrouler, sous l'arc-de-triomphe rustique. C'est surtout le dernier charroi, appelée la *gerbaude*, qui demande ces précautions, car c'est aussi une fête champêtre et la dernière gerbe enlevée au dernier sillon est placée au sommet du char, ornée de rubans et de fleurs, de même que le front des bœufs et l'aiguillon du bouvier. Ainsi, l'entrée triomphale et pénible du chou dans la maison est un simulacre de la prospérité et de la fécondité qu'il représente.

Arrivé dans la cour du marié, le chou est enlevé et porté au plus haut de la maison ou de la grange. S'il est une cheminée, un pignon, un pigeonnier plus élevé que les autres faîtes, il faut, à tout risque, porter ce fardeau au point culminant de l'habitation. Le païen l'accompagne jusque-là, le fixe et l'arrose d'un grand broc de vin, tandis qu'une salve de coups de pistolet et les contorsions joyeuses de la païenne signalent son inauguration.

La même cérémonie recommence immédiatement. On va déterrer un autre chou dans le jardin du marié pour le porter avec les mêmes formalités sur le toit que sa femme vient d'abandonner pour le suivre. Ces trophées restent là jusqu'à ce que le vent et la pluie détruisent les corbeilles et emportent le chou. Mais ils y vivent assez longtemps pour donner quelque chance de succès à la prédiction que font les anciens et les matrones en le saluant. « Beau chou, disent-ils, vis et fleuris, afin que notre jeune mariée ait un beau petit enfant avant la fin de l'année ; car si tu mourais trop vite, ce serait signe de stérilité, et tu serais là-haut sur sa maison comme un mauvais présage. »

La journée est déjà avancée quand toutes ces choses sont accomplies. Il ne reste plus qu'à faire la conduite aux parrains et marraines des conjoints. Quand ces parents putatifs demeurent au loin, on les accompagne avec la musique et toute la noce jusqu'aux limites de la paroisse. Là, on danse encore sur le chemin et on les embrasse en se séparant d'eux. Le païen et sa femme sont alors débarbouillés et rhabillés proprement, quand la fatigue de leur rôle ne les a pas forcés à aller faire un somme.

On dansait, on chantait et on mangeait encore à la métairie de Bel-Air, ce troisième jour de noce, à minuit, lors du mariage de Germain. Les anciens, attablés, ne pouvaient s'en aller, et pour cause. Ils ne retrouvèrent leurs jambes et leurs esprits que le lendemain au petit jour. Alors, tandis que ceux-là regagnaient leurs demeures, silencieux et trébuchants, Germain, fier et dispos, sortit pour aller lier ses bœufs, laissant sommeiller sa jeune compagne jusqu'au lever du soleil. L'alouette, qui chantait en montant vers les cieux, lui semblait être la voix de son cœur rendant grâce à la Providence. Le givre, qui brillait aux buissons décharnés, lui semblait la blancheur des fleurs d'avril précédant l'apparition des feuilles. Tout était riant et serein pour lui dans la nature. Le petit Pierre avait tant ri et tant sauté la veille qu'il ne vint pas l'aider à conduire ses bœufs ; mais Germain était content d'être seul. Il se mit à genoux dans le sillon qu'il allait refendre, et fit sa prière du matin avec une effusion si grande que deux larmes coulèrent sur ses joues encore humides de sueur.

On entendait au loin les chants des jeunes garçons des paroisses voisines, qui partaient pour retourner chez eux, et qui redisaient d'une voix un peu enrouée les refrains joyeux de la veille.

FIN DE LA MARE AU DIABLE.

ANDRÉ

NOTICE

C'est à Venise que j'ai rêvé et écrit ce roman. J'habitais une petite maison basse, le long d'une étroite rue d'eau verte, et pourtant limpide, tout à côté du petit pont *dei Barcaroli*. Je ne voyais, je ne connaissais, je ne voulais voir et connaître quasi personne. J'écrivais beaucoup, j'avais de longs et paisibles loisirs, je venais d'écrire *Jacques* dans cette même petite maison. J'en étais attristée. J'avais dessein de fixer ma vie alternativement en France et à Venise. Si mes enfants eussent été en âge de me suivre à Venise, je crois que j'y eusse fait un établissement définitif, car, nulle part, je n'avais trouvé une vie aussi calme, aussi studieuse, aussi complétement ignorée. Et cependant, après six mois de cette vie, je commençais à ressentir une sorte de nostalgie dont je ne voulais pas convenir avec moi-même.

Cette nostalgie se traduisit pour moi par le roman d'*André*. J'avais de temps en temps, pour restaurer mes nippes, une jeune ouvrière, grande, blonde, élégante, babillarde, qui s'appelait Loredana. Ma gouvernante était petite, rondelette, pâle, langoureuse, et tout aussi babillarde que l'autre, quoiqu'elle eût le parler plus lent. Je n'étais pas somptueusement logée, tant s'en faut. Leurs longues causeries

dans la chambre voisine de la mienne me dérangèrent donc beaucoup : mais je finissais par les écouter machinalement et puis alternativement, pour m'exercer à comprendre leur dialecte dont mon oreille s'habituait à saisir les rapides élisions. Peu à peu je les écoutais aussi pour surprendre dans leurs commérages, non pas les secrets des familles vénitiennes qui m'intéressaient fort peu, mais la couleur des mœurs intimes de cette cité, qui n'est pareille à aucune autre, et où il semble que tout dans les habitudes, dans les goûts et dans les passions, doive essentiellement différer de ce qu'on voit ailleurs. Quelle fut ma surprise, lorsque mon oreille fut blasée sur le premier étonnement des formes du langage, d'entendre des histoires, des réflexions et des appréciations identiquement semblables à ce que j'avais entendu dans une ville de nos provinces françaises. Je me crus à La Châtre ! Les dames du lieu, ces belles et molles patriciennes, qui fleurissent comme des camélias en serre dans l'air tiède des lagunes, elles avaient, en passant par la langue si *bien pendue* de la Loredana, les mêmes vanités, les mêmes grâces, les mêmes forces, les mêmes faiblesses que les fières et paresseuses bourgeoises de nos petites villes. Chez les hommes, c'était même bonhomie, même parcimonie, même finesse, même libertinage. Le monde des ouvriers, des artisans, de leurs filles et de leurs femmes, c'était encore comme chez nous, et je m'écriai du mot proverbial : *Tutto il mondo è fatto come la nostra famiglia.*

Reportée à mon pays, à ma province, à la petite ville où j'avais vécu, je me sentis en disposition d'en peindre les types et les mœurs, et on sait que quand une fantaisie vient à l'artiste, il faut qu'il la contente. Nulle autre ne peut l'en distraire. C'est donc au sein de la belle Venise, au bruit des eaux tranquilles que soulève la rame, au son des guitares errantes, et en face des palais féeriques qui partout projettent leur ombre sur les canaux les plus étroits et les moins fréquentés, que je me rappelai les rues sales et noires, les maisons déjetées, les pauvres toits moussus, et les aigres concerts de coqs, d'enfants et de chats de ma petite ville. Je rêvai là aussi de nos belles prairies, de nos foins parfumés, de nos petites eaux courantes et de la botanique aimée autrefois, que je ne pouvais plus observer que sur les mousses limoneuses et les algues flottantes accrochées au flanc des gondoles. Je ne sais dans quels vagues souvenirs de types divers je fis mouvoir la moins compliquée et la plus paresseuse des fictions. Ces types étaient tout aussi vénitiens que berrichons. Changez l'habit, la langue, le ciel, le paysage, l'architecture, la physionomie extérieure de toutes gens et de toutes choses ; au fond de tout cela, l'homme est toujours à peu près le même, et la femme encore plus que l'homme, à cause de la ténacité de ses instincts.

GEORGE SAND.

Nohant, avril 1851.

I.

Il y a encore au fond de nos provinces de France un peu de vieille et bonne noblesse qui prend bravement son parti sur les vicissitudes politiques, là par générosité, ici par stoïcisme, ailleurs par apathie. Je sais d'anciens seigneurs qui portent des sabots, et boivent leur piquette sans se faire prier. Ils ne font plus ombrage à personne ; et si le présent n'est pas brillant pour eux, du moins n'ont-ils rien à craindre de l'avenir.

Il faut reconnaître que parmi ces gens-là on rencontre parfois des caractères solidement trempés et vraiment faits pour traverser les temps d'orages. Plus d'un qui se serait débattu en vain contre sa nature épaisse, s'il eût succédé paisiblement à ses ancêtres, s'est fort bien trouvé de venir au monde avec la force physique et l'insouciance d'un rustre. Tel était le marquis de Morand. Il sortait d'une riche et puissante lignée, et pourtant s'estimait heureux et fier de posséder un petit vieux castel et un domaine d'environ deux cent mille francs.

Sans se creuser la cervelle pour savoir si ses aïeux avaient eu une plus belle vie dans leurs grands fiefs, il tirait tout le parti possible de son petit héritage ; il y vivait comme un véritable laird écossais, partageant son existence entre les plaisirs de la chasse et les soins de son exploitation ; car, selon l'usage des purs campagnards, il ne s'en remettait à personne des soucis de la propriété. Il était à lui-même son majordome, son fermier et son métayer ; même on le voyait quelquefois, au temps de la moisson ou de la fenaison, impatient de serrer ses denrées menacées par une pluie d'orage, poser sa veste sur un râteau planté en terre, donner de l'aisance aux courroies élastiques qui soutenaient son haut-de-chausses sur son ventre de Falstaff, et, s'armant d'une fourche, passer la gerbe aux ouvriers. Ceux-ci, quoique essoufflés et ruisselants de sueur, se montraient alors empressés, facétieux et pleins de bon vouloir ; car ils savaient que le digne seigneur de Morand, en s'essuyant le front au retour, leur versait le coup d'*embauchage* pour la semaine suivante, et ferait en vin

de sa cave plus de dépense que l'eau de pluie n'eût causé de dégâts sur sa récolte.

Malgré ces petites inconséquences, le hobereau faisait bon usage de sa vigueur et de son activité. Il mettait de côté chaque année un tiers de son revenu, et, de cinq ans en cinq ans, on le voyait arrondir son domaine de quelque bonne terre labourable ou de quelque beau carrefour de hêtre et de chêne noir. Du reste, sa maison était honorable sinon élégante, sa cuisine confortable sinon exquise, son vin généreux, ses bidets pleins de vigueur, ses chiens bien ouverts et bien évidés au flanc, ses amis nombreux et bons buveurs, enfin, quoique les limites du château et de la ferme ne fussent ni bien tracées ni bien gardées, quoique les poules et les abeilles fussent un peu trop accoutumées au salon, que la saine odeur des étables pénétrât fortement dans la salle à manger, il n'est pas moins certain que la vie pouvait être douce, active, facile et sage derrière les vieux murs du château de Morand.

Mais André de Morand, le fils unique du marquis, n'en jugeait pas ainsi ; il faisait de vains efforts pour se renfermer dans la sphère de cette existence, qui convenait si bien aux goûts et aux facultés de ceux qui l'entouraient. Seul et chagrin parmi tous ces gens occupés d'affaires lucratives et de commodes plaisirs, il s'adressait des questions dangereuses : « A quoi bon ces fatigues, et que sont ces jouissances ? Travailler pour arriver à ce but, est-ce la peine ? Quel est le plus rude, de se condamner à ces amusements ou de se laisser tuer par l'ennui ? » Toutes ses idées tournaient dans ce cercle sans issue, tous ses désirs se brisaient à des obstacles grossiers, insurmontables. Il éprouvait le besoin de posséder ou de sentir tout ce qui était ignoré de ses proches ; mais ceux dont il dépendait ne s'en souciaient point, et résistaient à sa fantaisie sans se donner la peine de le contredire.

Lorsque son père s'était décidé à lui donner un précepteur, ç'avait été par des raisons d'amour-propre, et nullement en vue des avantages de l'éducation. Soit disposition invétérée, soit l'effet du désaccord établi par cette éducation entre lui et les hommes qui l'entouraient, le caractère d'André était devenu de plus en plus insolite et singulier aux yeux de sa famille. Son enfance avait été maladive et taciturne. Dans son âge de puberté, il se montra mélancolique, inquiet, bizarre. Il sentit de grandes ambitions fermenter en lui, monter par bouffées, et tomber tout à coup sous le poids du découragement. Les livres dont on le nourrissait pour l'apaiser ne lui suffisaient pas ou l'absorbaient trop. Il eût voulu voyager, changer d'atmosphère et d'habitudes, essayer toutes les choses inconnues, jeter en dehors l'activité qu'il croyait sentir en lui, contenter enfin cette avidité vague et fébrile qui exagérait l'avenir à ses yeux.

Mais son père s'y opposa. Ce joyeux et loyal butor avait sur son fils un avantage immense, celui de vouloir. Si le savoir eût développé et dirigé cette faculté chez le marquis de Morand, il fût devenu peut-être un caractère éminent ; mais, né dans les jours de l'anarchie, abandonné ou caché parmi les paysans, il avait été élevé par eux et comme eux. La bonne et saine logique dont il était doué lui avait appris à se contenter de sa destinée et à s'y renfermer, la force de sa volonté, la persistance de son énergie, l'avaient conduit à en tirer le meilleur parti possible. Son courage roide et brutal forçait à l'estime sociale ceux qui, du reste, lui prodiguaient le mépris intellectuel. Son entêtement ferme, et quelquefois revêtu d'une certaine dignité patriarcale, avait rendu les volontés souples autour de lui ; et si la lumière de l'esprit, qui jaillit de la discussion, demeurait étouffée par la pratique de ce despotisme paternel, du moins l'ordre et la bonne harmonie domestique y trouvaient des garanties de durée.

André tenait peut-être de sa mère, qui était morte jeune et chétive, une insurmontable langueur de caractère, une inertie triste et molle, un grand effroi de ces récriminations et de ces leçons dures dont les hommes peu cultivés sont prodigues envers leurs enfants. Il possédait une sensibilité naïve, une tendresse de cœur qui le rendaient craintif et repentant devant les reproches même injustes. Il avait toute l'ardeur de la force pour souhaiter et pour essayer la rébellion, mais il était inhabile à la résistance. Sa bonté naturelle l'empêchait d'aller en avant. Il s'arrêtait pour demander à sa conscience timorée s'il avait le droit d'agir ainsi, et, durant ce combat, les volontés extérieures brisaient la sienne. En un mot, le plus grand charme de son naturel était son plus grand défaut ; la chaîne d'airain de sa volonté devait toujours se briser à cause d'un anneau d'or qui s'y trouvait.

Rien au monde ne pouvait contrarier et même offenser le marquis de Morand comme les inclinations studieuses de son fils. Égoïste et resserré dans sa logique naturelle, il s'était dit que les vieux sont faits pour gouverner les jeunes, et que rien ne nuit plus à la sûreté des gouvernements que l'esprit d'examen. S'il avait accordé un instituteur à son fils, ce n'était pas pour le satisfaire, mais pour le placer au niveau de ses contemporains. Il avait bien compris que d'autres auraient sur lui l'avantage d'une certaine morgue scolastique s'il le laissait dans l'ignorance, et il avait pris ce grand parti pour prouver qu'il était un aussi riche et magnifique personnage que tel ou tel de ses voisins. M. Forez fut donc le seul objet de luxe qu'il admit dans la maison, à la condition toutefois, bien signifiée au survenant, d'aider de tout son pouvoir à l'autocratie paternelle ; et le précepteur intimidé tint rigoureusement sa promesse.

Il trouva cette tâche facile à remplir avec un tempérament doux et maniable comme celui du jeune André ; et le marquis, n'ayant pas rencontré de résistance dans tout le cours de cette délégation de pouvoir, ne fut pas trop choqué des progrès de son fils. Mais lorsque M. Forez se fut retiré, le jeune homme devint un peu plus difficile à contenir, et le marquis, épouvanté, se mit à chercher sérieusement le moyen de l'enchaîner à son pays natal. Il savait bien que toute sa puissance serait inutile le jour où André quitterait le toit paternel ; car l'esprit de révolte était en lui, et s'il était encore retenu, grâce à sa timidité naturelle, par un froncement de sourcil et par une inflexion dure dans la voix de son père, il était évident que les motifs d'indépendance ne manqueraient pas du moment où il n'y aurait plus d'explications orageuses à affronter.

Ce n'est pas que le marquis craignît de le voir tomber dans les désordres de son âge. Il savait que son tempérament ne l'y portait pas ; et même il l'eût désiré, en bon vivant et en homme éclairé qu'il se piquait d'être, trouver un peu moins de rigidité dans les principes de cette jeune conscience. Il rougissait de dépit quand on lui disait que son fils avait l'air d'une demoiselle. Nous ne voudrions pas affirmer qu'il n'y eût pas aussi au fond de son cœur, malgré la bonne opinion qu'il avait de lui-même, un certain sentiment de son infériorité qui bouleversait toutes ses idées sur la prééminence paternelle.

Il ne craignait pas non plus que, par goût pour les raffinements de la civilisation, son fils ne l'entraînât à de grandes dépenses au dehors. Ce goût ne pouvait être éclos dans la tête inexpérimentée d'André ; et d'ailleurs le marquis avait pour point d'honneur d'aller, en fait d'argent, au-devant de toutes les fantaisies de ce fils opprimé et chéri. C'est ce qui faisait dire à toute la province qu'il n'était pas au monde de jeune homme plus heureux et mieux traité que l'héritier des Morand ; mais qu'il *jouissait* d'une mauvaise santé et qu'il était *doué* d'un caractère morose. S'il vivait, disait-on, il ne vaudrait jamais son père.

M. de Morand craignait qu'entraîné par les séductions d'un monde plus brillant, son fils ne secouât entièrement le joug, et que non-seulement il ne revînt plus partager sa vie, mais qu'il s'avisât encore de vendre sa maison héréditaire et d'aliéner ses rentes seigneuriales. Quoique le marquis se fût quelque peu entaché de libéralisme dans la société des chasseurs et des buveurs roturiers qu'il appelait à table, il tenait secrètement à ses titres,

à sa gentilhommerie, et n'affectait le dédain de ces vanités que dans l'espérance de leur donner plus de lustre aux yeux des petits. Lorsqu'il rentrait le soir après la chasse, il entendait, avec un certain orgueil, l'amble serré de sa petite jument retentir sous la herse délabrée de son château ; lorsque du sommet d'une colline boisée il comptait sur ses doigts, d'un air recueilli, la valeur de chacun des arbres d'élite marqués pour la cognée, il jetait un regard d'amour sur ses tourelles à demi cachées dans la cime des bois, et son front s'éclaircissait comme au retour d'une douce pensée.

II.

Au profond ennui qui rongeait André, l'attente d'une femme selon son cœur venait, depuis quelque temps, mêler des souffrances et des douceurs plus étranges. Il est à croire que rien d'impur n'aurait pu germer dans cette âme neuve, rien de laid se poser dans cette jeune imagination, et que sa péri enfin était belle comme le jour. Autrement se serait-il pris à pleurer si souvent en songeant à elle ? l'aurait-il appelée avec tant d'instances et de doux reproches, l'ingrate qui ne voulait pas descendre du ciel dans ses bras ? serait-il resté si tard le soir à l'attendre dans les prés humides de rosée ? se serait-il éveillé si matin pour voir lever le soleil, comme si un de ses rayons allait féconder les vapeurs de la terre et en faire sortir un ange d'amour réservé à ses embrassements ?

On le voyait partir pour la chasse, mais revenir sans gibier. Son fusil lui servait de prétexte et de contenance ; grâce à ce talisman, le jeune poëte traversait la campagne et bravait les rencontres, sans danger d'être pris pour un fou ; il cachait son sentiment le plus cher avec un volume de roman dans la poche de sa blouse ; puis, s'asseyant en silence dans les taillis, gardiens du mystère, il s'entretenait de longues heures avec Jean-Jacques ou Grandisson, tandis que les lièvres trottaient amicalement autour de lui et que les grives babillaient au-dessus de sa tête, comme de bonnes voisines qui se font part de leurs affaires.

A mesure que les vagues inquiétudes de la jeunesse se dirigeaient vers un but appréciable à l'esprit sinon à la vue du solitaire André, sa tristesse augmentait ; mais l'espérance se développait avec le désir ; et le jeune homme, jusque-là morose et nonchalant, commençait à sentir la plénitude de la vie. Son père tirait bon augure de l'activité des jambes du chasseur, mais il ne prévoyait pas que cette humeur vagabonde aurait pu changer André en hirondelle si la voix d'une femme l'eût appelé d'un bout de la terre à l'autre.

André était donc devenu un marcheur intrépide, sinon un heureux chasseur. Il ne trouvait pas de solitude assez reculée, pas de lande assez déserte, pas de colline assez perdue dans les verts horizons, pour fuir le bruit des métairies et le mouvement des cultivateurs. Afin d'être moins troublé dans ses lectures, il faisait chaque jour plusieurs lieues à travers champs, et la nuit le surprenait souvent avant qu'il eût songé à reprendre le chemin du logis.

Il y avait à trois lieues du château de Morand une gorge inhabitée où la rivière coulait silencieusement entre deux marges de la plus belle verdure. Ce lieu, quoique assez voisin de la petite ville de L....., n'était guère fréquenté que par les bergeronnettes et les merles d'eau ; les terres avoisinantes étaient sévèrement gardées contre les braconniers et les pêcheurs ; André seul, en qualité de chasseur inoffensif, ne donnait aucun ombrage au garde et pouvait s'enfoncer à loisir dans cette solitude charmante.

C'est là qu'il avait fait ses plus chères lectures et ses plus doux rêves. Il y avait évoqué les ombres de ses héroïnes de roman. Les chastes créations de Walter Scott, Alice, Rebecca, Diana, Catherine, étaient venues souvent chanter dans les roseaux des chœurs délicieux qu'interrompait parfois le gémissement douloureux et

Son fusil lui servait de prétexte et de contenance. (Page 39.)

colère de la petite Fenella. Du sein des nuages, les sou-
pirs éloignés des vierges hébraïques de Byron répon-
daient à ces belles voix de la terre, tandis que la grande
et pâle Clarisse, assise sur la mousse, s'entretenait gravement à l'écart avec Julie, et que Virginie enfant jouait
avec les brins d'herbe du rivage. Quelquefois un chœur
de bacchantes traversait l'air et emportait ironiquement
les douces mélodies. André, pâle et tremblant, les voyait
passer, fantasques, méchantes et belles, écrasant sans
pitié les fleurs du rivage sous leurs pieds nus, effarou-
chant les tranquilles oiseaux endormis dans les saules, et
trempant leurs couronnes de pampres dans les eaux pour
les secouer moqueusement à la figure du jeune rêveur.
André s'éveillait de sa vision triste et découragé. Il se
reprochait de les avoir trouvées belles et d'avoir eu envie
un instant de suivre leur trace, semée de fleurs et de
débris. Il évoquait alors ses divins fantômes, ses types
chéris de sentiment et de pureté. Il les voyait redescendre
vers lui dans leurs longues robes blanches et lui montrer
au fond de l'onde une image fugitive qu'il s'efforçait en
vain d'attirer et de saisir.

Cette ombre mystérieuse et vague qu'il voyait flotter
partout, c'était son amante inconnue, c'était son bonheur
futur ; mais toutes les réalités différaient tellement de sa
beauté idéale, qu'il désespérait souvent de la rencontrer
sur la terre et se mettait à pleurer en murmurant, dans
son angoisse, des paroles incohérentes. Son père le crut
fou bien des fois, et faillit envoyer chercher le médecin
pour l'avoir entendu crier au milieu de la nuit : — Où
es-tu ? es-tu née seulement ? ne suis-je pas venu trop tôt
ou trop tard pour te rencontrer sur la terre ? Et vingt
autres folies que le bonhomme traita de billevesées dès
qu'il se fut bien assuré que son fils n'avait pas attrapé de
coup de soleil dans la journée.

Un soir que le jeune homme s'était attardé dans les
Prés-Girault, c'était le nom de sa chère retraite, il lui
sembla voir passer à quelque distance une forme réelle ;
autant qu'il put la distinguer, c'était une taille déliée avec
une robe blanche. Elle semblait voltiger sur la pointe des
joncs, tant elle courait légèrement ! Cette vision ne dura
qu'un instant et disparut derrière un massif de trembles.
André s'était arrêté stupéfait, et son cœur battait si fort
qu'il lui eût été impossible de faire un pas pour la suivre.
Quand il en eut retrouvé la force, il s'aperçut que la

La maîtresse ouvrière, placée sur une chaise plus élevée que les autres... (Page 44.)

rivière, qui coulait à fleur de terre et formait cent détours dans la prairie, le séparait du massif. Il lui fallut faire beaucoup de chemin pour rencontrer un de ces petits ponts que les gardeurs de troupeaux construisent eux-mêmes avec des branches entrelacées et de la terre, enfin il atteignit le massif et n'y trouva personne. L'ombre était devenue si épaisse qu'il était impossible de voir à dix pas devant soi. Il revint, tout pensif et tout ému, s'asseoir devant le souper de son père; mais il dormit moins encore que de coutume, et retourna aux Prés-Girault le lendemain. Rien n'en troublait la solitude, et il craignit d'être devenu assez fou pour qu'une de ses fictions ordinaires lui fût apparue comme une chose réelle.

Le jour suivant, à force d'explorer les bords de la rivière, il trouva un petit gant de fil blanc très-fin, tricoté à l'aiguille avec des points à jour très-artistement travaillés, et qui semblait avoir servi à arracher des herbes, car il était taché de vert.

André le prit, le baisa mille fois comme un fou, l'emporta sur son cœur et en devint amoureux, sans songer que le prince *Charmant*, épris d'une pantoufle, n'était pas un rêveur beaucoup plus ridicule que lui.

Huit jours s'étaient passés sans qu'il trouvât aucune autre trace de cette apparition. Un matin il arriva lentement, comme un homme qui n'espère plus, et, s'appuyant contre un arbre, il se mit à lire un sonnet de Pétrarque.

Tout à coup une petite voix fraîche sortit des roseaux et chanta deux vers d'une vieille romance :

> Puis, tout après, je vis dame d'amour
> Qui marchait doux et venait sur la rive.

André tressaillit, et, se penchant, il vit à vingt pas de lui une jeune fille habillée de blanc, avec un petit châle couleur arbre de Judée et un mince chapeau de paille. Elle était debout et semblait absorbée dans la contemplation d'un bouquet de fleurs des champs qu'elle avait à la main. André eut l'idée de s'élancer vers elle pour la mieux voir ; mais elle vint de son côté, et il se sentit tellement intimidé qu'il se cacha dans les buissons. Elle arriva tout auprès de lui sans s'apercevoir de sa présence, et se mit à chercher d'autres fleurs. Elle erra ainsi pendant près d'un quart d'heure, tantôt s'éloignant, tantôt se rapprochant, explorant tous les brins d'herbe de la prairie et s'emparant des moindres fleurettes. Chaque fois qu'elle en avait rempli sa main, elle descendait sur une petite plage que baignait la rivère, et plantait son bouquet dans le sable humide pour l'empêcher de se faner. Quand elle en eut fait une botte assez grosse, elle la noua avec des joncs, plongea les tiges à plusieurs reprises dans le courant de l'eau pour en ôter le sable, les enveloppa de larges feuilles de *nymphœa* pour en conserver la fraîcheur, et, après avoir rattaché son petit chapeau, elle se mit à courir, emportant ses fleurs, comme une biche poursuivie. André n'osa pas la suivre; il craignit d'avoir été aperçu et de l'avoir mise en fuite. Il espéra qu'elle reviendrait, mais elle ne revint plus. Il retourna inutilement aux Prés-Girault pendant toute la belle saison. L'hiver vint, et, à chaque fleur que le froid moissonna, André perdit l'espérance de voir revenir sa belle chercheuse de bluets.

Mais cette matinée romanesque avait suffi pour le rendre malade. Il en devint maigre à faire trembler, et son père, qui jusque-là avait craint de lui voir chercher ses distractions dans les villes environnantes, fut assez inquiet de sa mélancolie pour l'engager à courir un peu les bals et les divertissements de la province.

André éprouvait désormais une grande répugnance pour tout ce qui ne se renfermait pas dans le cercle de ses rêveries et de ses promenades solitaires; néanmoins il chercha son inconnue dans les fêtes et dans les réunions d'alentour. Ce fut en vain : toutes les femmes qu'il vit lui semblèrent si inférieures à son inconnue, que, sans le gant qu'il avait trouvé, il aurait pris toute cette aventure pour un rêve.

Ce fut sans doute un malheur pour lui de se retrancher dans sa fantaisie comme dans un fort inexpugnable, et de fermer les yeux et les oreilles à toutes les séductions de l'oubli. Il aurait pu trouver une femme plus belle que son idéale, mais elle l'avait fascinée. C'était la première, et par conséquent la seule dans son imagination. Il s'obstina à croire que sa destinée était d'aimer celle-là, que Dieu la lui avait montrée pour qu'il en gardât l'empreinte dans son âme et lui restât fidèle jusqu'au jour où elle lui serait rendue. C'est ainsi que nous nous faisons nous-mêmes les ministres de la fatalité.

Ce fut surtout vers la petite ville de L..... qu'il dirigea ses recherches. Mais en vain il vit pendant plusieurs dimanches, l'élite de *la société* se rassembler dans un salon de bourgeoises précieuses et beaux-esprits, il n'y trouva pas celle qu'il cherchait. Ce qui rendait cette découverte bien plus difficile, c'est que, par suite d'un sentiment appréciable seulement pour ceux qui ont nourri leurs premières amours de rêveries romanesques, André ne put jamais se décider à parler à qui que ce fût de la rencontre qu'il avait faite et de l'impression qu'il en avait gardée. Il aurait cru trahir une révélation divine, s'il eût confié son bonheur et son angoisse à des oreilles profanes. Or, il est bien certain qu'il n'avait aucun ami qui lui ressemblât, et que tous ses jeunes compatriotes se fussent moqués de sa passion, sans en excepter Joseph Marteau, celui qu'il estimait le plus.

Joseph Marteau était fils d'un brave notaire de village. Dans son enfance il avait été le camarade d'André, autant qu'on pouvait être le camarade de cet enfant débile et taciturne. Joseph était précisément tout l'opposé : grand, robuste, jovial, insouciant, il ne sympathisait avec lui que par une certaine élévation de caractère et une grande loyauté naturelle. Ces bons côtés étaient d'autant plus sensibles que l'éducation n'avait guère rien fait pour les développer. Le manque d'instruction solide perçait dans la rudesse de ses goûts. Étranger à toutes les délicatesses d'idées qui caractérisaient le jeune marquis, il y suppléait par une conversation enjouée. Sa bonne et franche gaieté lui inspirait de l'esprit, ou au moins lui en tenait lieu, et il était la seule personne au monde qui pût faire rire le mélancolique André.

Depuis deux ou trois ans il était établi dans la ville de L.... avec sa famille, et fréquentait peu le château de Morand; mais le marquis, effrayé de la langueur de son fils, alla le trouver, et le pria de venir de temps en temps le distraire par son amitié et sa bonne humeur. Joseph aimait André comme un écolier vigoureux aime l'enfant souffreteux et craintif qu'il protège contre ses camarades. Il ne comprenait rien à ses ennuis; mais il avait assez de délicatesse pour ne pas les froisser par des railleries trop dures. Il le regardait comme un enfant gâté, ne discutait pas avec lui, ne cherchait pas à le consoler, parce qu'il ne le croyait pas réellement à plaindre, et ne s'occupait qu'à l'amuser, tout en s'amusant pour son propre compte. Sans doute André ne pouvait pas avoir d'ami plus utile. Il le retrouva donc avec plaisir, et, confié par son père à ce gouverneur de nouvelle espèce, il se laissa conduire partout où le caprice de Joseph voulut le promener.

Celui-ci commença par décréter que, vivant seul, André ne pouvait être amoureux. André garda le silence. Joseph reprit en décidant qu'il fallait qu'André devînt amoureux. André sourit d'un air mélancolique. Joseph conclut en affirmant que parmi les demoiselles de la ville il n'y en avait pas une qui eût le sens commun; que ces précieuses étaient propres à donner le spleen plutôt qu'à l'ôter; qu'il n'y avait au monde qu'une espèce de femmes aimables, à savoir, les grisettes, et qu'il fallait que son ami apprît à les connaître et à les apprécier, ce à quoi André se résigna machinalement.

III.

Les romanciers allemands parlent d'une petite ville de leur patrie où la beauté semble s'être exclusivement logée dans la classe des jeunes ouvrières. Quiconque a passé vingt-quatre heures dans la petite ville de L...., en France, peut attester la rare gentillesse et la coquetterie sans pareille de ses grisettes. Jamais nid de fauvettes babillardes ne mit au jour de plus riches couvées d'oisillons espiègles et jaseurs; jamais souffle du printemps ne joua dans les prés avec plus de fleurettes brillantes et légères. La ville de L.... s'enorgueillit à bon droit de l'éclat de ses filles, et de plus de vingt lieues à la ronde les galants de tous les étages viennent risquer leur esprit et leurs prétentions dans ces bals d'artisanes où, chaque dimanche, plus de deux cents petites commères étalent sous les quinquets leurs robes blanches, leurs tabliers de soie noire et leur visage couleur de rose.

Comment la toilette des dames de la ville suffit à faire travailler et vivre toutes ces fillettes, c'est ce qu'on ne saurait guère expliquer sans avouer que ces dames aiment beaucoup la toilette, et qu'elles ont bien raison.

Quoi qu'il en soit, les méchants et les méchantes vont s'étonnant du grand nombre d'*artisanes* (c'est un mot du pays que je demande la permission d'employer) qui réussissent à vivre dans une aussi petite ville; mais les gens de bien ne s'en étonnent pas : ils comprennent que cette ville privilégiée est pour la grisette un théâtre de gloire qu'elle doit préférer à tout autre séjour; ils savent en outre que la jeunesse et la santé s'alimentent sobrement et peuvent briller sous les plus modestes atours.

Ce qu'il y a de certain, c'est que nulle part peut-être en France la beauté n'a plus de droits et de franchises que dans ce petit royaume, et que nulle part ses priviléges ne dégénèrent moins en abus. L'indépendance et la sincérité dominent comme une loi générale dans les divers caractères de ces jeunes filles. Fières de leur beauté, elles exercent une puissance réelle dans leur Yvetot, et cette espèce de ligue contre l'influence féminine des autres classes établit entre elles un esprit de corps assez estimable et fertile en bons procédés.

Par exemple, si le secret de leurs fautes n'est pas toujours assez bien gardé pour ne pas faire le tour de la ville en une heure, du moins y a-t-il une barrière que ce secret ne franchit pas aisément. Là où cesse l'apostolat de l'artisanerie cesse le droit d'avoir part au petit plaisir du scandale. Ainsi l'aventure d'une grisette peut égayer ou attendrir longtemps la foule de ses pareilles avant d'être livrée au dédaigneux sourire des bas-bleus de l'endroit ou aux graveleux quolibets des villageoises d'alentour.

Ces aventures ne sont pas rares dans une ville où une seule classe de femmes mérite assez d'hommages pour accaparer ceux de toutes les classes d'hommes : aussi voit-on rarement une belle artisane être farouche au point de manquer de cavalier servant. Tant de sévérité serait presque ridicule dans un pays où la galanterie n'a pas encore mis à la porte toute naïveté de sentiment, et où l'on voit plus d'une amourette s'élever jusqu'à la passion. Ainsi une jeune fille y peut, sans se compromettre, agréer les soins d'un homme libre et ne pas désespérer de l'amener au mariage ; si elle manque son but, ce qui arrive souvent, elle peut espérer de mieux réussir avec un second adorateur, et même avec un troisième, si sa beauté ne s'est pas trop flétrie dans l'attente illimitée du nœud conjugal.

A part donc les vertus austères qui se rencontrent là comme partout en petit nombre, les jeunes ouvrières de L.... sont généralement pourvues chacune d'un favori choisi entre dix, et fort envié de ses concurrents. On peut comparer cette espèce de mariage expectatif au sigisbéisme italien. Tout s'y passe loyalement, et le public n'a pas le droit de gloser tant qu'un des deux amants ne s'est pas rendu coupable d'infidélité ou entaché de ridicule.

Il faut dire à la louange de ces grisettes qu'aucune ne fait fortune par l'intrigue, et qu'elles semblent ignorer l'ignoble trafic que les femmes font ailleurs de leur beauté ; leur orgueil équivaut à une vertu ; jamais la cupidité ne les jette dans les bras des vieillards ; elles aiment trop l'indépendance pour souffrir aucun partage, pour s'astreindre à aucune précaution. Aussi les hommes mariés ne réussissent jamais auprès d'elles. Il y a quelque chose de vraiment magnifique dans l'exercice insolent de leur despotisme féminin. Elles sont aimantes et colères, romanesques on ne peut plus, coquettes et dédaigneuses, avides de louanges, folles de plaisir, bavardes, gourmandes, impertinentes ; mais désintéressées, généreuses et franches. Leur extérieur répond assez à ce caractère : elles sont généralement grandes, robustes et alertes ; elles ont de grandes bouches qui rient à tout propos pour montrer des dents superbes ; elles sont vermeilles et blanches, avec des cheveux bruns ou noirs. Leurs pieds sont très-provinciaux et leurs mains rarement belles ; leur voix est un peu virile, et l'accent du pays n'est pas mélodieux. Mais leurs yeux ont une beauté particulière et une expression de hardiesse et de bonté qui ne trompe pas.

Tel était le monde où Joseph Marteau essaya de lancer le timide André, en lui déclarant que le bonheur suprême était là et non ailleurs, et qu'il ne pouvait pas manquer de sortir enivré du premier bal où il mettrait les pieds. André se laissa donc conduire et se conduisit lui-même assez bien durant toute la soirée. Il dansa très-assidument, ne fit manquer aucune figure, dépensa au moins cinq francs en oranges et en pralines *offertes aux dames;* même il se montra homme de talent et de *bonne société* (comme disent les gens de mauvaise compagnie) en prenant la place du premier violon, qui était ivre, et en jouant très-proprement un quadrille de contredanses tirées de la *Muette de Portici.*

Malgré ces excellentes actions, André ne prit pas beaucoup dans la société artisane. On le trouva *fier,* c'est-à-dire silencieux et froid ; lui-même ne s'amusa guère et ne fut pas aussi enchanté qu'on le lui avait prédit. La beauté de ces grisettes n'était nullement celle qui plaisait à son imagination. Il était difficile, mais ce n'était pas sa faute ; il avait dans la tête l'ineffaçable souvenir d'un teint pâle, de deux grands yeux mélancoliques, d'une voix douce, et voulait à toute force trouver de la poésie, sinon dans le langage, du moins dans le silence d'une femme. Tout ce petit caquetage d'enfants gâtés lui déplut. D'ailleurs il n'était pas aisé d'en approcher ; la moins belle était surveillée par plus d'un aspirant jaloux, et André ne se sentait pas la moindre vocation pour le rôle de Lovelace campagnard. Trop modeste pour espérer de supplanter qui que ce fût, il était trop nonchalant pour en-

gager la lutte avec un concurrent. Il se retira donc de bonne heure, laissant Joseph dans une grande exaltation entre une belle ravaudeuse aux yeux noirs et un énorme bol de vin chaud.

« Comment, dit-il à André le lendemain, tu es parti avant la fin ! Tu n'y entends rien, mon cher ; tu ne sais pas que c'est le meilleur moment. On se place adroitement à la sortie, on jette son dévolu sur une fille mal gardée, on lui offre le bras ; elle accepte. Vous la reconduisez jusque chez elle, vous avez pour elle mille petits soins durant le trajet : vous lui offrez votre manteau, elle en accepte la moitié ; vous la soulevez dans vos bras pour traverser le ruisseau. Si un chien passe auprès d'elle dans l'obscurité, elle se presse contre vous d'un petit air effrayé, sous prétexte qu'elle a grand'peur des chiens enragés ; vous la rassurez, et vous brandissez votre canne en élevant la voix de manière à réveiller toute la rue. Si le chien a l'air de n'être pas belliqueux, vous pouvez même aller jusqu'à l'assommer d'un grand coup de pied en passant ; cela fait bien et donne l'air crâne. Surtout évitez de jurer ; la grisette hait tout ce qui sent le paysan. Ne gardez pas votre pipe à la bouche en lui donnant le bras ; elle est exigeante et veut du respect. Glissez-lui un compliment agréable de temps en temps, en procédant toujours par comparaison ; par exemple, dites : Mademoiselle, vous êtes bien jolie, c'est dommage qu'elle soit si pâle ; ce n'est pas une rose du mois de mai comme vous. Si votre belle est pâle, parlez d'une personne un peu trop enluminée, et dites que les grosses couleurs donnent l'air d'une servante. Mais surtout choisissez dans la première société les beautés que vous voulez dénigrer ; votre compliment sera deux fois mieux accueilli. Enfin, au moment de quitter votre infante, prenez un air respectueux, et demandez-lui la permission de l'embrasser. Dès qu'elle aura consenti, redoublez de civilité et embrassez-le chapeau à la main ; aussitôt après saluez jusqu'à terre. Gardez-vous bien de baiser la main, on se moquerait de vous. Replacez-lui son châle sur les épaules ; louez sa taille, mais n'y touchez pas. Faites ce métier-là cinq ou six jours de suite ; après quoi vous pouvez tout espérer.

— Et cela suffit pour être préféré à un amant en titre ?

— Bah ! quand on n'a peur de rien, quand on ne doute de rien, on arrive à tout. D'ailleurs je ne te dis pas d'aller te mettre en concurrence d'avec un de ces gros corroyeurs qui sont accoutumés à charger des bœufs sur leurs épaules, ni avec un de ces fils de fermier qui ont toujours à la main un bâton de cormier ou un brin de houx de la taille d'un mât de vaisseau. Non, il y a assez de freluquets auxquels tu peux t'attaquer, de petits clercs d'avoué qui ont la voix flûtée et le menton lisse comme la main, ou bien des flandrins de la haute bourgeoisie qui n'ont pas envie de déchirer leurs habits de drap fin. Ceux-là, vois-tu, on leur souffle leur dulcinée en quinze jours quand on sait s'y prendre. La grisette aime assez ces marjolets qui font des phrases et qui portent des jabots ; mais elle aime par-dessus tout un brave tapageur qui ne sait pas nouer sa cravate, qui a le chapeau sur l'oreille, et qui pour elle ne craint pas de se faire enfoncer un œil ou casser une dent. »

André secoua la tête.

« Je ne ferais pas fortune ici, dit-il, et je ne chercherai pas.

— Comme tu voudras, reprit Joseph ; mais viens toujours dîner avec nous aujourd'hui, tu nous l'as promis. »

André se rendit donc à cinq heures chez les parents de son ami Marteau.

« Parbleu ! dit Joseph, si tu fuis les grisettes, les grisettes te poursuivent. Ma mère fait faire le trousseau de ma sœur qui se marie, et nous avons quatre ouvrières dans la maison. Quatre ! et des plus jolies, ma foi ! Moi, je ne fais que dévider le fil et de ramasser les ciseaux de ces Omphales. Je tourne à l'entour en sournois, comme le renard autour d'un perchoir à poules, jusqu'à ce que la moins prudente se laisse prendre par le vertige et tombe au pouvoir du larron. Le soir, quand elles ont fini leur tâche, je les fais danser dans la cour au son de la flûte, sur six pieds carrés de sable, à l'ombre de deux acacias. C'est une scène champêtre digne d'arracher de tes yeux des larmes bucoliques. Ah ! tu me verras ce soir transformé en Tityre, assis sur le bord du puits; et je veux te faire voltiger toi-même au milieu de mes nymphes. Ah çà ! tu sais l'usage du pays? Les ouvrières en journée mangent à la même table que nous. Ne va pas faire le dédaigneux; songe que cela se fait dans tout le département, dans les grands châteaux tout comme chez les bourgeois.

— Oui, oui, je le sais, repondit André; c'est un usage du vieux temps que les artisans ne cherchent pas à détruire.

— Moi, j'aime beaucoup cet usage-là, parce que les filles sont jolies. Si jamais je me marie, et si ma femme (comme font beaucoup de jalouses) n'admet au logis que des ouvrières de quatre-vingts ans, je saurai fort bien les envoyer manger à l'office, ou bien je leur ferai servir des nougats de pierre à fusil qui les dégoûteront de mon ordinaire. Mais ici c'est différent : les bouches sont fraîches et les dents blanches. Que la beauté soit la reine du monde, rien de mieux.

IV.

L'intérieur de la famille Marteau était patriarcal. La grand'mère, matrone pleine de vertus et d'obésité, était assise près de la cheminée et tricotait un bas gris. C'était une excellente femme, un peu sourde, mais encore gaie, qui de temps en temps plaçait son mot dans la conversation, tout en ricanant avec les lunettes aux branches qui lui pinçaient le nez. La mère était une ménagère sèche et discrète, active, silencieuse, absolue, sujette à la migraine, et partant chagrine. Elle était debout devant une grande table couverte d'un tapis vert et taillait elle-même la besogne aux ouvrières : mais, malgré son caractère absolu, la dame ne leur parlait qu'avec une extrême politesse, et souffrait, non sans une secrète mortification, que tous ses coups de ciseaux fussent soumis à de longues discussions de leur part.

Auprès de la fenêtre ouverte, les quatre ouvrières et les trois filles de la maison, pressées comme une compagnie de perdrix, travaillaient au trousseau; la fiancée elle-même brodait le coin d'un mouchoir. La maîtresse ouvrière, placée sur une chaise plus élevée que les autres, dirigeait les travaux, et de temps en temps donnait un coup d'œil aux ourlets confiés aux petites filles. Les grisettes en sous-ordre ne comptaient que cinquante ans à elles trois; elles étaient fraîches, rieuses et dégourdies à l'avenant. Les têtes blondes des enfants de la maison, penchées d'un petit air boudeur sur leur ouvrage et ne prenant aucun intérêt à la conversation, se mêlaient aux visages animés des grisettes, à leurs bonnets blancs posés sur des bandeaux de cheveux noirs. Ce cercle de jeunes filles formait un groupe naïf tout à fait digne des pinceaux de l'école flamande. Mais, comme Calypso parmi ses nymphes, Henriette, la couturière en chef, surpassait toutes ses ouvrières en caquet et en beauté. Du haut de sa chaise à escabeau, comme du haut d'un trône, elle les animait et les contenait tour à tour de la voix et du regard. Il y avait bien dix ans qu'Henriette était comptée parmi les plus belles, mais elle ne semblait pas vouloir renoncer de si tôt à son empire. Elle proclamait avec orgueil ses vingt-cinq ans et promenait sur les hommes le regard brillant et serein d'une gloire à son apogée. Aucune robe d'alépine ne dessinait avec une netteté plus orgueilleuse l'étroit corsage et les riches contours d'une taille impériale; aucun bonnet de tulle n'étalait ses coquilles démesurées et ses extravagantes rosettes de rubans diaphanes sur un échafaudage plus splendide de cheveux crépés.

A l'arrivée des deux jeunes gens, le babil cessa tout à coup comme le son de l'orgue lorsque le plain-chant de l'officiant écourte sans cérémonie les dernières modulations d'une ritournelle où l'organiste s'oublie. Mais après quelques instants de silence pendant lesquels André salua

timidement et supporta le moins gauchement qu'il put le regard oblique de l'aréopage féminin, une voix flûtée se hasarda à placer son mot, puis une autre, puis deux à la fois, puis toutes, et jamais volière ne salua le soleil levant d'un plus gai ramage. Joseph se mêla à la conversation, et voyant André mal à l'aise entre les deux matrones, il l'attira auprès du jeune groupe.

« Mademoiselle Henriette, dit-il d'un ton moitié familier, moitié humble (note qu'il était important de toucher juste avec la belle couturière, et dont Joseph avait très-bien étudié l'intonation), voulez-vous me permettre de vous présenter un de mes meilleurs amis, M. André de Morand, gentilhomme, comme vous savez, et gentil garçon, comme vous voyez? Il n'ose pas vous dire sa peine; mais le fait est qu'il a tourné autour de vous cette nuit pendant une heure pour vous faire danser, et qu'il n'a pas pu vous approcher; vous êtes inabordable au bal, et quand on n'a pas obtenu votre promesse un mois d'avance, on peut y renoncer. »

Ce compliment plut beaucoup à mademoiselle Henriette, car une rougeur naïve lui monta au visage. Tandis qu'elle engageait avec Joseph un échange d'œillades et de facétieux propos, André remarqua que la petite Sophie, la plus jeune des quatre, parlait de lui avec sa voisine; car elle le regardait maladroitement, à la dérobée, en chuchotant d'un petit air moqueur. Il se sentit plus hardi avec ces fillettes de quinze ans qu'avec la dégagée Henriette, et les somma en riant d'avouer le mal qu'elles disaient de lui. Après avoir beaucoup rougi, beaucoup refusé, beaucoup hésité, Sophie avoua qu'elle avait dit à Louisa :

— Ce monsieur André m'a fait danser deux fois hier soir; cela n'empêche pas qu'il ne soit fier *comme tout*, il ne m'a pas dit trois mots.

— Ah ! mon cher André, s'écria Joseph, ceci est une agacerie, prends-en note.

— Cela est bien vrai, interrompit Henriette, qui craignait que la petite Sophie n'accaparât l'attention des jeunes gens; tout le monde l'a remarqué : André a bien l'air d'un noble; il ne rit que du bout des dents et ne danse que du bout des pieds; je disais en le regardant : Pourquoi est-ce qu'il vient au bal, ce pauvre monsieur? ça n'a pas l'air de s'amuser du tout. »

André, choqué de cette hardiesse indiscrète, fut bien près de répondre : En vérité, mademoiselle, vous avez raison, cela ne m'amusait pas du tout; mais Joseph lui coupa la parole en disant :

« Ah ! ah ! de mieux en mieux, André; mademoiselle Henriette t'a regardé; que dis-je? elle t'a contemplé, elle s'est beaucoup occupée de toi. Sais-tu que tu as fait sensation? Ma foi ! je suis jaloux d'un pareil début. Mais voyez-vous, mes chères petites; pardon ! je voulais dire mes belles demoiselles, vous faites à mon ami un reproche qu'il ne mérite pas; vous l'accusez d'être fier lorsqu'il n'est que triste, et il faudra bien vous lui pardonniez sa tristesse quand vous saurez qu'il est amoureux.

— Ah ! ! ! ... s'écrièrent à la fois toutes les jeunes filles.

— Oh ! mais, amoureux ! reprit Joseph avec emphase, amoureux frénétique !

— Frénétique ! dit la petite Louisa en ouvrant de grands yeux.

— Oui ! répondit Joseph, cela veut dire très-amoureux, amoureux comme le greffier du juge de paix est amoureux de vous, mademoiselle Louisa; comme le nouveau commis à pied des droits réunis est amoureux de vous, mademoiselle Juliette; comme...

— Voulez-vous vous taire ! voulez-vous vous taire ! s'écrièrent-elles toutes en carillon. »

Madame Marteau fronça le sourcil en voyant que l'ouvrage languissait, la grand'mère sourit, et Henriette rétablit le calme d'un signe majestueux.

« Si vous n'aviez pas fait tant de tapage, mesdemoiselles, dit-elle à ses ouvrières, M. Joseph allait nous dire de qui M. André est amoureux.

— Et je vais vous le dire en grande confidence, répondit Joseph ; chut ! écoutez bien, vous ne le direz pas?...

— Non, non, non, s'écrièrent-elles.

— Eh bien! reprit Joseph, il est amoureux de vous quatre. Il en perd l'esprit et l'appétit ; et si vous ne tirez pas au sort laquelle de vous...

— Oh! le méchant moqueur! dirent-elles en l'interrompant.

— Monsieur Joseph, nous ne sommes pas des enfants, dit Henriette en affectant un air digne, nous savons bien que monsieur est noble et que nous sommes trop peu de chose pour qu'il fasse attention à nous. Quand une ouvrière va raccommoder le linge du château de Morand, le père et le fils s'arrangent toujours pour ne pas manger à la maison, afin certainement de ne pas manger avec elle. On la fait dîner seule ! ce n'est pas amusant : aussi il n'y a pas beaucoup d'artisanes qui veuillent y aller. On n'y a aucun agrément, personne à qui parler ; et quels chemins pour y arriver ! aller en croupe derrière un métayer ! ce n'est pas un si beau voyage à faire, et ce n'est pas comme M. de... C'est un noble pourtant, celui-là ! eh bien ! il vient chercher lui-même ses ouvrières à la ville, et il les emmène dans sa voiture.

— Et il a soin de choisir la plus jolie, dit Joseph : c'est toujours vous, mademoiselle Henriette.

— Pourquoi pas? dit-elle en se rengorgeant ; avec des gens aussi comme il faut !...

— C'est-à-dire que mon ami André, reprit Joseph en la regardant d'un air moqueur, n'est pas un homme comme il faut, selon vos idées.

— Je ne dis pas cela ; ces messieurs sont fiers ; ils ont raison, si cela leur convient ; chacun est maître chez soi : libre à eux de nous tourner le dos quand nous sommes chez eux ; libre à nous de rester chez nous quand ils nous font demander.

— Je ne savais pas que nous eussions d'aussi grands torts, dit André en riant ; cela m'explique pourquoi nous avons toujours été laides ouvrières ; mais c'est leur faute si nous ne nous corrigeons pas ; essayez de nous rendre sociables, mademoiselle Henriette, et vous verrez ! »

Henriette parut goûter assez cette fadeur ; mais, fidèle à son rôle de princesse, elle s'en défendit.

« Oh! nous ne mordons pas dans ces douceurs-là, reprit-elle ; nous sommes trop mal élevées pour plaire à des gens comme vous ; il vous faudrait quelqu'un comme Geneviève pour causer avec vous ; mais c'est celle-là qui ne souffre pas les grands airs !

— Oh! pardieu ! reprit vivement Joseph, cela lui sied bien, à cette précieuse-là ! Je ne connais personne qui se donne de plus grands airs mal à propos.

— Mal à propos? dit Henriette, il ne faut pas dire cela ; Geneviève n'est pas une fille du commun ; vous le savez bien, et tout le monde le sait bien aussi.

— Ah! je ne peux pas la souffrir votre Geneviève, reprit Joseph ; une bégueule qu'on ne voit jamais et qui voudrait se mettre sous verre comme ses marchandises?

— Qu'est-ce donc que mademoiselle Geneviève, demanda André ; je ne la connais pas...

— C'est la marchande de fleurs artificielles, répondit Joseph, et la plus grande chipie... »

En ce moment la servante annonça, avec la formule d'usage dans le pays, Voilà madame une telle, une des dames les plus élégantes de la ville.

« Oh! je m'en vais, dit tout bas Joseph ; voici la quintessence de bégueulisme. »

Cette visite interrompit la conversation des grisettes, et l'activité de leur aiguille fut ralentie par la curiosité avec laquelle elles examinèrent à la dérobée la toilette de la dame, depuis les plumes de son chapeau jusqu'aux rubans de ses souliers. De son côté, madame Privat, c'était le nom de la merveilleuse, qui regardait les chiffons du trousseau avec beaucoup d'intérêt, s'avisa de faire, sur la coupe d'une manche, une objection de la plus haute importance. Le rouge monta au visage d'Henriette en se voyant attaquée d'une manière aussi flagrante dans l'exercice de sa profession. La dame avait prononcé des mots inouïs : elle avait osé dire que la manchette était de mauvais goût, et que les doubles ganses du bracelet n'étaient pas d'un bon genre. Henriette rougissait et pâlissait tour

à tour ; elle s'apprêtait à une réponse foudroyante, lorsque madame Privat, tournant légèrement sur le talon, parla d'autre chose. L'aisance avec laquelle on avait osé critiquer l'œuvre d'Henriette et le peu d'attention qu'on faisait à son dépit augmentèrent son ressentiment, et elle se promit d'avoir sa revanche.

Après que la dame eut parlé assez longtemps avec madame Marteau sans rien dire, elle demanda si le bouquet de noces était acheté.

— Il est commandé, dit madame Marteau, Geneviève y met tous ses soins ; elle aime beaucoup ma fille, et elle lui a promis de lui faire les plus jolies fleurs qu'elle ait encore faites.

— Savez-vous que cette petite Geneviève a du talent dans son genre? reprit madame Privat.

— Oh! dit la grand'mère, c'est une chose digne d'admiration ! moi, je ne comprends pas qu'on fasse des fleurs aussi semblables à la nature. Quand je vais chez elle et que je la trouve au milieu de ses ouvrages et de ses modèles, il m'est impossible de distinguer les uns des autres.

— En effet, dit la dame avec indifférence, on prétend qu'elle regarde les fleurs naturelles et qu'elle les imite avec soin ; cela prouve de l'intelligence et du goût.

— Je crois bien ! murmura Henriette, furieuse d'entendre parler légèrement du talent de Geneviève.

— Oh! du goût ! du goût ! reprit la vieille, c'est ravissant le goût qu'elle a, cette enfant ! Si vous voyiez le bouquet de noces qu'elle a fait à Justine, ce sont des jasmins qu'on vient de cueillir, absolument !

— Oh! maman, dit Justine, et ces muguets !

— Tu aimes les muguets, toi? dit à sa sœur Joseph, qui venait de rentrer.

— Il y a aussi des lilas blancs pour la robe de bal, dit madame Marteau ; nous en avons pour cinquante francs seulement pour la toilette de la mariée, sans compter les fleurs de fantaisie pour les chapeaux ; tout cela coûte bien cher et se fane bien vite.

— Mais combien de temps met-elle à faire ces bouquets? dit Joseph ; un mois peut-être ? travailler tout un mois pour cinquante francs, ce n'est pas le moyen de s'enrichir.

— Oh! monsieur Joseph, vous avez bien raison ! dit Henriette d'une voix aigre, ce n'est certainement pas trop payé ; il n'y a guère de profit, allez, pour les pauvres grisettes, et par-dessus le marché on leur fait avaler tant d'insolences ! On n'a pas toujours le bonheur d'aller en journée chez du monde honnête comme votre famille, monsieur Joseph ; il y a des personnes qui parlent bien haut des autres, et qui, au coin de leur feu, lésinent misérablement.

— Eh bien ! eh bien ! dit la grand'mère, qui, placée assez loin d'Henriette, n'entendait que vaguement ses paroles, qu'a-t-elle donc à regarder de travers par ici, comme si elle voulait nous manger? Henriette, Henriette, est-ce que tu dis du mal de nous, mon enfant?

— Eh non ! eh non ! ma mère, répondit Joseph ; tout au contraire, mademoiselle Henriette nous aime de tout son cœur ; car j'en suis aussi, n'est-ce pas, mademoiselle Henriette? »

Pour faire comprendre au lecteur la crainte de la grand'mère, il est bon de dire que le caquet des grisettes est la terreur de tous les ménages de L.... Initiées durant des semaines entières à tous les petits secrets des maisons où elles travaillent, elles n'ont guère d'autre occupation, après le bal et les fleurettes des garçons, que de colporter de famille en famille les observations malignes qu'elles ont faites dans chacune, et même les scandales domestiques qu'elles y ont surpris. Elles trouvent dans toutes des auditeurs avides de commérage qui ne rougissent pas de les questionner sur ce qui se passe chez leur voisin, sans songer que demain à leur tour leur intérieur fera les frais de la chronique dans une troisième maison. La médisance est une arme terrible dont les grisettes se servent pour appuyer le pouvoir de leurs charmes et imposer aux femmes qui les haïssent le plus toutes sortes de ménagements et d'égards.

Madame Privat sentit l'imprudence qu'elle avait commise, et, sachant bien qu'il n'était pas de moyen humain d'empêcher une grisette de parler, elle prit le parti d'éviter au moins les injures directes, et battit en retraite.

Lorsqu'elle fut partie, un feu roulant de brocards soulagea le cœur d'Henriette, et ses ouvrières firent en chœur un bruit dont les oreilles de la dame durent tinter, si le proverbe ne ment pas.

Au nombre des anecdotes ridicules qui furent débitées sur son compte, Henriette en conta une qui ramena le nom de Geneviève dans la conversation : madame Privat lui avait honteusement marchandé une couronne de roses qu'elle s'était ensuite donné les gants d'avoir fait venir de Paris et payée fort cher.

Joseph, qui n'aimait pas Geneviève, déclara que c'était bien fait, et il prit plaisir à lutiner Henriette en rabaissant le talent de la jeune fleuriste.

« Oh! pour le coup, s'écria Henriette avec colère, ne dites pas de mal de celle-là ; de nous autres, tant que vous voudrez, nous nous moquons bien de vous ; mais personne n'a le droit de *donner du ridicule* à Geneviève : une fille qui vit toute seule enfermée chez elle, travaillant ou lisant le jour et la nuit, n'allant jamais au bal, n'ayant peut-être pas donné le bras à un homme une seule fois dans sa vie...

— Ah! ah! dit Joseph, vous verrez qu'elle s'y mettra un beau jour et qu'elle fera pis que les autres ; je me méfie de l'eau dormante et des filles qui lisent tant de romans.

— Des romans! appelez-vous des romans ces gros livres qu'elle fouillette toute la journée, et qui sont tout pleins de mots latins où je ne comprends rien , et où vous ne comprendriez peut-être rien vous-même?

— Comment! dit André, mademoiselle Geneviève lit des livres latins?

— Elle étudie des traités de botanique, répondit Joseph. Parbleu! c'est tout simple, c'est pour son état.

— C'est donc une personne tout à fait distinguée? reprit André.

— Oui-da, je crois bien! repartit Henriette ; je vous le disais tout à l'heure, c'est une grisette comme celle-là qu'il faudrait pour dîner avec monsieur! Mais tout marquis que vous êtes, monsieur André, vous feriez bien de ne pas oublier vos manchettes pour lui parler ; on parle de fierté : c'est elle qui sait ce que c'est!

— Mais qu'est-elle donc elle-même? interrompit Joseph ; de quel droit s'élève-t-elle au-dessus de vous?

— Ne croyez pas cela, monsieur ; avec nous elle est aussi bonne camarade que la première venue.

— Pourquoi donc ne va-t-elle pas au bal et à la promenade avec vous?

— C'est son caractère ; elle aime mieux étudier dans ses livres. Mais elle nous invite chez elle le soir , quand elle a gagné une petite somme. Elle nous donne des gâteaux et du thé ; et puis elle chante pour nous faire danser , et elle chante mieux avec son gosier que vous avec votre flûte. Il faut voir comme elle nous reçoit bien! quelle propreté chez elle! c'est un petit palais! On ne dira pas qu'elle est aidée par ses amants, celle-là!

— Ah! oui, des jolis bals! dit Joseph , des bals sans hommes! Je suis sûr que vous vous ennuyez.

— Voyez-vous cet orgueil! ces messieurs se figurent qu'on ne pense qu'à eux!

— A quoi tout cela la mènera-t-il? reprit Joseph ; trouvera-t-elle un mari avec les feuillets de ses vieux livres ou dans les boutons de ses fleurs?

— Bah! bah! un mari! quel est donc l'artisan qui pourrait épouser une femme comme elle? Un beau mari pour elle qu'un serrurier ou un cordonnier, avec ses mains sales et son tablier de cuir! Et quant à vous , mes beaux messieurs , vous n'épousez guère , et Geneviève est trop fière pour être votre *bonne amie* autrement.

— Dites qu'elle est trop froide. Je ne peux pas souffrir les femmes qui n'aiment rien.

Vous la connaissez bien , en vérité! dit Henriette, en haussant les épaules ; c'est le cœur le plus sensible : elle aime ses amies comme des sœurs, elle aime ses fleurs , comme quoi dirai-je?... comme des enfants. Il faut la voir se promener dans les prés et trouver une fleur qui lui plaît! c'est une joie, c'est un amour! Pour une petite marguerite dont je ne donnerais pas deux sous, elle pleure de plaisir; quelquefois elle sort avec le jour , pour aller dans les champs cueillir ses fleurs , avant que vous ne soyez sortis du nid , vous autres, oiseaux sans plumes.

— En vérité! s'écria André vivement; on ce cas c'est elle que j'ai rencontrée un jour.... » Il se tut tout à coup, et sortit un instant après , pour cacher l'émotion et la joie qu'il éprouvait de retrouver la trace de sa belle rêveuse de la prairie.

« Voyez-vous ce garçon-là? dit Joseph aux ouvrières, lorsque André eut quitté la chambre : il est fou.

— Il est *tout étrange*, en effet, répondit Henriette.

— Il faut que je vous dise son véritable mal, reprit Joseph; il s'ennuie faute d'être amoureux, et il faut, mesdemoiselles, que vous m'aidiez à le guérir de cet ennui-là.

— Oh! nous ne nous en mêlons pas! s'écrièrent-elles toutes, non sans jeter un regard attentif sur André , qui passait à la fenêtre.

— Je parle sérieusement, chère Henriette, dit Joseph, qui rencontra la belle couturière un instant avant le dîner dans le corridor de la maison ; il faut que vous m'aidiez à consoler mon ami André.

— Plaisantez-vous? répondit-elle d'un air dédaigneux ; adressez-vous à un médecin si *ce monsieur* est fou.

— Non, il n'est pas fou, belle Henriette ; il est trop sage au contraire. Il n'ose pas seulement trouver une femme jolie. Fiez-vous à ces amoureux-là ; dès qu'ils ont secoué leur mauvaise honte , ce sont les plus tendres amants du monde. Mais ne croyez pas que je parle de vous , non , mille dieux! Si vous voulez avoir pitié de quelqu'un ici , j'aime autant que ce soit de moi que de lui. Je veux dire , en deux mots , qu'André deviendrait amoureux s'il voyait Geneviève ; c'est tout à fait la beauté de cet oiseau-là.

— Eh bien! monsieur, qu'il aille à la messe de sept heures, et il la verra dimanche prochain. En quoi cela me regarde-t-il?

— Oh! il faut qu'il la voie dès aujourd'hui; vous le pouvez; allez la chercher après dîner ; dites-lui qu'elle vienne danser à la cour avec vous , et vous verrez que mon André commencera tout de suite à soupirer.

— Ah çà! est-ce que vous êtes fou, monsieur Marteau? quelle proposition me faites-vous?

— Aucune! comment? que supposez-vous? auriez-vous de mauvaises idées? Ah! mademoiselle Henriette , je croyais que vous n'aviez jamais entendu parler de choses semblables!....

Henriette devint rouge comme son foulard.

— « Mais qu'est-ce que vous me demandez donc? d'amener Geneviève pour que ce monsieur lui fasse la cour, apparemment? Est-ce une conduite honnête?

— Eh! pourquoi pas? si vous avez l'âme pure comme moi , trouvez-vous malhonnête que mon ami André fasse la cour à votre amie Geneviève? Je réponds de lui; est-ce que vous ne répondriez pas d'elle?

— Oh! *ce n'est pas l'embarras!* j'en réponds comme de moi. »

Joseph fit la grimace d'un homme qui avale une noix ; puis il reprit d'un air très-sérieux :

« En ce cas , je ne vois pas de quoi vous vous effarouchez. Quand même André, qui est le plus vertueux des hommes, deviendrait un scélérat d'ici à une heure, la vertu de mademoiselle Geneviève serait-elle compromise par ses tentatives? Qu'elle vienne , croyez-moi, belle Henriette ; ce sera une danseuse de plus pour notre bal de ce soir, et nous nous amuserons du petit air niais d'André et du grand air froid de Geneviève. Ne voilà-t-il pas une intrigue qui les mènera loin?

— Au fait, c'est vrai, dit Henriette, ce petit monsieur sera drôle avec ses révérences; et quant à Geneviève, elle n'a pas à craindre qu'on dise du mal d'elle tant qu'elle ira quelque part avec moi. »

Joseph fit la contorsion d'un homme qui avalerait une pomme.

« J'aurai bien de la peine à la décider, ajouta Henriette ; elle ne va jamais chez les bourgeois; et elle a raison, monsieur Joseph! les bourgeois ne sont pas des maris pour nous ; aussi nous n'écoutons guère leurs fleurettes ; tenez-vous cela pour dit.

— Pour le coup, dit Joseph, j'avale une citrouille qui m'étouffera ! Pardon, mademoiselle, ce sont des spasmes d'estomac. Voici le dîner qui sonne ; permettez-moi de vous offrir mon bras. C'est convenu, n'est-ce pas ?

— Quoi donc, monsieur, s'il vous plaît ?

— Que vous irez chercher Geneviève après dîner ?

— J'essaierai. »

V.

Henriette essaya en effet, pour complaire à Joseph Marteau, dont elle aurait été bien aise de rendre sérieuses les protestations d'amour. Du reste, elle feignait d'admirer beaucoup la vertu de Geneviève, et, par esprit de corps, elle ne cessait de vanter la supériorité de cette grisette, en sagesse et en esprit, sur toutes les dames de la ville ; mais intérieurement elle n'approuvait pas trop la rigidité excessive de sa conduite. Elle croyait que le bonheur n'est pas dans la solitude du cœur, et son amitié pour elle la portait à lui conseiller sans cesse d'écouter quelque galant.

Elle fut forcée de dissimuler avec Geneviève pour la décider à venir chez madame Marteau. La jeune fleuriste ne se rendit qu'en recevant l'assurance de n'y rencontrer que les filles de la maison et les ouvrières d'Henriette.

Pour aider à ce mensonge, Joseph, sans rien dire à André, la mena faire un tour de promenade dans la ville, et ne rentra que lorsqu'il jugea Geneviève et Henriette arrivées.

Ils les rejoignirent dans le petit jardin qui était situé derrière la maison. Geneviève donnait le bras à la grand'mère, qui s'appuyait sur elle d'un air affectueux en lui disant :

« Viens ici, mon enfant, je veux te montrer mes hémérocales ; tu n'as jamais rien vu de plus beau. Quand tu les auras regardées, tu voudras en faire pour le bouquet de Justine ; c'est une fleur du plus beau blanc : tiens, vois ! »

Geneviève ne s'apercevait pas de la présence des deux jeunes gens ; ils marchaient doucement derrière elle, Joseph faisant signe aux autres jeunes filles de ne pas les faire remarquer. Geneviève s'arrêta et regarda les fleurs sans rien dire ; elle semblait réfléchir profondément.

« Eh bien, dit la vieille, est-ce que tu n'aimes pas ces fleurs-là ?

— Je les aime trop, répondit Geneviève d'un petit ton précieux rempli de charmes. C'est pour cela que je ne veux pas les copier. Ah ! voyez-vous, madame, je ne pourrais jamais ; comment oserais-je espérer de rendre cette blancheur-là et le brillant de ce tissu ? du satin serait trop luisant, la mousseline serait trop transparente ; oh ! jamais, jamais ! Et ce parfum ! qu'est-ce que c'est que ce parfum-là ? qui l'a mis dans cette fleur ? où en trouverais-je un pareil pour celles que je fais ? Le bon Dieu est plus habile que moi, ma chère dame ! »

En parlant ainsi, Geneviève, s'appuyant sur le vase de fleurs, pencha sur les hémérocales son front aussi blanc que leur calice, et resta comme absorbée par la délicieuse odeur qui s'en exhalait.

C'est alors seulement qu'André put voir son visage, et il reconnut sa dame d'amour, comme il l'appelait dans ses pensées, en souvenir des deux vers de la romance.

Geneviève ne ressemblait en rien à ses compagnes : elle était petite et plutôt jolie que belle ; elle avait une taille très-mince et très-gracieuse, quoiqu'elle se tînt droite à ne pas perdre une ligne de sa petite stature. Elle était très-blanche, peu colorée, mais d'un ton plus fin et plus pur que la plus exquise rose musquée qui fût sortie de son atelier. Ses traits étaient délicats et réguliers ; et quoique son nez et sa bouche ne fussent pas d'une forme très-distinguée, l'expression de ses yeux et la forme de son front lui donnaient l'air fier et intelligent. Sa toilette n'était pas non plus la même que celle des grisettes de

son pays ; elle se rapprochait des modes parisiennes, car elle avait étudié son art à Paris. Aussi ses compagnes toléraient beaucoup d'innovations de sa part. Seule dans toute la ville elle se permettait d'avoir un tablier de satin noir, et même de porter dans sa chambre un tablier de foulard ; ce qui, malgré toute la bienveillance possible, faisait bien un peu jaser. Elle avait hasardé de réduire les immenses dimensions du bonnet distinctif des artisanes de L..... ; elle convenait bien que sur le corps d'une grande femme cette *fanfrelucherie* de rubans et de dentelles ne manquait pas d'une grâce extravagante ; mais elle objectait que sa petite personne eût été écrasée par une semblable auréole, et elle avait adopté le petit bonnet parisien à ruche courte et serrée, dont la blancheur semblait avoir été mise au défi par celle du visage qu'elle entourait. Elle avait en outre une recherche de chaussure tout à fait ignorée dans le pays ; elle tricotait elle-même avec du fil extrêmement fin ses gants et ses bas à jour. André reconnut à ses mains des gants pareils à celui qu'il possédait ; il admira la petitesse de ses mains et celle des pieds que chaussaient d'étroits souliers de prunelle à cothurnes rigidement serrés ; la robe, au lieu d'être collante comme celle de ses compagnes, était ample et flottante ; mais elle dessinait une ceinture dont une fille de dix ans eût été jalouse, et à travers la percale fine et blanche on devinait des épaules et des bras couleur de rose.

Lorsqu'elle aperçut Joseph, qui lui adressa le premier la parole, elle le salua avec une politesse froide ; mais Joseph avait le moyen de l'adoucir.

« Oh ! mademoiselle Geneviève, lui dit-il, j'ai bien pensé à vous hier à la chasse ; imaginez qu'il y a auprès de l'étang du *Château-Fondu* des fleurs comme je n'en ai jamais vu ; si j'avais pu trouver le moyen de les apporter sans les faner, j'en aurais mis pour vous dans ma gibecière.

— Vous ne savez pas ce que c'est ?

— Non, en vérité ! mais cela a deux pieds de haut ; les feuilles sont comme tachées de sang ; les fleurs sont d'un rose clair, avec de grandes taches de lie de vin ; on dirait de grandes guêpes avec un dard, ou de petites vilaines figures qui vous tirent la langue ; j'en ai ri tout seul à m'en tenir les côtes en les regardant.

— Voilà une plante fort singulière, dit Geneviève en souriant.

— Je crois, dit timidement André, autant que mon peu de savoir en botanique me permet de l'affirmer, que ce sont des plantes ophrydes appelées par nos bergers *herbe aux serpents* [1].

— Ah ! pourquoi ce nom-là ? dit Geneviève ; qu'est-ce que ces pauvres fleurs ont de commun avec ces vilaines bêtes ?

— Ce sont des plantes vénéneuses, répondit André, et qui ont quelque chose d'affreux en elles malgré leur beauté ; ces taches de sang d'abord, et puis une odeur repoussante. Si vous les aviez vues, vous auriez trouvé quelque chose de méchant dans leur mine ; car les plantes ont une physionomie comme les hommes et les animaux.

— C'est drôle ce que tu dis là, reprit Joseph ; mais c'est parbleu vrai ! Quand je te dis que ces fleurs m'ont fait l'effet de me rire au nez, et que je n'ai pas pu m'empêcher d'en faire autant !

— D'autant plus que pour les cueillir dans cet endroit, répondit André, il faut courir un certain danger : l'étang de Château-Fondu a des bords assez perfides.

— Où prenez-vous ce Château-Fondu ? demanda Henriette.

— Auprès du château de Morand, répondit Joseph. Oh ! c'est un endroit singulier et assez dangereux en effet. Figurez-vous un petit lac au milieu d'une prairie : l'eau est presque toute cachée par les roseaux et les joncs ; cela est plein de sarcelles et de canards sauvages : c'est pourquoi j'y vais chasser souvent.

— Quand tu dis chasser, tu veux dire braconner, interrompit André.

_____
4. C'est le satyrion-bouquin.

En parlant ainsi, Geneviève, s'appuyant sur le vase de fleurs... (Page 47.)

— Soit. Je vous disais donc qu'on ne voit presque pas où l'eau commence, tant cela est plein d'herbes. Sur les bords il y a une espèce [de gazon mou où vous croyez pouvoir marcher; pas du tout : c'est une vase verte où vous enfoncez au moins jusqu'aux genoux, et très-souvent jusque par-dessus la tête.

— La tradition du pays, reprit André, est qu'autrefois il y avait un château à la place de cet étang. Une belle nuit le diable, qui avait fait signer un pacte au châtelain, voulut emporter sa proie et planta sa fourche sous les fondations. Le lendemain on chercha le château dans tout le pays; il avait disparu. Seulement on vit à la place une mare verte dont personne ne pouvait approcher sans enfoncer dans la vase, et qui a gardé le nom de Château-Fondu.

— Voilà un conte comme je les aime, dit Geneviève.

— Ce qui accrédite celui-là reprit André, c'est que dans les chaleurs, lorsque les eaux sont basses, on voit percer çà et là des amas de terres ou de pierres verdâtres que l'on prend pour des créneaux de tourelles.

— Je ne sais ce qui en est, dit Joseph; mais il est certain que mon chien, qui n'est pas poltron, qui nage comme un canard, et qui est habitué à barboter dans les marais pour courir après les bécassines, a une peur effroyable du Château-Fondu; il semble qu'il y ait là je ne sais quoi de surnaturel qui le repousse; je le tuerais plutôt que de l'y faire entrer.

— C'est un endroit tout à fait merveilleux, dit Geneviève. Est-ce bien loin d'ici?

— Oh! mon Dieu, non, dit André, qui mourait d'envie de rencontrer encore Geneviève dans les prés.

— Pas bien loin, pas bien loin! dit Joseph; il y a encore trois bonnes lieues de pays. Mais voulez-vous y aller, mademoiselle Geneviève?

— Non, monsieur; c'est trop loin.

— Il y aurait un moyen : je mettrais mon gros cheval à la patache, et...

— Oh! oui, oui! s'écrièrent Henriette et ses ouvrières! menez-nous au Château-Fondu, monsieur Joseph!

— Et nous aussi! s'écrièrent les petites sœurs de Joseph; nous aussi, Joseph! En patache, ah! quel plaisir!

— J'y consens si vous êtes sages. Voyons, quel jour!

— Pardine! c'est demain dimanche, dit Henriette.

Joseph Marteau.

— C'est juste. A demain donc. Vous y viendrez avec nous, mademoiselle Geneviève?

— Oh! je ne sais, dit-elle avec un peu d'embarras. Je crois que je ne pourrai pas. Je ne vous suis pas moins reconnaissante, monsieur.

— Allons! allons! voilà tes scrupules, Geneviève, dit Henriette. C'est ridicule, ma chère. Comment, tu ne peux pas venir avec nous quand les demoiselles Marteau y viennent?

— Ces demoiselles, lui dit tout bas Geneviève, sont sous la garde de leur frère.

— Eh! mon Dieu! dit tout haut Henriette, tu seras sous la mienne. Ne suis-je pas une fille majeure, établie, maîtresse de ses actions? Y a-t-il, *n'importe où, n'importe qui*, assez malappris pour me regarder de travers? Est-ce qu'on ne se garde pas soi-même d'ailleurs? Tu es ennuyeuse, Geneviève, toi qui pourrais être si gentille! Allons, tu viendras, ma petite! Mesdemoiselles, venez donc la décider?

— Oh! oui! oui! Geneviève, tu viendras, dirent toutes les petites filles; nous n'irons pas sans toi. »

Justine, l'aînée des filles de la maison, passa son bras sous celui de Geneviève en lui disant:

« Je vous en prie, ma chère, venez-y. » Et elle ajouta, en se penchant à son oreille: « Vous savez que je ne puis causer qu'avec vous.

— Eh bien! j'irai, dit Geneviève toute confuse, puisque vous le voulez absolument.

— Comme vous êtes aimable! dit Justine.

— Oh! ne vous y fiez pas! s'écria Henriette; voilà comme elle fait toujours. Elle promet pour se débarrasser des gens, et au moment de partir elle trouve mille prétextes pour rester. C'est une menteuse: faites-lui donner sa parole d'honneur.

— Allez-y, mon enfant, dit madame Marteau à Geneviève. Je ne puis y aller; sans cela je vous accompagnerais. Mais, si vous êtes obligeante, vous me remplacerez auprès de mes petites. Joseph est un grand fou, ces demoiselles-là sont un peu étourdies: elles s'amuseront, elles danseront, et elles feront bien; mais pendant ce temps les petites filles pourraient bien se jeter dans ce vilain Château-Fondu. Vous, Geneviève, qui êtes sage et sérieuse comme une petite maman, vous les surveillerez, et je vous en saurai tout le gré possible.

— Cela me décide tout à fait, répondit Geneviève. J'irai, ma chère dame ; mesdemoiselles, je vous en donne ma parole d'honneur.

— Oh! quel bonheur! s'écrièrent les petites Marteau ; tu joueras avec nous, Geneviève ; tu nous feras des couronnes de marguerites et des paniers de jonc, n'est-ce pas?

— Un instant, un instant, dit Joseph ; combien serons-nous? Neuf femmes, André et moi. Je ne peux mettre tout ce monde-là dans ma patache : il faut nous mettre en quête d'une seconde voiture.

— Mon père a un char à bancs, qu'il nous prêtera volontiers, dit André.

— A la bonne heure, voilà qui est convenu, reprit Joseph. Tu iras coucher ce soir chez toi, et tu seras revenu ici de grand matin avec ton équipage. Très-bien. Maintenant préparons-nous à nous amuser demain en nous amusant aujourd'hui. Voulez-vous danser? voulez-vous jouer aux barres, à cache-cache, aux petits paquets?

— Dansons, dansons! » crièrent les jeunes filles.

Joseph tira sa flûte de sa poche, grimpa sur des gradins de pierre couverts d'hortensias, et se mit à jouer, tandis que ses sœurs et les grisettes prirent place sous les lilas. André mourait d'envie d'inviter Geneviève : c'est pourquoi il ne l'osa pas et s'adressa à Henriette, qui fut assez fière d'avoir accaparé le seul danseur de la société.

Néanmoins, guidée par un regard de Joseph, elle entraîna son cavalier vis-à-vis de Geneviève, qui avait pris pour danseuse la plus petite des demoiselles Marteau.

Geneviève rougit beaucoup quand il fut question de toucher la main d'André : c'était la première fois de sa vie que pareille chose lui arrivait ; mais elle prit courageusement son parti et montra une gaîeté douce qu'elle n'aurait pas espérée d'elle-même si elle eût prévu une heure auparavant qu'elle dût sortir à ce point de ses habitudes.

« Eh bien! savez-vous une chose? s'écria Joseph à la fin de la contredanse ; c'est que mademoiselle Geneviève passe pour ne pas savoir danser. Oui, mesdemoiselles, il y a dans la ville vingt mauvaises langues qui disent qu'elle a ses raisons pour ne pas aller au bal. Eh bien! moi, je vous le dis, je n'ai jamais vu si bien danser de ma vie ; et cependant, mademoiselle Henriette, il n'y a pas beaucoup de prévôts qui pussent vous en remontrer. »

Geneviève devint rouge comme une fraise, et Henriette, s'approchant de Joseph, lui dit :

« Taisez-vous, vous allez la mettre en fuite. C'est un mauvais moyen pour l'apprivoiser que de faire attention à elle.

— Allons donc! allons donc! dit Joseph à voix basse en ricanant ; un petit compliment ne fait jamais de peine à une fille. Quand je vous dis, par exemple, que vous voilà jolie comme un ange, vous ne pouvez pas vous en fâcher, car vous savez bien que je le pense.

— Vous êtes un *diseur de riens!* » répondit Henriette, gonflée d'orgueil et de contentement.

Cette fois André osa inviter Geneviève, mais il la fit danser sans pouvoir lui dire un mot ; à chaque instant la parole expirait sur ses lèvres. Il craignait de manquer d'esprit, son cœur battait, il perdait la tête. Lorsqu'il avait à faire un avant-deux, il ne s'en apercevait pas et laissait son vis-à-vis aller tout seul ; puis tout à coup il s'élançait pour réparer sa faute, dansait une autre figure et embrouillait toute la contredanse, aux grands éclats de rire des jeunes filles. Geneviève seule ne se moquait pas de lui ; elle était silencieuse et réservée. Cependant elle regardait André avec assez de bienveillance ; car il avait bien parlé sur la botanique, et cela devait abréger de beaucoup les timides préliminaires de leur connaissance. Mais si André avait osé se mêler à la conversation et s'adresser à elle d'une manière générale, il n'en était pas de même lorsqu'il s'agissait de lui dire quelques mots directement. Cette excessive timidité diminuait d'autant

celle de Geneviève ; car elle était fière et non prude. Elle craignait les grosses fadeurs qu'elle entendait adresser à ses compagnes ; mais en bonne compagnie elle se fût sentie à l'aise comme dans son élément.

Il y a des natures choisies qui se développent d'elles-mêmes, et dans toutes les positions où il plaît au hasard de les faire naître. La noblesse du cœur est, comme la vivacité d'esprit, une flamme que rien ne peut étouffer, et qui tend sans cesse à s'élever, comme pour rejoindre le foyer de grandeur et de bonté éternelle dont elle émane. Quels que soient les éléments contraires qui combattent ces destinées élues, elles se font jour, elles arrivent sans effort à prendre leur place, elles s'en font une au milieu de tous les obstacles. Il y a sur leur front comme un sceau divin, comme un diadème invisible qui les appelle à dominer naturellement les essences inférieures ; on ne souffre pas de leur supériorité, parce qu'elle s'ignore elle-même ; on l'accepte parce qu'elle se fait aimer. Telle était Geneviève, créature plus fraîche et plus pure que les fleurs au milieu desquelles s'écoulait sa vie.

On dit que la poésie se meurt : la poésie ne peut pas mourir. N'eût-elle pour asile que le cerveau d'un seul homme, elle aurait encore des siècles de vie, car elle en sortirait comme la lave du Vésuve, et se fraierait un chemin parmi les plus prosaïques réalités. En dépit de ses temples renversés et des faux dieux adorés sur leurs ruines, elle est immortelle comme le parfum des fleurs et la splendeur des cieux. Exilée des hauteurs sociales, répudiée par la richesse, bannie des théâtres, des églises et des académies, elle se réfugiera dans la vie bourgeoise, elle se mêlera aux plus naïfs détails de l'existence. Lasse de chanter une langue que les grands ne comprennent pas, elle ira murmurer à l'oreille des petits des paroles d'amour et de sympathie. Et déjà n'est-elle pas descendue sous les voûtes des tavernes allemandes? ne s'est-elle pas assise au rouet des femmes? ne berce-t-elle pas dans ses bras les enfants du pauvre? Compte-t-on pour rien toutes ces âmes aimantes qui la possèdent et qui souffrent, qui se taisent devant les hommes et qui pleurent devant Dieu? Voix isolées qui enveloppent le monde d'un chœur universel et se rejoignent dans les cieux ; étincelles divines qui retournent à je ne sais quel astre mystérieux, peut-être à l'antique Phébus, pour en redescendre sans cesse sur la terre et l'alimenter d'un feu toujours divin! Si elle ne produit plus de grands hommes, n'en peut-elle pas produire de bons? Qui sait si elle ne sera pas la bonté douce et bienfaisante d'une autre génération, et si elle ne succédera pas au doute et au désespoir dont notre siècle est atteint? Qui sait si dans un nouveau code de morale, dans un nouveau catéchisme religieux, le dégoût et la tristesse ne seront pas flétris comme des vices, tandis que l'amour, l'espoir et l'admiration seront récompensés comme des vertus?

La poésie, révélée à toutes les intelligences, serait un sens de plus que tous les hommes peut-être sont plus ou moins capables d'acquérir, et qui rendrait toutes les existences plus étendues, plus nobles et plus heureuses. Les mœurs de certaines tribus montagnardes le prouvent avec une évidence éclatante ; la nature, il est vrai, prodigue de grands spectacles dans de telles régions, s'est chargée de l'éducation de ces hommes ; mais les chants des bardes sont descendus dans les vallées, et les idées poétiques peuvent s'ajuster à la taille de tous les hommes. L'un porte sa poésie sur son front, un autre dans son cœur ; celui-ci la cherche dans une promenade lente et silencieuse au sein des plaines, celui-là la poursuit au galop de son cheval à travers les ravins ; un troisième l'arrose sur sa fenêtre dans un pot de tulipes. Au lieu de demander où elle est, ne devrait-on pas demander où elle n'est pas? Si ce n'était qu'une langue, elle pourrait se perdre ; mais c'est une essence qui naît de deux choses : la beauté répandue dans la nature extérieure, et le sentiment départi à toute intelligence ordinaire. Pour condamner à mort la poésie et la porter au cercueil, il nous faudra donc arracher du sol jusqu'à la dernière des fleurettes dont Geneviève faisait ses bouquets.

Car elle aussi était poëte ; et croyez bien qu'il y a au

fond des plus sombres masures, au sein des plus médiocres conditions, beaucoup d'existences qui s'achèvent sans avoir produit un sonnet, mais qui pourtant sont de magnifiques poëmes.

Il faut bien peu de chose pour éveiller ces esprits endormis dans l'épaisse atmosphère de l'ignorance; et pour les entourer à jamais d'une lumineuse auréole qui ne les quitte plus. Un livre tombé sous la main, un chant ou quelques paroles recueillies d'un passant, une étude entreprise dans un dessein prosaïque ou par nécessité, le moindre hasard providentiel, suffit à une âme élue pour découvrir un monde d'idées et de sentiments. C'est ce qui était arrivé à Geneviève. L'art frivole d'imiter les fleurs l'avait conduite à examiner ses modèles, à les aimer, à chercher dans l'étude de la nature un moyen de perfectionner son intelligence; peu à peu elle s'était identifiée avec elle, et chaque jour, dans le secret de son cœur, elle dévorait avidement le livre immense ouvert devant ses yeux. Elle ne songeait pas à approfondir d'autre science que celle à laquelle tous ses instants étaient forcément consacrés; mais elle avait surpris le secret de l'universelle harmonie. Ce monde inanimé qu'autrefois elle regardait sans le voir, elle le comprenait désormais; elle le peuplait d'esprits invisibles, et son âme s'y élançait pour y embrasser sans cesse l'amour infini qui plane sur sa création. Emportée par les ailes de son imagination toute-puissante, elle apercevait, au delà des toits enfumés de sa petite ville, une nature enchantée qui se résumait sur sa table dans un bouton d'aubépine. Un chardonneret familier, qui voltigeait dans sa chambre, lui apportait du dehors toutes les mélodies des bois et des prairies; et lorsque sa petite glace lui renvoyait sa propre image, elle y voyait une ombre divine s'accomplir qu'elle était émue sans savoir pourquoi, et versait des pleurs délicieux comme à l'aspect d'une sœur jumelle.

Elle s'était donc habituée à vivre en dehors de tout ce qui l'entourait. Ce n'était pas, comme on le prétendait, une vertu sauvage et sombre; elle était trop calme dans son innocence pour avoir jamais cherché sa force dans les maximes farouches. Elle n'avait pas besoin de vertu pour garder sa sainte pudeur, et le noble orgueil d'elle-même suffisait à la préserver des hommages grossiers que recherchaient ses compagnes; elle les fuyait, non par haine, mais par dédain; elle ne craignait pas d'y succomber, mais d'en subir le dégoût et l'ennui. Heureuse avec sa liberté et ses occupations, orpheline, riche par son travail au delà de ses besoins, elle était affable et bonne avec ses amies d'enfance : elle eût craint de leur paraître vaine de son petit savoir, et se laissait égayer par elles; mais elle supportait cette gaieté plutôt qu'elle ne la provoquait, et si jamais elle ne leur donnait le moindre sujet de mépris et d'ennui, du moins son plus grand bonheur était de se retrouver seule dans sa petite chambre et de faire sa prière en regardant la lune et en respirant les jasmins de sa fenêtre.

VI.

André avait un peu trop compté sur ses forces en se chargeant de demander le char à bancs et le cheval de son père. Il fit cette pénible réflexion en quittant, vers neuf heures, la famille Marteau, et son anxiété prit un caractère de plus en plus grave à mesure qu'il approchait du toit paternel; mais ce fut une bien autre consternation lorsqu'il trouva son père dans un des accès de mauvaise humeur des plus prononcés. Le plus beau de ses bœufs de travail était tombé malade en rentrant du pâturage, et le marquis, se promenant d'un air sombre dans la salle basse de son manoir, répétait d'une voix entrecoupée, en jetant des regards effarés sur son fils : « Des tranchées! des tranchées épouvantables!

— Hélas! mon père, êtes-vous malade? s'écria André, qui ne comprenait rien à son angoisse.

Le marquis haussa les épaules, et, lui tournant le dos, continua à marcher à grands pas.

André, n'osant renouveler sa question, resta fort troublé à sa place, suivant d'un œil timide tous les mouvements de son père, qu'il croyait atteint de vives souffrances.

Enfin le marquis, s'arrêtant tout à coup, lui dit d'une voix brusque :

« Quel a été l'effet de la thériaque? »

André, rassuré, et comprenant à demi, courut vers la porte en disant qu'il allait le demander.

« Non, non, j'irai bien moi-même, reprit vivement le marquis; restez ici, vous n'êtes bon à rien, vous. »

André attendit pendant une heure le retour de son père, espérant trouver un moment plus favorable pour lui présenter sa demande; mais il attendit vainement. Le marquis passa la moitié de la nuit dans l'étable avec ses laboureurs, frictionnant le triste *Vermeil* (c'était le nom de l'animal) et lui administrant toute sorte de potions. André se hasarda plusieurs fois de s'informer de la santé du malade, et, partant, de l'humeur de son père; mais lorsque le malade commença à se trouver mieux, le marquis accablé de fatigue et gardant sur ses traits l'empreinte des soucis de la journée, ne songea plus qu'à se reposer. Il rencontra André sous le péristyle de la maison, et lui dit avec la rudesse accoutumée de son affection :

« Pourquoi n'êtes-vous pas couché, *gringalet*? est-ce qu'on a besoin de vous ici? Allons vite, que tout le monde dorme; je tombe de sommeil. »

C'était peut-être la meilleure occasion possible pour obtenir le cheval et le char à bancs; mais André avait l'enfantillage de souffrir des mots grossiers ou communs que lui adressait souvent son père, et il prenait alors une sorte d'humeur qui le réduisait au silence. Il alla se coucher en proie aux plus vives agitations. Le lendemain devait être à ses yeux le jour le plus important de sa vie, et pourtant sans le cheval et le char à bancs tout était manqué, perdu sans retour. Il ne put dormir. Il fallait partir le lendemain avant le jour; comment oserait-il aller trouver son père au milieu de son sommeil, affronter ce réveil en sursaut, si fâcheux chez les hommes replets, s'exposer peut-être à un refus? Cette dernière pensée fit frémir André. « Ah! plutôt mourir victime de sa colère, s'écria-t-il, que de manquer à ma parole et perdre le bonheur de passer un jour auprès de Geneviève! »

Dès que trois heures sonnèrent il se rhabilla, et, prenant sa désobéissance furtive pour un acte de courage, il attela lui-même le gros cheval au char à bancs et partit sans bruit, grâce au fumier dont la basse-cour était garnie. Mais le plus difficile n'était pas fait; il fallait tourner autour du château et passer sous les fenêtres du marquis. Impossible d'éviter ce terrible défilé; le chemin était sec et le mur du château sonore; le char à bancs, rarement graissé, criait à chaque tour de roue d'une manière déplorable, et les larges sabots du gros cheval allaient avec maladresse sonner contre toutes les pierres du chemin. André était tremblant comme les feuilles du peuplier qu'agitait le vent du matin. Heureusement il faisait encore sombre; si son père, en proie à une de ces insomnies auxquelles sont sujets les propriétaires, était par hasard à sa fenêtre, il pourrait bien ne pas reconnaître son char à bancs; mais il avait l'oreille si fine, si exercée! il connaissait si bien l'allure de son cheval et le son de ses roues! André prit le parti de payer d'audace; il fouetta le cheval si vigoureusement qu'il en força le galop. C'était une allure inouïe pour le paisible animal, et M. Morand l'entendit passer sans rien soupçonner et sans quitter la douce chaleur de son lit.

Lorsque André fut à cinq cents pas du manoir, il osa se retourner, et, voyant derrière lui la route qui commençait à blanchir et qui était nue comme la main, il éprouva un bien-être inexprimable, et permit à son coursier de modérer son allure.

À sept heures du matin, le cheval avait eu le temps de se rafraîchir, et le char à bancs, avec André le fouet en main, était à la porte de madame Marteau; Joseph attelait sa carriole, et les voyageuses arrivaient une à une dans leur plus belle toilette des dimanches, mais les yeux encore un peu gros de sommeil. On perdit bien une heure en préparatifs inutiles. Enfin, Joseph régla l'ordre de la marche; il prétendit que la volonté de sa mère était de confier les demoiselles Marteau à André et à Geneviève, comme aux plus graves de la société. Quant à lui, il se chargeait d'Henriette et de ses ouvrières, et, pour prouver qu'on avait raison de le regarder comme un écervelé, il descendit au triple galop l'horrible pavé de la ville. Ses compagnes firent des cris perçants; tous les habitants mirent la tête à la fenêtre, et envièrent le plaisir de cette joyeuse partie.

André descendit la rue plus prudemment et savoura le petit orgueil d'exciter une grande surprise. « Quoi ! Geneviève ! disaient tous leurs regards étonnés. — Oui, Geneviève, avec M. Morand ! Ah ! mon Dieu ! et pourquoi donc ? et comment ? savez-vous depuis quand ? Juste ciel ! comment cela finira-t-il ? »

Geneviève, sous son voile de gaze blanche, s'aperçut aussi de tous ces commentaires; elle était trop fière pour s'en affliger; elle prit le parti de les dédaigner et de sourire.

Peu à peu André s'enhardit jusqu'à parler. Mademoiselle Marteau l'aînée était une bonne personne, assez laide, mais assez bien élevée, avec laquelle il aimait à causer. Peu à peu aussi Geneviève se mêla à la conversation, et ils étaient presque tous à l'aise en arrivant au Château-Fondu. Heureusement pour lui, André avait étudié avec assez de fruit les sciences naturelles, et il pouvait apprendre bien des choses à Geneviève. Elle l'écoutait avec avidité; c'était la première fois qu'elle rencontrait un jeune homme aussi distingué dans ses manières et riche d'une aussi bonne éducation. Elle ne songea donc pas un instant à s'éloigner de lui et à s'armer de cette réserve qu'elle conservait toujours avec Joseph. Il lui était bien facile de voir qu'il n'en avait pas besoin avec André, et qu'il ne s'écarterait pas un instant du respect le plus profond.

La matinée fut charmante : on cueillit des fleurs, on dansa au bord de l'eau, on mangea de la galette chaude dans une métairie; tout le monde fut gai, et mademoiselle Henriette fut enchantée de voir Geneviève aussi *bonne enfant.* Cependant, lorsque l'après-midi s'avança, Joseph fit observer que le besoin d'un repas plus solide se faisait sentir, qu'on avait assez admiré le Château-Fondu et qu'il était convenable de chercher un dîner et une autre promenade dans les environs. André tremblait en songeant au voisinage du château de son père et à l'orage qui l'y attendait, lorsque Joseph mit le comble à son angoisse en s'écriant : « Eh ! parbleu ! le château de notre ami André est à deux pas d'ici; le père Morand est le meilleur des hommes; c'est mon ami intime, il nous recevra à merveille. Allons lui demander un dindon rôti et du vin de sa cave. André, montre-nous le chemin, et passe devant nous pour nous faire les honneurs. »

André se crut perdu; mais comme tous les gens faibles, qui n'osent jamais s'arrêter et s'embarquent toujours dans de nouvelles difficultés, il se résigna à braver toutes les conséquences de sa destinée, et remonta en voiture avec Geneviève et ses compagnes.

Cependant, à mesure qu'il approchait des tourelles héréditaires, une sueur froide se répandait sur tous ses membres. Dans quelle colère il allait trouver le marquis ! car l'enlèvement du cheval et du char à bancs devait depuis plusieurs heures causer dans la maison un scandale épouvantable, et le marquis était incapable, pour quelque raison humaine que ce fût, de sacrifier aux convenances le besoin d'exhaler sa colère. Quel accueil que Geneviève, qu'il eût voulu recevoir à genoux dans sa demeure ! et quelle mortification pour lui d'être traité devant elle comme un écolier pris en fraude ! Il arrêta son cheval à deux portées de fusil de la maison et descendit; il s'approcha de la patache, pria Joseph de descendre aussi, et, l'emmenant à quelque distance, il lui confia son embarras. » Ouais ! dit Joseph, ce vieux renard est-il sournois à ce point ? lui qui fait semblant d'être si bon homme ! Mais ne crains rien; personne, fût-ce le diable, n'osera jamais regarder de travers celui qui s'appelle Joseph Marteau. Monte dans ma voiture et donne-moi le fouet

du char à bancs; je passe le premier et je prends tout sur moi. »

En effet, Joseph fouetta d'une main arrogante les flancs respectables du cheval du marquis, et il fit une entrée triomphale dans la cour du château. Le marquis était précisément à la porte de l'écurie. Depuis que l'événement terrible était découvert, le marquis n'avait pas quitté la place, il attendait son fils pour le recevoir à sa manière. De minute en minute sa fureur augmentait, et il se formait en lui un trésor d'injures qui devait mettre plus d'un jour à s'épuiser. Lorsque, au lieu de la timide figure d'André sur le siège de sa voiture, il vit la mine fière et décidée de Joseph, il recula de trois pas, et, avant qu'il eût articulé une parole, Joseph, lui sautant au cou, l'embrassa si fort qu'il faillit l'étouffer. « Vive Dieu ! s'écria le gai campagnard, que je suis heureux de revoir mon cher marquis ! il y a plus de six semaines que j'ai le projet de vous amener ma famille; mais les femmes sont si longues à se décider pour la moindre chose ! Enfin je n'ai pas voulu marier ma grande sœur sans vous la présenter : la voilà, cher marquis. Ah ! il y a longtemps qu'elle entend parler de vous et de votre beau château, et de votre grand jardin, et de vos étables, les mieux tenues du pays. Ma sœur est une bonne campagnarde qui s'entend à toutes ces choses-là; et puis voilà les petites, une, deux, trois : allons, mesdemoiselles, faites la révérence. Marie, essuie les pruneaux que tu as sur la joue et va embrasser monsieur le marquis. Ah ! c'est que c'est un fier papa que le marquis. Demande-lui des dragées, il en a toujours plein ses poches. Ah ! çà, cher voisin, vous voyez que j'avais une fière envie de venir vous voir; dès trois heures du matin j'étais dans la chambre d'André. C'était une partie arrangée depuis hier avec ces demoiselles. Elles en grillaient d'envie. Moi, qui sais que vous êtes le plus galant homme et l'homme le plus galant de France, je voulais vous les amener toutes; car en voilà encore cinq ou six qui ne sont pas mes sœurs, mais qui n'en valent pas moins, et qui voulaient à toute force voir votre propriété. C'est une si belle chose ! il n'est question que de ça dans le pays. Or, je suis venu ce matin pour vous demander votre voiture, votre cheval et votre fils. André m'a répondu que vous dormiez encore, que vous étiez fatigué de la veille. Je n'ai jamais voulu souffrir qu'on vous éveillât pour si peu de chose; je n'ai même voulu déranger personne; j'ai attelé moi-même le cheval et j'ai emmené votre fils malgré lui, car c'est un paresseux !... Et, à propos, comment se porte le bœuf malade ? Mieux ? Ah ! j'en suis charmé. Voilà donc comment j'ai enfin réussi à vous amener à dîner toutes ces petites alouettes. J'étais bien sûr que vous m'en remercieriez. Ce marquis est l'homme le plus aimable du département ! Allons, mesdemoiselles, n'ayez pas de honte, dites à monsieur le marquis comme vous aviez envie de venir le voir. »

Le marquis, tout étourdi d'un pareil discours et de l'apparition de toutes ces jeunes et jolies figures qui semblaient se multiplier par enchantement à chaque période de Joseph, ne put trouver de prétexte à son ressentiment. La demande inopinée d'un dîner ne le contraria pas trop. Il était honorable, et en effet il avait des prétentions à la galanterie. Il prit le parti d'offrir un bras à mademoiselle Marteau, et l'autre à Geneviève, qu'à sa jolie tournure il prit pour une personne de la meilleure société; et, priant poliment les autres de le suivre, il les conduisit à la salle à manger, où, en attendant le repas qu'il ordonna sur-le-champ, il leur fit servir des fruits et des rafraîchissements.

André, charmé de voir les choses s'arranger aussi bien, prit courage et fit lui-même les honneurs de la maison avec beaucoup de grâce. Son père le laissa faire, quoiqu'il jetât sur lui de temps en temps un regard de travers. Le hobereau n'était point avare et voulait bien offrir tout ce qu'il possédait; mais il voulait le faire lui-même et ne pouvait souffrir qu'un autre, fût-ce son propre fils, touchât une fleur sans sa permission.

André conduisit Geneviève à un petit jardin botanique qu'il cultivait dans un coin du grand verger de son père.

Geneviève prit tant d'intérêt à ces fleurs et aux explications d'André, qu'elle oublia tout le reste et s'aperçut en rougissant, lorsque la cloche du dîner sonna, qu'elle était seule avec lui, que le reste de la société était bien loin dans le fond du verger.

L'affabilité du marquis se soutint assez bien pendant tout le temps du dîner; même au dessert il s'égaya jusqu'à adresser quelques lourdes fadeurs aux beaux yeux d'Henriette et aux jolies petites mains blanches de Geneviève. Joseph était un convive excellent, un vigoureux buveur, capable de tenir tête à toute une noce depuis midi jusqu'à trois heures du matin, et jamais maussade après boire, point querelleur, point casseur d'écuelles, incapable de méconnaître ses amis dans l'ivresse. Il se conduisit si bien cette fois, et sans cesser d'être aux petits soins pour *les dames*, il fit si bien fête au petit vin de la côte Morand, que le marquis sortit de table la joue enluminée, l'œil brillant et la mâchoire lourde. Joseph croyait avoir triomphé de sa colère et s'applaudissait intérieurement de son habileté; mais André, qui connaissait mieux son père, augurait moins bien de cet état d'excitation. Il savait que jamais le marquis n'avait une clairvoyance plus implacable que dans ces moments-là. Il l'observait donc avec inquiétude et s'observait lui-même scrupuleusement, dans la crainte de dire un mot ou de faire un geste qui réveillât les souvenirs confus du cheval et du char à bancs enlevés.

Le marquis jusque-là ne comprenait pas trop clairement en quelle société Joseph et ses sœurs étaient venus le voir. La vérité est qu'il n'avait aucun préjugé, qu'il était poli et hospitalier envers tout le monde; mais il avait une aversion invincible pour les grisettes. Il fallait que ce sentiment eût acquis chez lui une grande violence; car il était combattu par une habitude de courtoisie envers le beau sexe et la prétention de n'être pas absolument étranger à l'art de plaire. Mais autant il aimait à accueillir gracieusement les personnes des deux sexes qui reconnaissaient humblement l'infériorité de leur rang, autant il haïssait dans le secret du cœur celles qui traitaient de pair à compagnon avec lui sans daigner lui tenir compte de son affabilité et de ses manières libérales. Il consentait à être le meilleur bourgeois du monde, pourvu qu'on n'oubliât point qu'il était marquis et qu'il ne voulait pas le paraître.

Les artisanes de L..., avec leur jactance, leurs priviléges et leur affectation de familiarité, étaient donc nécessairement des natures antipathiques à la sienne, et il est très-vrai qu'il les souffrait difficilement dans sa maison. Il ne pouvait supporter qu'elles s'arrogeassent le droit de s'asseoir à sa table sans son aveu, et il ne manquait pas, lorsque sa salle à manger était envahie par ces usurpateurs féminins, de leur céder la place et d'aller aux champs. Ce procédé lui avait aliéné la considération des grisettes les plus huppées, d'autant plus qu'elles voyaient fort bien l'adjoint de la commune, personnage revêtu d'une blouse et d'une paire de sabots, et même le garde champêtre, dignitaire plus modeste, encore admis à l'honneur de boire un verre de vin et de s'asseoir sur un escabeau lorsqu'ils apportaient des nouvelles à l'heure où le marquis finissait son souper. Cette préférence envers des paysans leur paraissait l'indice d'un caractère insolent et bas, tandis qu'elle était au contraire le résultat d'un orgueil très-bien raisonné.

Quoique Henriette et ses ouvrières eussent été fort bien traitées cette fois, il leur restait un vieux levain de ressentiment contre les manières habituelles du marquis envers leurs pareilles. La présence de mademoiselle Marteau, les manières douces d'André, le maintien grave et poli de Geneviève leur avaient un peu imposé pendant le dîner. Aussi en sortant de table, leur nature bruyante et indisciplinée reprenant le dessus, elles se répandirent dans le verger en caracolant comme des cavales débridées, et, sautant sur les plates-bandes, écrasant sans pitié les marguerites et les tomates, elles remplirent l'air de chants plus gais que mélodieux, et de rires qui sonnèrent mal à l'oreille du marquis. Celui-ci laissa André auprès de Geneviève et de mesdemoiselles Marteau, et, tandis que Jo-

seph prenait sa course de son côté pour aller embrasser mademoiselle Henriette à la faveur d'un jour consacré à la folie, il longea furtivement le mur où ses plus beaux espaliers étendaient leurs grands bras chargés de fruits sur un treillage vert-pomme, et monta la garde autour de ses pêches et de ses raisins. Henriette s'en aperçut, et, décidée à déployer ce grand caractère d'audace et de fierté dont elle tirait gloire, elle coupa le potager en droite ligne et vint à trente pas du marquis remplir lestement son tablier des plus beaux fruits de l'espalier. A son exemple, les grisettes s'élancèrent à la maraude et firent main-basse sur le reste. Ce qui acheva d'enflammer le marquis d'une juste colère, c'est qu'au lieu de détacher de l'arbre le fruit qu'elles voulaient emporter, elles tiraient obstinément la branche jusqu'à ce qu'elle cédât et leur restât à la main, toute chargée de fruits verts qu'elles jetaient avec dédain au milieu des allées après y avoir enfoncé les dents. Moyennant ce procédé aristocratique, au lieu d'une douzaine de pêches et d'autant de grappes de raisin qu'elles eussent pu enlever, elles trouvèrent moyen de mutiler tous les arbres fruitiers et de mettre en lambeaux ces belles treilles si bien suspendues, que le marquis lui-même avait courbées en berceaux et qui faisaient l'admiration de tous les connaisseurs.

Le marquis eut envie de prendre une des branches cassées dont elles jonchaient le sable, et de leur *courir sus* en les poursuivant comme des chèvres malfaisantes; mais il vit la grande taille de Joseph se dessiner auprès d'Henriette, et, quoique brave, il ne se soucia point d'engager avec lui une discussion qui pouvait devenir orageuse. D'ailleurs il aimait Joseph et voyait bien qu'il n'approuvait pas ce dégât. Il prit un parti plus sage et plus cruel: il alla droit à l'écurie, fit sortir son cheval, atteler le char à bancs et conduire l'un et l'autre à trois cents pas de la maison dans une grange dont il prit la clef dans sa poche; puis il revint d'un air calme et rentra dans le salon. Il n'y trouva personne; mais la Vengeance, qui le protégeait, lui fit apercevoir du premier coup d'œil quatre ou cinq grands bonnets de tulle et deux ou trois châles de Baréges étalés avec soin sur le canapé. Ces demoiselles avaient déposé là leurs atours pour courir plus à l'aise dans le jardin. Le marquis n'en fit ni une ni deux; il s'étendit tout de son long sur les rubans et sur les dentelles, et ne manqua pas d'allonger ses grosses guêtres crottées sur le fichu de crêpe rose de mademoiselle Henriette. Il attendit ainsi, dans un repos délicieux, que ces demoiselles eussent fini de dévaster son verger.

Quand elles rentrèrent, elles trouvèrent en effet le malicieux campagnard qui feignait de dormir en écrasant les précieux chiffons; elles le maudirent mille fois et prononcèrent, assez haut pour qu'il l'entendît, les mots de vieil ivrogne.

« Fort bien! disait Henriette d'un ton aigre, il faut de la dentelle à M. le marquis pour dormir en cuvant son vin!

— Ma foi! disait Joseph en se pinçant pour ne pas éclater de rire, je trouve la chose singulière et si drôle qu'il m'est impossible de m'en affliger. Vraiment! c'est dommage de réveiller ce bon marquis quand il dort si bien, l'aimable homme! »

En parlant ainsi, Joseph secouait doucement la main du marquis. Celui-ci feignit longtemps de ne pouvoir se réveiller. Enfin il se décida à quitter le canapé et à laisser les grisettes ramasser les débris de leur toilette; dans quel état, hélas!... Henriette écumait de rage. M. de Morand feignit de ne s'apercevoir de rien. Il prit le bras de Joseph et sortit sous prétexte de le mener à son pressoir. Mais sa véritable vengeance ne tarda pas à éclater. Le soleil était couché, on parla de retourner à la ville; la patache de Joseph se trouva prête devant la porte aussitôt qu'il l'eut demandé. « Prends mes sœurs et Geneviève, dit Joseph à André, et monte dans ma patache; je me charge des grisettes et du char à bancs. Va, pars tout de suite; car si tu restes là et que ton père ait de l'humeur, cela tombera sur toi, tandis qu'il n'osera pas me faire de difficultés. Va-t'en vite. »

André ne se le fit pas répéter; il offrit la main à ses compagnes de voyage, prit les rênes et disparut. Il était à cinq cents pas, que Joseph attendait encore le char à bancs sur le seuil de la maison. Il avait glissé quelque monnaie dans la main du garçon d'écurie en lui disant d'amener son équipage; mais l'équipage n'arrivait pas, le garçon d'écurie ne se montrait plus, et le marquis avait subitement disparu. Au bout d'un quart d'heure d'attente, Joseph prit le parti d'aller à l'écurie: elle était vide; il cherche le char à bancs sous le hangar: le hangar était désert; il appelle, personne ne répond. Il parcourt la ferme, et trouve enfin le garçon d'écurie qui semble accourir tout essoufflé et qui lui répond avec toute la sincérité apparente d'un paysan astucieux: « Hélas! mon bon monsieur, il n'y a ni char à bancs ni cheval; le métayer est parti avec pour la foire de Saint-Denis qui commence demain matin; il ne savait pas qu'on en aurait besoin au château. M. le marquis lui avait dit hier de les prendre s'il en avait besoin... Qu'est-ce qui savait? qu'est-ce qui pouvait prévoir...?

— Mille diables! s'écria Joseph, il est parti! et depuis quand? est-il bien loin?

— Oh! monsieur, dit le garçon en souriant d'un air piteux, il y a plus de deux heures! il doit être à présent auprès de L.... s'il ne l'a point dépassé.

— Eh bien! dit Joseph, c'est une histoire à mourir de rire! » Et il alla rejoindre les grisettes sans s'affliger autrement d'un événement qui devait les transporter de colère. Henriette jeta les hauts cris; elle refusa de croire au départ du métayer; elle maudit mille fois la malice du marquis; elle le chercha dans toute la maison pour lui faire des reproches, ou lui demander s'il n'avait pas un autre cheval et une autre voiture; le marquis fut introuvable. Le garçon d'écurie se lamenta d'un air désespérant sur ce fâcheux contre-temps. Enfin il fallut prendre un parti; le jour baissait de plus en plus, il fallut partir à pied et entreprendre, à l'entrée de la nuit, une promenade de trois lieues, par des chemins assez rudes et avec des bonnets et des fichus en marmelade. Les grisettes pleuraient, et Henriette en fureur faisait de durs reproches à Joseph sur son insouciance. Celui-ci se résigna de bonne grâce à lui offrir son bras jusqu'à la ville; elle refusa d'abord avec dépit, et l'accepta ensuite par lassitude. Elles s'en allèrent ainsi clopin-clopant, se heurtant les pieds contre les cailloux et détestant dans leur âme l'abominable marquis, auteur de leur désastre, tandis que celui-ci, enfermé dans sa chambre et plongé dans le duvet, fredonnait en s'endormant un vieil air, à la mode peut-être dans sa jeunesse: *Allez-vous-en, gens de la noce,* etc.

VII.

De leur côté, André et Geneviève et mesdemoiselles Marteau continuaient paisiblement leur route sans entendre les cris de détresse dont Joseph, à tout hasard, faisait retentir la plaine. Enfin une des petites filles ayant laissé tomber son sac, André arrêta le cheval et descendit pour chercher dans l'obscurité l'objet perdu. Pendant ce temps il lui sembla entendre mugir au loin une voix de stentor qui prononçait son nom. Il consulta ses compagnons, et Geneviève décida qu'il fallait retourner en arrière, parce qu'un accident était probablement arrivé aux voyageurs du char à bancs. André obéit, et, au bout de dix minutes, il rencontra les tristes piétons qui gagnaient le haut de la colline. Henriette voulut raconter la malheureuse aventure; mais, suffoquée par sa colère, elle s'arrêta pour respirer, et Joseph, profitant de l'occasion, se mit à raconter à sa manière. Il déclara que c'était un plaisant tour du marquis, et que ces demoiselles l'avaient bien mérité pour la manière dont elles s'étaient comportées dans le verger.

« C'est une infamie! s'écria Henriette; votre marquis est un vieil avare, un sournois et un ivrogne.

— Allons, allons, interrompit Joseph impatienté, vous oubliez que vous parlez devant son fils et qu'il est trop poli pour vous donner un démenti; mais, si vous étiez un homme, jarni Dieu!...

— Et c'est parce que M. André ne peut pas imposer silence à une femme, dit Geneviève assez vivement, que l'on ne doit pas abuser de sa politesse et lui faire entendre un langage qu'il ne peut supporter sans souffrir. Allons, Henriette, calme-toi, prends ma place dans la voiture; tâchez de vous y arranger toutes, et de prendre seulement le petit Marie sur vos genoux. Pour nous, qui avons fait la moitié de la route en voiture, nous ferons bien le reste à pied, n'est-ce pas, ma chère Justine? »

La chose fut bientôt convenue. Joseph voulut un instant faire les honneurs de sa voiture à André et achever la route à pied; mais il comprit bien vite qu'André aimait beaucoup mieux accompagner Geneviève, et il prit sa place dans la patache, qui continua le voyage au pas. André offrit son bras à Justine Marteau, afin d'avoir l'occasion d'offrir l'autre à Geneviève au bout de quelques minutes; mais à peine l'eut-elle accepté qu'André, qui se croyait fort en train de dire les choses les plus sensées du monde, ne trouva plus même à placer un mot insignifiant pour diminuer le malaise d'un silence qui dura près d'un quart d'heure sans aucune cause appréciable.

Ce fut mademoiselle Marteau qui le rompit la première, dès qu'elle eut fini de penser à autre chose; car elle était préoccupée, soit de la pensée de son trousseau, soit de celle de son fiancé. « Eh bien! dit-elle, qu'avons-nous donc tous les trois à regarder les étoiles?

— Je vous assure, répondit André, que je ne pensais pas aux étoiles, et que je les regardais encore moins. Et vous, mademoiselle Geneviève?

— Moi, je les regardais sans penser à rien, répondit-elle.

— Permettez-moi de ne pas vous croire, reprit André; je suis sûr, au contraire, que vous réfléchissez beaucoup et à propos de tout.

— Oh! oui, je réfléchis, répondit-elle; mais je n'en pense pas plus pour cela, car je ne sais rien, et quand j'ai bien rêvé, je n'en suis pas plus avancée.

— Cela est impossible. Quand vous regardez les étoiles, vous pensez à quelque chose.

— Je pense quelquefois à Dieu, qui a mis toutes ces lumières là-haut; mais comme on ne peut pas toujours penser à Dieu, il arrive que je continue à les regarder sans savoir pourquoi; et pourtant je reste des heures entières à ma fenêtre sans pouvoir m'en arracher. D'où cela vient-il? Sans doute les étoiles font cet effet-là à tout le monde: n'est-ce pas Justine?

— Je crois, dit Justine, que ton amie Henriette ne les regarde jamais. Pour moi, je suis comme toi, je ne peux pas m'en détacher les yeux; mais c'est que cela me fait penser à des milliers de choses.

— Oh! c'est que vous êtes savante, vous, Justine; vous êtes bien heureuse! Mais dites-moi donc à quoi les étoiles vous font penser? j'aurai peut-être les mêmes idées sans pouvoir m'en rendre compte.

— Mais, dit Justine, à quoi ne pense-t-on pas en regardant ces milliards de mondes, auprès desquels le nôtre n'est qu'une tache lumineuse de plus dans l'espace? »

Geneviève s'arrêta tout étonnée et regarda Justine, attendant avec impatience qu'elle s'expliquât davantage.

André s'était imaginé, en voyant le beau front de Geneviève plein d'intelligence, et en écoutant son langage toujours si raisonnable et si pur, qu'elle devait savoir toutes choses, et l'idée de sa propre infériorité l'avait rendu jusque-là timide et tremblant devant elle. Il fut donc surpris à son tour, et chercha dans les grands yeux de Geneviève la cause de cet étonnement naïf.

« Est-ce que tu ne sais pas, Justine, qui n'était pas fâchée de déployer son petit savoir, que toutes ces lumières, comme tu les appelles, sont autant de soleils et de mondes?

— Oh! j'ai entendu parler de cela à Paris par une de mes compagnes qui avait un livre... mais je prenais tout cela pour des rêves... et je ne peux pas croire encore... Dites-nous donc ce que vous en pensez, monsieur André. »

Cette interpellation fit sur André un effet singulier. Il venait d'être presque choqué de l'ignorance de Geneviève; il se sentit tout à coup comme attendri. Jusque-là son amour avait été dans sa tête; il lui sembla qu'il descendait dans son cœur. Il regarda Geneviève à la faible clarté du ciel étoilé : il distinguait à peine ses traits; mais une blancheur incomparable faisait ressortir sa figure ovale sous ses cheveux noirs, et une sérénité angélique semblait résider sur ce visage délicat et pâle. André fut si ému qu'il resta quelques instants sans pouvoir répondre. Enfin il lui dit d'une voix altérée : — « Oui, je crois que notre monde n'est qu'un lieu de passage et d'épreuve, et qu'il y a parmi tous ceux que vous voyez au ciel quelque monde meilleur où les âmes qui s'entendent peuvent se réunir et s'appartenir mutuellement. »

Geneviève s'arrêta encore et le regarda à son tour comme elle avait regardé Justine. Tout ce qu'on lui disait lui semblait obscur; elle en attendait l'explication.

« Croyez-vous donc, lui dit André, que tout s'achève ici-bas?

— Oh ! non, dit-elle, je crois en Dieu et en une autre vie.

— Eh bien ! ne pensez-vous pas que le paradis puisse être dans quelqu'une de ces belles étoiles?

— Mais je n'en sais rien. Vous-même, qu'en savez-vous?

— Oh ! rien. Je ne sais pas où Dieu a caché le bonheur qu'il fait espérer aux hommes. Croyez-vous, mesdemoiselles, qu'on puisse obtenir tout ce qu'on désire en cette vie?

— Mais non ! dit Justine; on peut désirer l'impossible. Le bonheur et la raison consistent à régler nos besoins et nos souhaits.

— Cela est très-bien dit, répondit André; mais pensez-vous qu'il existe trois personnes au monde qui puissent atteindre à la sagesse? Nous voici trois : répondez-vous de nous trois?

— Oh ! c'est tout au plus si je réponds de moi-même, dit Justine en riant; comment répondrais-je de vous? Cependant je répondrais de Geneviève, je crois qu'elle sera toujours calme et heureuse.

— Et vous, mademoiselle, dit André, en répondez-vous?

— Pourquoi pas? dit-elle avec une tranquillité naïve. Mais parlez-moi donc des étoiles, cela m'inquiète davantage. Pourquoi Justine dit-elle que ce sont des mondes et des soleils? »

André, heureux et fier, pour la première fois de sa vie, d'avoir quelque chose à enseigner, se mit à lui expliquer le système de l'univers, en ayant soin de simplifier toutes les démonstrations et de les rendre abordables à l'intelligence de son élève. Malgré la soumission attentive et la curiosité confiante de Geneviève, André fut frappé du bon sens et de la netteté de ses idées. Elle comprenait rapidement; il y avait des instants où André, transporté, lui croyait des facultés extraordinaires, et d'autres où il croyait parler à un enfant. Quand ils furent arrivés aux premières maisons de la ville, Henriette descendit de voiture et dit qu'elle se chargeait de reconduire Geneviève chez elle. André n'osa pas aller plus loin; il prit congé d'elle, et, se dérobant aux instances de Joseph, qui voulait l'emmener boire du punch, il reprit légèrement le chemin de son castel. Tout ce qu'il désirait désormais, c'était de se trouver seul et de n'être pas distrait de ses pensées. Elles se pressaient tellement dans son cerveau, qu'il s'assit bientôt sur le bord du chemin, et, posant son front dans ses mains, il resta ainsi jusqu'à ce que le froid de la nuit le saisit et l'avertit de reprendre sa marche.

VIII.

Le lendemain, lorsque André se retrouva seul dans son grand verger, il s'était passé bien des choses dans sa tête; mais il avait trouvé une solution à sa plus grande incertitude, et il éprouvait une joie et une impatience tumultueuses. Il s'était demandé bien des fois depuis douze heures si Geneviève était un ange du ciel exilé sur une terre ingrate et pauvre, ou si elle était simplement une grisette plus décente et plus jolie que les autres. Cependant il n'avait pu réprimer une émotion tendre et presque paternelle lorsqu'elle lui avait naïvement demandé de l'instruire. Cet aveu paisible de son ignorance, ce désir d'apprendre, cette facilité de compréhension, devaient lui gagner le cœur d'un homme simple et bon comme elle. Il y avait sous cette inculte végétation une terre riche et fertile, où la parole divine pourrait germer et fructifier. Une âme sympathique, une voix amie pouvait développer cette noble nature et la révéler à elle-même.

Telle fut la conclusion que tira André de toutes ces rêveries, et il se sentit transporté d'enthousiasme à l'idée de devenir le Prométhée de cette précieuse argile. Il bénit le ciel qui lui avait accordé les moyens de s'instruire. Il remercia dans son cœur son bon maître, M. Forez, qui lui avait ouvert le trésor de ses connaissances; et, dans son exaltation, peu s'en fallut qu'il n'allât aussi remercier son père, qui avait consenti à faire de lui autre chose qu'un paysan. Dans ses jours de spleen, il lui était arrivé souvent de maudire l'éducation, qui, en lui créant des besoins nouveaux, lui rendait sa condition réelle plus triste encore. Maintenant il demandait pardon à Dieu d'un tel blasphème. Il reconnaissait tous les avantages de l'étude, et se sentait maître du feu sacré qui devait embraser l'âme de Geneviève.

Mais toutes ces fumées de bonheur et de gloire se dissipèrent lorsqu'il songea à la difficulté de revoir prochainement Geneviève et à la possibilité effrayante de ne la revoir jamais. Il avait fait avec sa liberté de la veille mille romans délicieux en parcourant à pas lents les allées humides de la rosée du matin; mais, à force de se créer un bonheur imaginaire, le besoin de réaliser ses rêves devint un malaise et un tourment. Son cœur battait violemment et à chaque instant semblait s'élancer hors de son sein pour rejoindre l'objet aimé. Il s'étonna de ces agitations. Il n'avait pas prévu qu'arrivé le point l'amour devait devenir une souffrance de toutes les heures. Il avait cru au contraire que, du moment où il aurait retrouvé l'objet d'une si longue attente, sa vie s'écoulerait calme, pleine et délicieuse; qu'un jour de bonheur suffirait à ses rêveries et à ses souvenirs pendant un mois, et qu'il aurait autant de douceur à savourer le passé qu'à jouir du présent. Maintenant la veille lui semblait s'être envolée trop rapidement; il se reprochait de n'en avoir pas profité; il se rappelait cent circonstances où il aurait pu dire à propos un mot qui lui eût obtenu la bienveillance de Geneviève, et il éprouvait un regret mortel de sa timidité. Il brûlait de trouver l'occasion de la réparer; mais quand viendrait cette occasion? dans huit jours? dans quatre? un seul lui paraissait éternellement long, et l'ennui dévorait déjà sa vie.

La crainte de se montrer trop empressé et d'effaroucher l'austérité de Geneviève lui faisait seule renoncer aux mille projets romanesques qu'il enfantait presque malgré lui. Mais bientôt il était forcé de s'avouer que vivre sans la voir était impossible, et qu'il fallait sortir de son inaction ou devenir fou.

Il alla vers le soir à la ville. Il s'assit à l'écart sur un des bancs de la promenade, espérant qu'elle passerait peut-être; mais il vit défiler par groupes toutes les filles de la ville sans apercevoir le petit pied de Geneviève. Il se rappela qu'elle ne sortait jamais à ces heures-là. Il rôda autour de la maison Marteau sans oser y entrer; car il éprouvait une répugnance infinie à laisser deviner ce qui se passait en lui. À l'entrée de la nuit il vit sortir Henriette et ses ouvrières. Geneviève n'était point avec elles. S'il avait su où elle demeurait, il se serait glissé sous sa fenêtre : il l'eût peut-être aperçue; mais il ne le savait pas, et pour rien au monde il ne l'eût demandé à qui que ce fût.

Le lendemain il revint dans la journée; et, tâchant de prendre l'air le plus indifférent, il alla voir Joseph. Joseph ne fut pas dupe de ce maintien grave. « Voyons, lui dit-il, pourquoi ne parles-tu pas de la seule chose qui t'intéresse

H. DELAVILLE

Il faut de la dentelle à monsieur le marquis pour dormir en cuvant son vin ! (Page 53.)

maintenant ? Tu voudrais bien voir Geneviève, n'est-ce pas ? Ce n'est pas aisé. J'y pensais ce matin ; je cherchais un expédient pour avoir accès dans sa maison, et je n'en ai pas trouvé. Il faudra bien pourtant que nous en venions à bout. Henriette nous aidera. »

L'obligeance indiscrète de Joseph choqua cruellement son ami. Il se mit à rire d'un air sec et forcé en lui déclarant qu'il ne comprenait rien à cette plaisanterie et qu'il le priait de ne pas l'y mêler davantage.

« Ah ! tu fais le fier ! tu te méfies de moi ! dit Joseph un peu piqué. Eh bien ! comme tu voudras, mon cher ; tire-toi d'affaire tout seul, puisque tu n'as pas besoin d'aide. »

André s'affligea d'avoir offensé un ami si dévoué ; mais il lui fut impossible de revenir sur son refus et sur son désaveu. Il se retira assez triste. Le bon Joseph s'en aperçut ; et, pour lui prouver qu'il n'avait pas de rancune, il le reconduisit jusqu'au bout de l'avenue de peupliers qui termine la ville. Avant de sortir d'une petite rue tortueuse et déserte, il lui montra une vieille maison de briques, dont tous les pans étaient encadrés de bois grossièrement sculpté. Un toit en auvent s'étendait à l'en-

tour et ombrageait les étroites fenêtres. « Tiens, dit Joseph en lui montrant deux de ces fenêtres, éclairées par le soleil couchant et couvertes de pots de fleurs, c'est là que *Rose respire*. Monter l'escalier, ce n'est pas le plus difficile ; mais franchir le palier et passer la porte, c'est pire que d'entrer dans le jardin des Hespérides. »

André, troublé, s'efforça de prendre un air dégagé et de sourire.

« Aurais-je dit quelque sottise ? dit Joseph. Cela est possible. J'aime trop la mythologie. Je ne suis pas toujours heureux dans mes citations.

— Celle-là est fort bonne, au contraire, répondit André ; j'en ris parce qu'elle est plaisante, et que je ne me sens point le courage d'Alcide et de Jason. »

Quoi qu'il en soit, André était le lendemain sur l'escalier de la vieille maison rouge. Où allait-il ? il le savait à peine. Serait-il reçu ? il ne l'espérait pas. Il avait à la main un énorme bouquet des plus belles fleurs qu'il avait pu réunir : c'était toute sa recommandation. Il était tour à tour pâle comme ses narcisses et vermeil comme ses adonis. Il se soutenait à peine, et à la dernière marche il fut forcé de s'asseoir. C'était déjà beaucoup d'avoir pu

Le marquis de Morand.

arriver jusque-là sans attrouper toute la maison et sans causer un scandale qui eût indisposé Geneviève contre lui. Il avait passé adroitement le long de l'arrière-boutique du chapelier, qui occupait le rez-de-chaussée, sans être aperçu d'aucun des apprentis ; au premier étage, il avait évité un atelier de lingères dont la porte était ouverte et d'où partait le refrain de plusieurs romances très-aimées des grisettes de tous les pays, telles que :

> Bocage que l'aurore
> Embellit de ses feux, etc.

Ou bien :

> Il ne vient pas, où peut-il être, etc.

Ou bien encore :

> Fleuve du Tage, etc., etc.

André cacha son bouquet dans son chapeau , et, tournant le dos à la porte entr'ouverte, il franchit cet étage comme un éclair et ne s'arrêta qu'au troisième. Là , tout palpitant, se recommandant à Dieu, il s'approcha de la porte à trois reprises différentes et s'en éloigna aussitôt, incertain s'il ne laisserait pas son bouquet et ne s'enfuirait pas à toutes jambes. Enfin une quatrième résolution l'emporta. Il frappa bien doucement, et, près de s'évanouir, s'appuya contre le mur.

Cinq minutes d'un profond silence lui donnèrent le temps de se reconnaître. Il pensa que Geneviève était sortie, et il se réjouit presque d'échapper à la terrible émotion qu'il avait résolu de braver. Cependant le désir de la voir fut plus fort que sa poltronnerie, et il allait frapper de nouveau, lorsque ses yeux, accoutumés à l'obscurité de l'escalier, distinguèrent un petit carré de papier collé sur la porte. Il l'examina quelques instants et réussit à lire :

GENEVIÈVE, FLEURISTE ;

et un peu plus bas, en plus petits caractères : *Tournez le bouton, s'il vous plaît.*

André, transporté d'une joie étourdie, ouvrit la porte et entra dans une vieille salle proprement tenue, meublée de quatre chaises de paille, d'une petite provision de raisins suspendus au plafond, et d'une toile noire et usée, où l'on retrouvait quelques vestiges d'une figure de Vierge tenant un enfant Jésus dans ses bras. Une petite porte, sur laquelle était encore écrit le nom de Geneviève, était placée au bout de cette salle. Cette fois André sentit toutes ses terreurs se réveiller ; mais, après tout ce qu'il avait déjà osé, il n'était plus temps de renoncer lâchement à son entreprise : il frappa donc à cette dernière porte, qui s'ouvrit aussitôt, et Geneviève parut.

Elle devint toute rouge et le salua avec un embarras où André crut distinguer un peu de mécontentement. Il balbutia quelques mots ; mais il perdit tout à fait contenance en s'apercevant que Geneviève n'était pas seule. Madame Privat était debout auprès d'un carton de fleurs et se composait un bouquet de bal. Elle jeta sur André un regard de surprise et d'ironie : c'eût été une si bonne fortune pour elle de pouvoir publier une jolie médisance bien cruelle sur le compte de la vertueuse Geneviève ! Geneviève sentit le danger de sa position, et prenant aussitôt une assurance pleine de fierté ; « Entrez, dit-elle, monsieur le marquis, ayez la bonté de vous asseoir et d'attendre un instant. Vous voudrez bien me faire votre commande après que j'aurai servi madame. »

Et, se rapprochant de madame Privat, elle ouvrit tous ses cartons avec une dignité calme qui imposa un instant à la merveilleuse provinciale. Mais l'occasion était trop bonne pour y renoncer aisément. Après avoir choisi quelques boutons de rose mousseuse, madame Privat se retourna vers André, qu'elle déconcerta tout à fait avec son regard curieux et impertinent. « Vraiment, dit-elle en s'efforçant de prendre un ton enjoué, c'est la première fois que je vois un jeune homme venir commander des fleurs artificielles. Vous ne recevez pas souvent la visite de ces messieurs, n'est-ce pas, mademoiselle Geneviève ?

— Pardonnez-moi, madame, répondit froidement Geneviève, je reçois très-souvent des commandes de bouquets pour les mariages et pour les présents de noces, et ces messieurs m'apportent quelquefois les fleurs naturelles qu'ils veulent me faire imiter.

— Ah ! M. de Morand se marie ? » dit vivement madame Privat en fixant sur lui un regard scrutateur.

Son impertinence étonna tellement André, qu'il hésita un instant à répondre ; mais l'indignation l'emportant sur sa timidité naturelle, il répondit effrontément : « Non, madame, je m'occupe de botanique, et je désire avoir une collection de certaines fleurs que mademoiselle a le talent d'imiter parfaitement. C'est un herbier de nouvelle espèce auquel M. Forez, mon ancien précepteur, s'intéresse beaucoup. Quant au mariage, les pauvres maris sont tellement ridicules pour le moment dans ce pays-ci, que j'attendrai un temps plus favorable. »

Madame Privat se mordit la lèvre et sortit brusquement. La réponse d'André faisait allusion à une aventure récente de son ménage ; et, quoique André ne fût pas méchant, il n'avait pu résister au désir de lui fermer la bouche. Quand elle fut sortie, il regarda Geneviève en souriant, espérant que cet incident allait faire oublier l'audace de sa visite ; mais il trouva Geneviève froide et sévère. « Puis-je savoir, monsieur, lui dit-elle, ce qui me procure l'honneur de votre présence ?

André se troubla. « Je mérite que vous me receviez mal, répondit-il. J'ai été étourdi, imprudent, mademoiselle, et en m'imaginant que c'était une chose toute simple que de venir vous offrir ces fleurs. L'impertinente personne qui sort d'ici m'a fait sentir mon tort ; me le pardonnerez-vous ?

— Oui, monsieur, répondit Geneviève, s'il est vrai que vous n'en ayez pas prévu les suites, et si vous me promettez de ne pas m'y exposer une seconde fois.

— J'aimerais mieux renoncer au bonheur de vous revoir jamais que de vous causer une contrariété, répondit André ; et, laissant son bouquet sur la table, il se leva tristement pour se retirer ; mais une larme vint au bord de sa paupière, et Geneviève, qui s'en aperçut, se troubla à son tour.

— Au moins, lui dit-elle avec douceur, je ne vous chasse pas ; et puisque vous n'avez eu que de bonnes

intentions aujourd'hui, je vous remercie de votre bouquet. »

En même temps elle le prit et l'examina. André s'arrêta et resta debout et incertain.

« Il est bien joli, dit Geneviève. Comment appelez-vous ces fleurs roses si rondes et si petites ?

— Ce sont des hépatiques, répondit-il en se rapprochant ; voici des belles de nuit à odeur de vanille, de la giroflée-mahon blanche, et des mauves couleur de rose.

— Oh ! celles-là se fanent bien vite, dit Geneviève. Je vais les mettre dans l'eau. »

Elle délia le bouquet et le mit dans un vase plein d'eau fraîche, en arrangeant chaque fleur avec soin. Pendant ce temps, André examinait les cartons ouverts et admirait la perfection des ouvrages de Geneviève. Cependant il lui échappa une exclamation de blâme qui faillit faire tomber le vase des mains de la jeune fille.

« Qu'est-ce donc ? s'écria-t-elle.

— O ciel ! répondit André, des fuxias à calice vert ! Cela n'existe pas, c'est une invention gratuite.

— Hélas ! vous avez raison, dit Geneviève en rougissant, ce n'est pas ma faute. Une demoiselle de la ville, pour qui j'ai fait cette branche de fuxia, l'a voulue ainsi. En vain je lui ai montré l'original ; elle s'est obstinée à trouver ce bouquet trop rouge. — Feuilles, tiges, fleurs, tout, disait-elle, était de la même teinte. Elle m'a forcée d'ajouter ces feuilles, qui sont d'un ton faux, et de doubles calices...

— Qui sont d'une monstruosité épouvantable ! dit André avec chaleur. Quoi ! mutiler une si jolie plante, si gracieuse, si délicate !

— Il y a des gens de si mauvais goût ! reprit Geneviève ; tous les jours on me demande des choses extravagantes. J'avais fait des millepertuis de Chine assez jolis ; aussitôt toutes ces dames en ont demandé ; mais l'une les voulait bleus, l'autre rouges, selon la couleur de leurs rubans et de leurs robes. Que voulez-vous que devienne la vérité devant de pareilles considérations ? Je suis bien forcée, pour gagner ma vie, de céder à tous ces caprices ; aussi je ne fais que pour moi les fleurs dont je sois contente. Celles-là, je ne les vends pas : ce sont mes études et mes vrais plaisirs. Je vous les ferais voir si...

— Oh ! voyons-les, je vous en supplie, dit André ; montrez-moi ces trésors. »

Geneviève alla ouvrir une armoire réservée, et montra à son jeune pédant une collection de fleurs admirablement faites. « Voici du véritable fuxia, dit-elle en lui désignant avec orgueil une branche de cette jolie plante.

— Ceci est un chef-d'œuvre, dit André en la prenant avec précaution. Vous ne savez pas quelles immenses ressources vous offre votre talent. Un amateur paierait cette fleur un prix exorbitant. Cependant on pourrait y faire encore une légère critique : les fleurs sont trop régulièrement parfaites ; la nature est plus capricieuse, plus sans façon. Ainsi le calice du fuxia a souvent cinq pétales, et souvent trois, au lieu de quatre qu'il doit avoir. Les caryophyllées sont sujettes à ces erreurs continuelles et n'en sont que plus belles. Voyez ce violier jaune qui est sur votre fenêtre.

— Vous avez peut-être raison, dit Geneviève. Moi j'évitais cela dans la crainte de mal faire. Aimez-vous ces pois de senteur ?

— Il n'y manque que le parfum ; cependant voici un petit défaut : toutes les légumineuses ont dix étamines, mais neuf seulement sont réunies dans une sorte de gaîne ; la dixième est indépendante des autres, et vous n'avez pas observé cette particularité.

— Êtes-vous sûr de cela ?

— Il y a du genêt d'Espagne dans mon bouquet : déchirez-en une fleur.

— En vérité, vous avez raison ; mais vous êtes bien sévère. Tant mieux pourtant ; il y a beaucoup à profiter avec vous. Continuez donc à m'instruire, je vous en prie. »

André examina tous les cartons et trouva peu à critiquer, beaucoup à louer ; mais il ne négligea aucune occasion de relever les fautes légères de l'artiste, car il sentit que c'était le moyen de captiver l'attention et de rendre sa présence désirable.

« Puisqu'il en est ainsi, dit Geneviève quand il eut fini, je n'oserai plus achever une fleur nouvelle sans vous consulter ; car vous en savez plus que moi.

— Vous en sauriez bien vite autant si vous vouliez faire de votre art une étude un peu méthodique. Certainement, à force de recherches et d'observations, vous savez une infinité de choses que je ne saurai jamais ; mais l'ordre qu'on m'a fait mettre dans cette étude m'a appris des choses très-simples que vous ignorez. M. Forez avait pour cela une méthode admirable et d'une clarté parfaite.

— Et comment faire pour savoir ? dit Geneviève.

— Laissez-moi vous apporter mes cahiers et mon herbier ; avec une heure d'application par jour, vous en saurez dans un mois plus que M. Forez lui-même.

— Oh ! que je le voudrais ! dit Geneviève ; mais cela est impossible. Orpheline et seule comme je suis, je ne puis recevoir vos visites sans m'exposer aux plus méchants propos.

— N'êtes-vous pas au-dessus de ces puériles attaques ? dit André. A quoi vous a servi toute une vie de retraite et de prudence, si vous êtes aussi vulnérable que la plus étourdie de vos compagnes, et si, au premier acte d'indépendance que votre raison voudra tenter, l'opinion ne vous tient aucun compte d'une sagesse que vous avez si bien prouvée ?

— L'opinion ! l'opinion ! dit Geneviève en rougissant. Ce n'est pas que je la respecte, je sais ce qu'elle vaut, dans ce pays du moins ; mais je la crains. Je n'ai pas de famille, personne pour me protéger ; la méchanceté peut me prendre à partie, comme elle a fait tant de fois pour de pauvres filles qui avaient bien peu de torts à se reprocher. Elle peut me rendre bien malheureuse...

— Oui, si vous manquez de caractère ; mais si vous avez le juste orgueil de la vertu, si vous êtes pénétrée de votre propre dignité... ·

— Ne dites pas cela, on me reproche déjà d'être trop fière.

— Si j'avais le droit de vous faire un reproche, ce ne serait pas celui-là...

— Et lequel donc ? dit Geneviève vivement ; puis elle s'arrêta tout à coup, et André lut sur son visage qu'elle était fâchée d'avoir laissé échapper cette question, et qu'elle craignait une réponse trop significative.

— Je n'ai pas ce droit, répondit-il tristement, et je ne me flatte pas de l'avoir jamais. Vous craignez le blâme ; quelle raison assez forte auriez-vous pour le braver ? Ne faites pas attention à ce que je vous ai dit. Je déraisonne souvent.

— Cet aveu n'est pas rassurant, dit Geneviève en s'efforçant de sourire, pour quelqu'un qui comptait vous demander souvent des conseils.

— Sur la botanique ? reprit André. Je vous enverrai mes cahiers. Si quelque passage vous embarrasse, veuillez faire un signe sur la marge et me le renvoyer ; je demanderai une explication détaillée à M. Forez et le prierai de la rédiger lui-même. Je vous la ferai parvenir par mademoiselle Marteau, ou par mademoiselle Henriette, ou par telle autre personne que vous me désignerez. De cette manière, il me sera impossible de vous compromettre, et je ne serai pour personne un sujet de trouble et de scandale. »

Geneviève fut affligée de l'entendre s'exprimer d'un ton froid et blessé. Sa douceur et sa sensibilité naturelles parlèrent plus vite que sa raison.

« J'aimerais mieux, dit-elle, recevoir ces explications de vous directement : je comprendrais plus vite et je pourrais vous remercier moi-même de votre complaisance. Je ne sais pas comment il me deviendra possible de recevoir vos avis ; mais j'en chercherai le moyen... S'il me faut y renoncer, croyez que j'en aurai du regret, et que je conserverai de la reconnaissance pour vous. »

Elle s'arrêta toute troublée, et André se sentit si ému qu'il craignit de se mettre à pleurer devant elle. C'est pourquoi il se retira précipitamment, en faisant de profonds saluts et en attachant sur elle des regards pleins de douleur et de tendresse.

Quand il fut sorti, Geneviève se laissa tomber sur une chaise, mit les deux mains sur son cœur et le sentit battre avec violence. Alors, épouvantée de ce qu'elle éprouvait et n'osant s'interroger elle-même, elle se jeta à genoux, et demanda au ciel de lui laisser le calme dont elle avait joui jusqu'alors.

Elle fut presque malade le reste de la journée, et ne toucha pas au frugal dîner qu'elle avait préparé elle-même comme à l'ordinaire. Vers le soir, elle s'enveloppa de son petit châle et alla se promener derrière la ville, dans un lieu solitaire où elle était sûre de pouvoir rêver en liberté. Quand la nuit vint, elle s'assit sur une éminence plantée de néfliers, et elle contempla le lever de ces astres dont André lui avait expliqué la marche. Peu à peu ses idées prirent un cours extraordinaire, et les connaissances nouvelles que la conversation d'André lui avait révélées portèrent son esprit vers des pensées plus vagues, mais plus élevées. Lorsqu'elle revint sur elle-même, elle s'étonna de trouver à ses agitations de la journée moins d'importance qu'elle ne l'avait craint d'abord. Elle ressentait déjà l'effet de ces contemplations où l'âme semble sortir de sa prison terrestre et s'envoler vers des régions plus pures ; mais elle ne se rendait raison d'aucune de ces impressions nouvelles, et marchait dans ce pays inconnu avec la surprise et le doute d'un enfant qui lit pour la première fois un conte de fées.

Geneviève n'était point romanesque ; elle n'avait jamais désiré d'aimer ou d'être aimée. Elle ne pensait aux passions qu'avec crainte, et s'était promis de s'y soustraire à la faveur d'une vie solitaire et laborieuse. Naturellement aimante et bonne, elle commençait à pressentir l'amour d'André pour elle. Elle n'eût pas osé se l'expliquer à elle-même ; mais elle avait compris instinctivement ses tourments, ses craintes et son chagrin de la matinée. Elle en avait été émue sans savoir pourquoi, et elle lui avait parlé avec une bienveillance qui ne cachait pas un sentiment plus vif. Geneviève n'avait pas d'amour, et quand elle chercha consciencieusement la cause de son trouble, elle reconnut en elle-même le regret d'avoir commis une imprudence. « Qu'avais-je donc ce matin, en effet ? se demanda-t-elle, et pourquoi me suis-je laissé émouvoir si vite par les idées et les discours de ce jeune homme ? pourquoi l'ai-je tant remercié ? Qu'a-t-il fait pour moi ? Il m'a expliqué des choses bien intéressantes, il est vrai ; mais il l'a fait pour soutenir la conversation ou pour le plaisir de voir mon étonnement. Et puis il m'a apporté un bouquet que j'aurais pu cueillir moi-même dans les prés, et fait une visite dont, grâce à madame Privat, toute la ville jase déjà. Pourquoi m'a-t-il fait cette visite ? si c'était par amitié, il aurait dû prévoir à quels dangers il m'exposait. Et moi qui l'ai si bien senti tout de suite, d'où vient que, sur deux ou trois grandes paroles qu'il m'a dites, j'ai presque promis de braver, pour le voir, les railleries des méchants et des sots ? Ah ! je suis une folle. Je désire m'élever au-dessus de ma fortune et de mon état : qu'y gagnerai-je ? Quand j'aurai appris tout ce que mes compagnes ignorent, en serai-je plus heureuse ?...·. Hélas ! il me semble que oui ; mais c'est peut-être un conseil de l'orgueil. Déjà j'étais prête à sacrifier ma réputation au plaisir d'apprendre la botanique et de causer avec un jeune homme savant. Mon Dieu, mon Dieu, défendez-moi de ces idées-là, et apprenez-moi à me contenter de ce que vous m'avez donné. »

Geneviève rentra plus calme et résolue à ne plus revoir André. Elle se tint parole ; car elle reçut les cahiers et les herbiers par Henriette, et ne les ouvrit pas, dans la crainte d'y trouver trop de tentations. Elle s'habitua en peu de jours à penser à lui sans trouble et sans émotion. Une quinzaine s'écoula sans qu'elle sortît de sa retraite et sans qu'elle entendît parler du désolé jeune homme, qui passait une partie des nuits à pleurer sous ses fenêtres.

IX.

Mais la Providence voulait consoler André, et le hasard peut-être voulait faire échouer les résolutions de Geneviève. Un matin elle se laissa tenter par le lever du soleil et par le chant des alouettes, et alla chercher des iris-dans les Prés-Girault; elle ne savait pas qu'André l'y avait vue un certain jour qui avait marqué dans sa vie comme une solennité et qui avait décidé de tout son avenir. Elle se flattait d'avoir trouvé là un refuge contre tous les regards, un asile contre toutes les poursuites. Elle y arriva joyeuse et s'assit au bord de l'eau en chantant. Mais aussitôt des pas firent crier le sable derrière elle. Elle se retourna et vit André.

Un cri lui échappa, un cri imprudent qui l'eût perdue si André eût été un homme plus habile. Mais le bon et crédule enfant n'y vit rien que de désobligeant, et lui dit d'un air abattu : « Ne craignez rien, mademoiselle ; si ma présence vous importune, je me retire. Croyez que le hasard seul m'a conduit ici ; je n'avais pas l'espoir de vous y rencontrer, et je n'aurai pas l'audace de déranger votre promenade. »

La pâleur d'André, son air triste et doux, son regard plein de reproche et pourtant de résignation, produisirent un effet magnétique sur Geneviève, « Non, monsieur, lui dit-elle, vous ne me dérangez pas, et je suis bien aise de trouver l'occasion de vous remercier de vos cahiers... Ils m'intéressent beaucoup, et tous les jours... » Geneviève se troubla et ne put achever, car elle mentait et s'en faisait un grave reproche. André, un peu rassuré, lui fit quelques questions sur ses lectures. Elle les éluda en lui demandant le nom d'une fleurette bleue qui croissait comme un tapis étendu sur l'eau. « C'est, répondit André, le bécabunga, qu'il faut se garder de confondre avec le cresson, quoiqu'il croisse pêle-mêle avec lui. » En parlant ainsi, il se mit dans l'eau jusqu'à mi-jambes pour cueillir la fleur que Geneviève avait regardée ; il s'y fût mis jusqu'au cou si elle avait eu envie de la feuille sèche qu'emportait le courant un peu plus loin. Il parlait si bien sur la botanique qu'elle ne put s'y résister. Au bout d'un quart d'heure ils étaient assis tous deux sur le gazon. André jonchait le tablier de Geneviève de fleurs effeuillées dont il lui démontrait l'organisation. Elle l'écoutait en fixant sur lui ses grands yeux attentifs et mélancoliques. André était parfois comme fasciné et perdait tout à fait le fil de son discours.. Alors il se sauvait par une digression sur quelque autre partie des sciences naturelles, et Geneviève, toujours avide de s'élancer dans les régions inconnues, le questionnait avec vivacité. André voulut, pour lui rendre ses dissertations plus claires, remonter au principe des choses, lui expliquer la forme de la terre, la différence des climats, l'influence de l'atmosphère sur la végétation, les diverses régions où les végétaux peuvent vivre, depuis le pin des sommets glacés du Nord jusqu'au bananier des Indes brûlantes. Mais ce cours de géographie botanique effrayait l'imagination de Geneviève.

« Oh ! mon Dieu ! s'écria-t-elle à plusieurs reprises, la terre est donc bien grande ?

— Voulez-vous en prendre une idée ? lui dit André ; je vous apporterai demain un atlas ; vous apprendrez la géographie et la botanique en même temps.

— Oui, oui, je le veux ! » dit vivement Geneviève ; et puis elle songea à ses résolutions, hésita, voulut se rétracter et céda encore, moitié au chagrin d'André, moitié à l'envie de voir s'entr'ouvrir les feuillets mystérieux du livre de la science.

Elle revint donc le lendemain, non sans avoir livré un rude combat à sa conscience ; mais cette fois la leçon fut si intéressante ! Le dessin de ces mers qui enveloppent la terre, le cours de ces fleuves immenses, la hauteur de ces plateaux d'où les eaux s'épanchent dans les plaines, la configuration de ces terres échancrées, entassées, disjointes, rattachées par des isthmes, séparées par des dé-

troits ; ces grands lacs, ces forêts incultes, ces terres nouvelles aperçues par des voyageurs, perdues pendant des siècles et soudainement retrouvées, toute cette magie de l'immensité jeta Geneviève dans une autre existence. Elle revint aux Prés-Girault tous les jours suivants, et souvent le soleil commençait à baisser quand elle songeait à s'arracher à l'attrait de l'étude. André goûtait un bonheur ineffable à réaliser son rêve et à verser dans cette âme intelligente les trésors que la sienne recélés jusque-là sans en connaître le prix. Son amour croissait de jour en jour avec les facultés de Geneviève. Il était fier de l'élever jusqu'à lui et d'être à la fois le créateur et l'amant de son Ève.

Leurs matinées étaient délicieuses. Libres et seuls dans une prairie charmante, tantôt ils causaient, assis sous les saules de la rivière ; tantôt ils se promenaient le long des sentiers bordés d'aubépines. Tout en devisant sur les mondes inconnus, ils regardaient de temps en temps autour d'eux, et, se regardant aussi l'un à l'autre, ils s'éveillaient des magnifiques voyages de leur imagination pour se retrouver dans une oasis paisible, au milieu des fleurs, et le bras enlacé l'un à l'autre. Quand la matinée était un peu avancée, André tirait de sa gibecière un pain blanc et des fruits, ou bien il allait acheter une jatte de crème dans quelque chaumière des environs, et il déjeunait sur l'herbe avec Geneviève. Cette vie pastorale établit promptement entre eux une intimité fraternelle, et leurs plus beaux jours s'écoulèrent sans que le mot d'amour fût prononcé entre eux et sans que Geneviève songeât que ce sentiment pouvait entrer dans son cœur avec l'amitié.

Mais les pluies du mois de mai, toujours abondantes dans ce pays-là, vinrent suspendre leurs rendez-vous innocents.

Une semaine s'écoula sans que Geneviève pût hasarder sa mince chaussure dans les prés humides. André n'y put tenir. Il arriva un matin chez elle avec ses livres. Elle voulut le renvoyer. Il pleura ; et, refermant son atlas, il allait sortir. Geneviève l'arrêta ; et, heureuse de le consoler, heureuse en même temps de ne pas voir enlever ce cher atlas de sa chambre, elle lui donna une chaise auprès d'elle et reprit les leçons du Pré-Girault. Le jeune professeur, à mesure qu'il se voyait compris, se livrait à son exaltation naturelle et devenait éloquent.

Pendant deux mois il vint tous les jours passer plusieurs heures avec son écolière. Elle travaillait tandis qu'il parlait, et de temps en temps elle laissait tomber sur la table une tulipe ou une renoncule à demi faite pour suivre de l'œil les démonstrations que son maître traçait sur le papier ; elle l'interrompait aussi de temps en temp pour lui demander son avis sur la découpure d'une feuille ou sur l'attitude d'une tige. Mais l'intérêt qu'elle mettait à écouter les autres leçons l'emportant de beaucoup sur celui-là, elle négligea un peu son art, contenta moins ses pratiques par son exactitude, et vit le nombre des acheteuses diminuer autour de ses cartons. Elle était lancée sur une mer enchantée et ne s'apercevait pas des dangers de la route. Chaque jour elle trouvait, dans le développement de son esprit, une jouissance enthousiaste qui transformait entièrement son caractère et devant laquelle sa prudence timide s'était envolée, comme les terreurs de l'enfance devant la lumière de la raison. Cependant elle devait être bientôt forcée de voir les écueils au milieu desquels elle s'était engagée.

Mademoiselle Marteau se maria, et le surlendemain de ses noces, lorsque les voisins et les parents furent rentrés chez eux satisfaits et malades, elle invita ses amies d'enfance à venir dîner sur l'herbe, à une métairie qui lui avait servi de dot, et qui était située auprès de la ville. Ces jeunes personnes faisaient toutes partie de la meilleure bourgeoisie de la province ; néanmoins Geneviève y fut invitée. Ce n'était pas la première fois que ses manières distinguées et sa conduite irréprochable lui valaient cette préférence. Déjà plusieurs familles honorables l'avaient appelée à leurs réunions intimes, non pas, comme ses compagnes, à titre d'ouvrière en journée, mais en raison de l'estime et de l'affection qu'elle inspirait. Toute la sévère étiquette derrière laquelle se retranche la société bourgeoise aux jours de gala, pour se venger des mesquineries forcées de sa vie ordinaire, s'était depuis longtemps effacée devant le mérite incontesté de la jeune fleuriste : elle n'était regardée précisément ni comme une demoiselle ni comme une ouvrière, le nom intact et pur de Geneviève répondait à toute objection à cet égard. Geneviève n'appartenait à aucune classe et avait accès dans toutes.

Mais cette gloire acquise au prix de toute une vie de vertu, cette position brillante où jamais aucune fille de condition n'avait osé aspirer, Geneviève l'avait perdue à son insu; elle était devenue savante, mais elle ignorait encore à quel prix.

Justine Marteau, aimable et bonne fille, étrangère aux caquets de la ville, lui fit le même accueil qu'à l'ordinaire; mais les autres jeunes personnes, au lieu de l'entourer, comme elles faisaient toujours, pour l'accabler de questions sur la mode nouvelle et de demandes pour leur toilette, laissèrent un grand espace entre elles et la place où Geneviève s'était assise. Elle ne s'en aperçut pas d'abord; mais le soin que prit Justine de venir se placer auprès d'elle lui fit remarquer l'abandon des autres et l'espèce de mépris qu'elles affectaient de lui témoigner. Geneviève était d'une nature si peu violente qu'elle n'éprouva d'abord que de l'étonnement; aucun sentiment d'indignation ni même de douleur ne s'éveilla en elle. Mais lorsque le repas fut fini, plusieurs demoiselles, qui semblaient n'attendre que le moment de fuir une si mauvaise compagnie, demandèrent leurs bonnes et se retirèrent; les autres se divisèrent par groupes et se dispersèrent dans le jardin, en évitant avec soin d'approcher de la réprouvée. En vain Justine s'efforça d'en rallier quelques-unes : elles s'enfuirent ou se tinrent un instant près d'elle dans une attitude si altière et avec un silence si glacial que Geneviève comprit son arrêt. Pour éviter d'affliger la bonne Justine, elle feignit de ne pas s'en affecter elle-même et se retira sous prétexte d'un travail qu'elle avait à terminer. A peine était-elle seule et commençait-elle à réfléchir à sa situation, qu'elle entendit frapper à sa porte, et qu'elle vit entrer Henriette avec un visage composé et une espèce de toilette qui annonçait une intention cérémonieuse et solennelle dans sa visite. Geneviève était fort pâle, et même l'émotion qu'elle venait d'éprouver lui causait des suffocations : elle fut très-contrariée de ne pouvoir être seule, et, de son côté, elle se composa un visage aussi calme que possible; mais Henriette était résolue à ne tenir aucun compte de ses efforts, et, après l'avoir embrassée avec une affectation de tendresse inusitée, elle la regarda en face d'un air triste, en lui disant :

« Eh bien?

— Eh bien, quoi? dit Geneviève, à qui la fierté donna la force de sourire.

— Te voilà revenue? reprit Henriette du même ton de condoléance.

— Revenue de quoi? que veux-tu dire?

— On dit qu'elles se sont conduites indignement..... Ah! c'est une horreur! Mais, va, sois tranquille, nous te vengerons; nous savons aussi bien des choses que nous dirons, et les plus bégueules auront leur paquet.

— Doucement! doucement! dit Geneviève; je ne te demande vengeance contre personne et je ne me crois pas offensée.

— Ah! dit Henriette avec un mouvement de satisfaction méchante que son amitié pour Geneviève ne put lui faire réprimer, c'est bien inutile de m'en faire un secret; je sais tout ce qui s'est passé; il y a assez longtemps que j'entends comploter l'affront qui t'a été fait. Ces belles demoiselles ne cherchaient qu'une occasion, et tu as été audevant de leur méchanceté avec bien de la complaisance. Voilà ce que c'est, Geneviève, de vouloir sortir de son état! Si tu n'avais jamais fréquenté que tes pareilles, cela ne te serait pas arrivé. Non, non, ce n'est pas parmi nous que tu aurais été insultée; car nous savons toutes ce que c'est que d'avoir une faiblesse, et nous sommes indulgentes les unes pour les autres. Le grand crime en effet que d'avoir un amant! Et toutes ces princesses-là ont bien deux ou

trois! Nous leur dirons leur fait. Laisse-les faire, nous aurons notre tour. »

Geneviève se sentit si offensée de ces consolations, qu'elle faillit se trouver mal. Elle s'assit toute tremblante, et ses lèvres devinrent aussi pâles que ses joues.

« Il ne faut pas te désoler, ma pauvre enfant, lui dit Henriette avec toute la sincérité de son indiscrète amitié; le mal n'est pas sans remède; le mariage arrange tout, et tu vaux ce petit marquis. Seulement, ma chère, il faudrait de la prudence; tu en avais tant autrefois! Comment as-tu fait pour la perdre si vite?

— Laissez-moi, Henriette, dit Geneviève en lui serrant la main. Je crois que vous avez de bonnes intentions; mais vous me faites beaucoup de mal. Nous reparlerons de tout ceci; mais pour le moment je serais bien aise de me mettre au lit. Je suis un peu malade.

— Eh bien! eh bien! je vais t'aider. Comment! je te quitterais dans un pareil moment! Non pas, certes! Va, Geneviève, tu apprendras à connaître tes vraies amies; tu as trop compté sur les demoiselles à grande éducation. Les livres ne rendent pas meilleur, sois-en sûre. On n'apprend pas à avoir bon cœur, cela vient tout seul; et il n'y a pas besoin d'avoir étudié pour valoir quelque chose. Veux-tu que je bassine ton lit? quelle tisane veux-tu boire?

— Rien, rien, Henriette; tu es une bonne fille, mais je ne veux rien.

— Il faut cependant te soigner! Veux-tu te laisser *surmonter* par le chagrin? Pauvre Geneviève! elles ont donc été bien insolentes, ces bégueules? Qu'est-ce qu'on t'a dit? Raconte-moi tout; cela te soulagera.

— Je n'ai vraiment rien à raconter; on ne m'a rien dit de désobligeant, et je ne me plains de personne.

— En ce cas, tu es bien bonne, Geneviève, ou tu ne te doutes guère du mal qu'on te fait. Si tu savais comme on te déchire! quelle haine on a pour toi!

— De la haine! de la haine contre moi? Et pourquoi, au nom du ciel?

— Parce qu'on est enchanté de trouver l'occasion de te rabaisser. Tu excitais tant de jalousie dans le temps où on disait : *Geneviève première et dernière. Geneviève sans reproche. Geneviève sans pareille!* Ah! que d'ennemies tu avais déjà! mais elles n'osaient rien dire : qu'auraient-elles dit? Aujourd'hui elles ont leur revanche : Geneviève par-ci, Geneviève par-là! Il n'y a pas de filles perdues qu'on n'excuse pour avoir le plaisir de te mettre au-dessous d'elles. Ah! cela devait arriver : tu étais montée si haut! A présent on ne te laisse pas descendre à moitié; on te roule en bas sous les pieds. Et pourquoi? tu es peut-être aussi sage que par le passé; mais on ne veut plus le croire; on est si content d'avoir une raison à donner! C'est une infamie, la manière dont on te traite. Les hommes sont peut-être encore plus déchaînés contre toi que les femmes. C'est incroyable! Ordinairement les hommes nous défendent un peu pourtant; eh bien! ils sont tous tes ennemis; ils disent que c'est pas la peine de faire tant la dédaigneuse pour écouter ce petit monsieur parce qu'il est noble et qu'il parle latin. J'ai beau leur dire qu'il te fait la cour dans de bonnes intentions, qu'il t'épousera. Ah! bah! ils secouent la tête en disant que les marquis n'épousent pas les grisettes. — Car, après tout, disent-ils, Geneviève la savante est une grisette comme les autres. Son père était ménétrier, et sa mère faisait des gants; sa tante allait chez les bourgeois raccommoder les vieilles dentelles, et sa belle-sœur est encore repasseuse de fin à la journée.

— Tout cela n'est pas bien méchant, dit Geneviève; je ne vois pas en quoi j'en puis être blessée. Après tout, qu'importe à ces messieurs que je sois marquise ou que je reste Geneviève la fleuriste? Si les visites de M. de Morand me font du tort, qui donc a le droit de s'en plaindre? Quel motif de ressentiment peut-on avoir contre moi? A qui ai-je jamais fait du mal?

— Ah! ma pauvre Geneviève! c'est bien à cause de cela; c'est qu'on sait que tu es bonne et qu'on ne te craint pas. On n'oserait pas m'insulter comme on t'a insultée aujourd'hui; on sait bien que j'ai bec et ongles pour me défendre, et on ne se risquerait pas à jeter de trop grosses pierres dans mon jardin, tandis qu'on en jette dans tes fenêtres et qu'un de ces jours on te lapidera dans les rues. Pauvre agneau sans mère, toi qui vis toute seule dans un petit coin sans menacer et sans supplier personne, on aura beau jeu avec toi !

— Ma chère amie, je vois que vous vous affectez du mal qu'on essaie de me faire. Vous êtes bien bonne pour moi ; mais vous l'auriez été encore davantage si vous ne m'aviez pas appris toutes ces mauvaises nouvelles... Je ne les aurais peut-être jamais sues...

— Tu te serais donc bouché les oreilles ? car tu n'aurais pas pu traverser la rue sans entendre dire du mal de toi ; et quand même tu aurais été sourde, cela ne t'aurait servi à rien ; il aurait fallu être aveugle aussi pour ne pas voir un rire malhonnête sur toutes les figures. Ah ! Geneviève ! tu ne sais pas ce que c'est que la calomnie. Je l'ai appris plusieurs fois à mes dépens !... et je te plains, ma petite !... Mais j'ai su prendre le dessus et forcer les mauvaises langues à se taire.

— En parlant plus haut qu'elles, n'est-ce pas ? dit Geneviève en souriant.

— Oui, oui, en parlant tout haut et en jouant jeu sur table, répondit Henriette un peu piquée. Tu aurais été plus sage si tu avais fait comme moi, ma chère.

— Et qu'appelles-tu jouer jeu sur table ?

— Agir hardiment et sans mystère, se servir de sa liberté et narguer ceux qui le trouvent mauvais, avoir des *sentiments* pour quelqu'un et n'en pas rougir ; car, après tout, n'avons-nous pas le droit d'accepter un galant en attendant un mari ?

— Eh bien, ma chère, dit Geneviève un peu sèchement, en supposant que je me sois servi de ce droit réservé aux grisettes et que j'aie eu des *sentiments* qu'on m'attribue, pourquoi donc ma conduite cause-t-elle tant de scandale ?

— Ah ! c'est que tu n'y as pas mis de franchise ; tu as eu peur, tu t'es cachée, et l'on fait sur ton compte des suppositions qu'on ne fait pas sur le nôtre.

— Et pourquoi ? s'écria Geneviève, irritée enfin ; de quoi me suis-je cachée ? de qui pense-t-on que j'aie peur ?

— Ah ! voilà, voilà ton orgueil ! c'est cela qui te perdra, Geneviève. Tu veux trop te distinguer. Pourquoi n'as-tu pas fait comme les autres ? pourquoi, du moment que tu as accepté les hommages de ce jeune homme, ne t'es-tu pas montrée avec lui au bal et à la promenade ? pourquoi ne t'a-t-il pas donné le bras dans les rues ? pourquoi n'as-tu pas confié à tes amies, à moi, par exemple, qu'il te faisait la cour ? Nous aurions su à quoi nous en tenir ; et, quand on serait venu nous dire : « Geneviève a donc un amoureux ? » nous aurions répondu : « Certainement ! pourquoi Geneviève n'aurait-elle pas un amoureux ? Croyez-vous qu'elle ait fait un vœu ? Êtes-vous son héritier ? Qu'avez-vous à dire ? » Et l'on n'aurait rien dit, parce que, après tout, cela aurait été tout simple. Au lieu de cela, tu as agi sournoisement, tu as voulu conserver ta grande réputation de vertu et en même temps écouter les douceurs d'un homme, tu as gardé ton petit secret fièrement, tu as accordé des rendez-vous aux Prés-Girault. Tu as beau rougir, pardine ! tout le monde le sait, va ! Ce grand flandrin de bourrelier qui demeure en face, et qui ne fait pas d'autre métier que de boire et de bavarder, t'a suivie un beau matin. Il a vu M. André de Morand qui t'attendait au bord de la rivière et qui est venu t'offrir son bras, que tu as accepté tout de suite. Le lendemain et tous les jours de la semaine le bourrelier t'a vue sortir à la même heure et rentrer tard dans le jour. Il n'était pas bien difficile de deviner où tu allais ; toute la ville l'a su au bout de deux jours. Alors on a dit : « Voyez-vous cette petite effrontée qui veut se faire passer pour une sainte, qui fait semblant de ne pas oser regarder un homme en face, et qui court les champs avec un marjolet ! C'est une hypocrite, une prude : il faut la démasquer. » Et puis on a vu M. André se glisser par les petites rues et venir de ce côté-ci. Il est vrai que, pour n'être pas trop remarqué, il sautait le fossé du potager de madame Gaudon et arrivait à ta porte par le derrière de la ville. Mais vraiment cela était bien malin ! Je l'ai vu plus de dix fois sauter ce fossé, et je savais bien qu'il n'allait pas faire la cour à madame Gaudon, qui a quatre-vingt-dix ans. Cela me fendait le cœur. Je disais à ces demoiselles : « Geneviève ne ferait-elle pas mieux de venir avec nous au bal et de danser toute une nuit avec M. André que de le faire entrer chez elle par-dessus les fossés ? »

— Je vous remercie de cette remarque, Henriette ; mais n'auriez-vous pas pu la garder pour vous seule ou me l'adresser à moi-même, au lieu d'en faire part à quatre petites filles ?

— Crois-tu que j'eusse quelque chose à leur apprendre sur ton compte ? Allons donc ! quand il n'est question que de toi dans tout le département depuis deux mois ! Mais je vois que tout cela te fâche, nous en reparlerons une autre fois. Tu es malade, mets-toi au lit.

— Non, dit Geneviève, je me sens mieux, et je vais me mettre à travailler. Je te remercie de ton zèle, Henriette. Je crois que tu as fait pour moi ce que tu as pu. Dorénavant ne t'en inquiète plus. Je ne m'exposerai plus à être insultée ; et, en vivant libre et tranquille chez moi, il me sera fort indifférent qu'on s'occupe au dehors de ce qui s'y passe.

— Tu as tort, Geneviève, tu as tort, je t'assure, de prendre la chose comme tu fais. Je t'en prie, écoute un bon conseil...

— Oui, ma chère, un autre jour, » dit Geneviève en l'embrassant d'un air un peu impérieux, pour lui faire comprendre qu'elle eût à se retirer. Henriette le comprit en effet et se retira assez piquée. Elle avait trop bon cœur pour renoncer à défendre ardemment Geneviève en toute rencontre ; mais elle était femme et grisette. Elle avait été souvent, comme elle le disait elle-même, *victime de la calomnie*, et elle ne se méfiait pas assez d'un certain plaisir involontaire en voyant Geneviève, dont la gloire l'avait si longtemps éclipsée, tomber dans la même disgrâce aux yeux du public.

Geneviève, restée seule, s'aperçut que la franchise d'Henriette lui avait fait du bien. En élargissant la blessure de son orgueil, les reproches et les consolations de la couturière lui avaient inspiré un profond dédain pour les basses attaques dont elle était l'objet. Deux mois auparavant, Geneviève, heureuse surtout d'être ignorée et oubliée, n'eût pas aussi courageusement méprisé la sotte colère de ces oisifs. Mais depuis qu'une rapide éducation avait retrempé son esprit, elle sentait de jour en jour grandir sa force et sa fierté. Peut-être se glissait-il secrètement un peu de vanité dans la comparaison qu'elle faisait entre elle et toutes ces mesquines jalousies de province, où les plus importants étaient les plus sots, et où elle ne trouvait à aucun étage un esprit à la hauteur du sien. Mais ce sentiment involontaire de sa supériorité était bien pardonnable au milieu de l'effervescence d'un cerveau subitement éclairé du jour étincelant de la science. Geneviève gravissait si vite des hauteurs inaccessibles aux autres, qu'elle avait le vertige et ne voyait plus très-clairement ce qui se passait au-dessous d'elle.

Elle se persuada que les clameurs d'une populace d'idiots ne monteraient pas jusqu'à elle, et qu'elle était invulnérable à de pareilles atteintes. Elle aurait eu raison s'il y avait au ciel ou sur la terre une puissance équitable occupée de la défense des justes et de la répression des impudents ; mais elle se trompait, car les justes sont faibles et les impudents sont en nombre. Elle s'assit tranquillement auprès de la fenêtre et se mit à travailler. Le soleil couchant envoyait de si vives lueurs dans sa chambre, que tout prenait une couleur de pourpre, et les murailles blanches de son modeste atelier, et sa robe de guingan, et les pâles feuilles de rose que ses petites mains étaient en train de découper. Cette riche lumière eut une influence soudaine sur ses idées. Geneviève avait toujours eu un vague sentiment de la poésie ; mais elle n'avait jamais aussi nettement aperçu le rapport qui unit les impressions de l'esprit et les beautés extérieures de la nature. Cette puissance se révéla soudainement à elle en cet instant. Une émotion délicieuse, une joie inconnue, succédèrent à ses ennuis. Tout en travaillant avec ardeur, elle s'éleva au-dessus d'elle-même et de toutes les choses réelles qui l'entouraient, pour vouer un culte enthousiaste au nouveau Dieu du nouvel univers déroulé devant elle, et tout en s'unissant à ce Dieu dans un transport poétique, ses mains créèrent la fleur la plus parfaite qui fût jamais éclose dans son atelier.

Quand le soleil se fut caché derrière les toits de briques et les massifs de noyers qui encadraient l'horizon, Geneviève posa son ouvrage et resta longtemps à contempler les tons orangés du ciel et les lignes d'or pâle qui le traversaient. Elle sentit ses yeux humides et sa tête brûlante. Quand elle quitta sa chaise, elle éprouva de vives douleurs dans tous les membres et quelques frissons nerveux. Geneviève était d'une complexion extrêmement délicate : les émotions de la journée, la surprise, la colère, la fierté, l'enthousiasme, en se succédant avec rapidité, l'avaient brisée de fatigue. Elle s'aperçut qu'elle avait réellement la fièvre, et se mit au lit. Alors elle tomba dans les rêveries vagues d'un demi-sommeil et perdit tout à fait le sentiment de la réalité.

X.

Henriette, en quittant Geneviève, était allée, pour calmer son petit ressentiment, écouter un sermon du vicaire. Ce vicaire avait beaucoup de réputation dans le pays, et passait pour un jeune Bourdaloue, quoique le moindre vieux curé de hameau prêchât beaucoup plus sensément dans son langage rustique. Mais, heureusement pour sa gloire, le vicaire de L... avait fait divorce avec le naturel et la simplicité. Son accent théâtral, son débit ronflant, ses comparaisons ampoulées, et surtout la sûreté de sa mémoire, lui avaient valu un succès incontesté, non-seulement parmi les dévotes, mais encore parmi les femmes érudites de l'endroit. Quant aux auditeurs des basses classes, ils ne comprenaient absolument rien à son éloquence, mais ils admiraient sur la foi d'autrui.

Ce jour-là le prédicateur, faute de sujet, prêcha sur la charité. Ce n'était pas un bon jour, il y avait peu de beau monde. Il y eut peu de métaphores, l'amplification fut négligée ; le sermon fut donc un peu plus intelligible que de coutume, et Henriette saisit quelques lieux communs qui furent débités d'ailleurs avec aplomb, d'une voix sonore, et sans le moindre *lapsus linguæ*. On sait qu'en province le *lapsus linguæ* est l'écueil des orateurs, et qu'il leur importe peu de manquer absolument d'idées, pourvu que les mots abondent toujours et se succèdent sans hésitation.

Henriette fut donc émue et entraînée, d'autant plus que le sujet du sermon s'appliquait précisément à la situation de son cœur. Ce cœur n'avait rien de méchant, et donnait de continuels démentis à un caractère arrogant et jaloux. La pensée de Geneviève malheureuse et méconnue le remplit de regrets et de remords. Le sermon terminé, Henriette résolut d'aller trouver son amie, et de réparer, autant qu'il serait en elle, le chagrin que ses consolations, moitié affectueuses, moitié amères, avaient dû lui causer.

Elle prit à peine le temps de souper et courut chez la jeune fleuriste. Elle frappa, on ne lui répondit pas. La clef avait été retirée ; elle crut que Geneviève était sortie ; mais au moment de s'en aller une autre idée lui vint : elle pensa que Geneviève était enfermée avec son amant, et elle regarda à travers la serrure.

Mais elle ne vit qu'une chandelle qui achevait de se consumer dans l'âtre de la cheminée, et le profond silence qui régnait dans l'appartement lui fit pressentir la réalité. Elle poussa donc la porte avec une force un peu mâle, et la serrure, faible et usée, céda bientôt. Elle trouva Geneviève assez malade pour avoir à peine la force de lui répondre ; et tandis qu'elle se rendormait avec l'apathie que donne la fièvre, la bonne couturière se hâta d'aller chercher des couvertures dans son propre lit pour l'envelopper. Ensuite elle alluma du feu, fit bouillir des herbes, acheta du sucre avec l'argent gagné dans sa jour-

née, et, s'installant auprès de son amie, lui prépara des tisanes de sa composition, auxquelles elle attribuait un pouvoir infaillible.

La nuit était tout à fait venue, et le coucou de la maison sonnait neuf heures, lorsque Henriette entendit ouvrir la première porte de l'appartement de Geneviève. La pénétration naturelle à son sexe lui fit deviner la personne qui s'approchait, et elle courut à sa rencontre dans la grande salle vide qui servait d'antichambre à l'atelier de la fleuriste.

Le lecteur n'est sans doute pas moins pénétrant qu'Henriette, et comprend fort bien qu'André, n'ayant pas vu Geneviève de la journée, et rôdant depuis deux heures sous sa fenêtre sans qu'elle s'en aperçût, ne pouvait se décider à retourner chez lui sans avoir au moins échangé un mot avec elle. Quoique l'heure fût indue pour se présenter chez une grisette sage, il monta, et il s'approchait presque aussi tremblant que le jour où il avait frappé pour la première fois à sa porte.

Il fut contrarié de rencontrer Henriette ; mais il espéra qu'elle se retirerait, et il la saluait en silence, lorsqu'elle le prit presque au collet, et, l'entraînant au bout de la chambre, « Il faut que je vous parle, monsieur André, dit-elle vivement ; asseyons-nous. »

André céda tout interdit, et Henriette parla ainsi :

« D'abord il faut vous dire que Geneviève est malade, bien malade. »

André devint pâle comme la mort.

« Oh ! cependant ne soyez pas effrayé, reprit Henriette, je suis là ; j'aurai soin d'elle ; je ne la quitterai pas d'une minute ; elle ne manquera de rien.

— Je le crois, ma chère demoiselle, dit André, éperdu ; mais ne pourrais-je savoir... quelle est donc sa maladie ? depuis quand ?... Je vais...

— Non pas, non pas, dit Henriette en le retenant ; elle dort dans ce moment-ci, et vous ne la verrez pas avant de m'avoir entendue. Ce sont des choses d'importance que j'ai à vous dire, monsieur André, il faut y faire attention.

— Au nom du ciel ! parlez, mademoiselle, s'écria André.

— Eh bien ! reprit Henriette d'un ton solennel, il faut que vous sachiez que Geneviève est perdue.

— Perdue ! juste ciel ! elle se meurt !... »

André s'était levé brusquement, il retomba anéanti sur sa chaise.

« Non, non, vous vous trompez, dit Henriette en le secouant, elle ne meurt pas ; c'est sa réputation qui est morte, monsieur, et c'est vous qui l'avez tuée !

— Mademoiselle, dit André vivement, que voulez-vous dire ? Est-ce une méchante plaisanterie ?

— Non, monsieur, répondit Henriette en prenant son air majestueux ; je ne plaisante pas. Vous faites la cour à Geneviève, et elle vous écoute. Ne dites pas non ; tout le monde le sait, et Geneviève en est convenue avec moi aujourd'hui. »

André, confondu, garda le silence.

« Eh bien ! reprit Henriette avec chaleur, croyez-vous ne pas faire tort à une fille en venant tous les jours chez elle, en lui donnant des rendez-vous dans les prés ? Vous *droguez* jour et nuit autour de sa maison, soit pour entrer, soit pour vous donner l'air d'être reçu à toutes les heures.

— Qui a dit cette impertinence ? s'écria André ; qui a inventé cette fausseté ?

— C'est moi qui ai dit cette impertinence, répondit Henriette intrépidement, et je n'invente aucune fausseté. Je vous ai vu vingt fois traverser le jardin d'en face, et je sais que tous les jours vous passez deux ou trois heures dans la chambre de Geneviève.

— Eh bien ! que vous importe ? s'écria André, chez qui la timidité était souvent vaincue par une humeur irritable. De quel droit vous mêlez-vous de ce qui se passe entre Geneviève et moi ? Êtes-vous la mère ou la tutrice de l'un de nous ?

— Non, dit Henriette en élevant la voix ; mais je suis l'amie de Geneviève, et je vous parle en son nom.

Libres et seuls dans une prairie charmante. (Page 60.)

—En son nom ? dit André, effrayé de l'emportement qu'il venait de montrer.

— Et au nom de son honneur, qui est perdu, je vous dis.

— Et vous avez tort d'oser le dire, repartit André en colère, car c'est un mensonge infâme. »

Henriette, en colère à son tour, frappa du pied.

« Comment ! s'écria-t-elle, vous avez *le front* de dire que vous ne lui faites pas la cour, quand cette pauvre enfant est diffamée et montrée au doigt dans toute la ville, quand les demoiselles de la première société refusent de dîner sur l'herbe avec elle et lui tournent le dos dès qu'elle ouvre la bouche ; quand tous les garçons crient qu'il faut l'insulter en public, qu'elle le mérite pour avoir trompé tout le monde et pour avoir méprisé ses égaux !

— Qu'ils y viennent ! s'écria André transporté de colère.

— Ils y viendront, et vous aurez beau monter la garde et en assommer une douzaine, Geneviève l'aura entendu, tout le monde autour d'elle l'aura répété ; la blessure sera sans remède : elle aura reçu le coup de la mort.

— Mon Dieu ! mon Dieu ! s'écria André en joignant les mains, que je suis malheureux ! Quoi ! Geneviève est désolée à ce point ! sa vie est en danger peut-être , et j'en suis la cause !

— Vous devez en avoir du regret, dit Henriette.

— Ah ! si tout mon sang pouvait racheter sa vie ! si le sacrifice de toutes mes espérances pouvait assurer son repos !...

— Eh bien ! eh bien ! dit Henriette d'un air profondément ému, si cela est vrai, de quoi vous affligez-vous ? qu'y a-t-il de désespéré ?

— Mais que faire ? dit André avec angoisse.

— Comment ! vous le demandez ? Aimez-vous Geneviève ?

— Peut-on en douter ? Je l'aime plus que ma vie !

— Êtes-vous un homme d'honneur ?

— Pourquoi cette question , mademoiselle ?

— Parce que si vous aimiez Geneviève, et si vous étiez un honnête homme , vous l'épouseriez. »

André, éperdu, fit une grande exclamation et regarda Henriette d'un air effaré.

« Eh bien ! s'écria-t-elle, voilà votre reponse ? C'est

Qu'est-ce donc? dit Geneviève embarassée ; de quoi me demandez-vous pardon,
monsieur le marquis ? (Page 66.)

celle de tous les hommes. Monstres que vous êtes ! que
Dieu vous confonde !

— Ma réponse ! dit André lui prenant la main avec
force ; ai-je répondu? puis-je répondre? Geneviève con-
sentirait-elle jamais à m'épouser ?

— Comment ! dit Henriette avec un éclat de rire, si
elle consentirait ! une fille dans sa position, et qui sans
cela serait forcée de quitter le pays !

— Oh ! non, jamais, si cela dépend de moi ! s'écria
André, éperdu de terreur et de joie. L'épouser, moi ! elle
consentirait à m'épouser !

— Ah ! vous êtes un bon enfant, s'écria Henriette se
jetant à son cou., transportée de joie et d'orgueil en
voyant le succès de son entreprise. Ah çà ! mon bon
monsieur André, votre père donnera-t-il son consentement ? »

André pâlit et recula d'épouvante au seul nom de son
père. Il resta silencieux et atterré jusqu'à ce qu'Henriette renouvela sa question ; alors il répondit *non* d'un
air sombre, et ils se regardèrent tous deux avec consternation , ne trouvant plus un mot à dire pour se rassurer
mutuellement.

Enfin Henriette , ayant réfléchi , lui demanda quel âge
il avait.

« Vingt-cinq ans , répondit-il.

— Eh bien ! vous êtes majeur; vous pouvez vous passer
de son consentement.

— Vous avez raison, dit-il , enchanté de cet expédient,
je m'en passerai ; j'épouserai Geneviève sans qu'il le
sache.

— Oh ! dit Henriette en secouant la tête, il faut pourtant bien qu'il vous donne le moyen de payer vos habits
de noces... Mais, j'y pense, n'avez-vous pas l'héritage de
votre mère ?

— Sans doute, répondit-il, frappé d'admiration ; j'ai
droit à soixante mille francs.

— Diable ! s'écria Henriette, c'est une fortune. O ma
bonne Geneviève ! ô mon cher André ! comme vous allez
être heureux ! et comme je serai contente d'avoir arrangé
votre mariage.

— Excellente fille ! s'écria André à son tour, sans vous
je ne me serais jamais avisé de tout cela et je n'aurais
jamais osé espérer un pareil sort. Mais êtes-vous sûre que
Geneviève ne refusera pas ?

— Que vous êtes fou ! Est-ce possible, quand elle est malade de chagrin ? Ah ! cette nouvelle-là va lui rendre a vie !

— Je crois rêver, dit André en baisant les mains d'Henriette ; oh ! je ne pouvais pas me le persuader ; j'aurais trop craint de me tromper. Et pourtant elle m'écoutait avec tant de bonté ! elle prenait ses leçons avec tant d'ardeur ! O Geneviève ! que ton silence et le calme de tes grands yeux m'ont donné de craintes et d'espérances ! Fou et malheureux que j'étais ! je n'osais pas me jeter à ses pieds et lui demander son cœur : le croiriez-vous, Henriette ? depuis un an je meurs d'amour pour elle, et je ne savais pas encore si j'étais aimé ! C'est vous que me l'apprenez, bonne Henriette ! Ah ! dites-le-moi, dites-le-moi encore !

— Belle question ! dit Henriette en riant ; après qu'une fille a sacrifié sa réputation à monsieur, il demande si on l'aime ! Vous êtes trop modeste, ma foi ! et à la place de Geneviève... car vous êtes tout à fait gentil avec votre air tendre... Mais chut !... la voilà qui s'éveille... Attendez-moi là.

— Eh ! pourquoi n'irais-je pas avec vous ? je suis un peu médecin, moi ; je saurai ce qu'elle a ; car je suis horriblement inquiet...

— Ma foi ! écoutez, dit Henriette, j'ai envie de vous laisser ensemble : elle n'a pas d'autre mal que le chagrin ; quand vous lui aurez dit que vous voulez l'épouser, elle sera guérie. Je crois que cette parole-là vaudra mieux que toutes mes tisanes... Allez, allez, dépêchez-vous de la rassurer... Je m'en vais... je reviendrai savoir le résultat de la conversation.

— Oh ! pour Dieu, ne me laissez pas ainsi, dit André effrayé ; je n'oserai jamais me présenter devant elle maintenant et lui dire ce qui m'amène, si vous ne l'avertissez pas un peu.

— Comme vous êtes timide ! dit Henriette étonnée : vraiment voilà des amoureux bien avancés, et c'est bien la peine de dire tant de mal de vous deux ! Les pauvres enfants ! Allons, je vais toujours voir comment va la malade. »

Henriette entra dans la chambre de son amie ; André resta seul dans l'obscurité ; le cœur bondissant de trouble et de joie.

XI.

La maladie de Geneviève n'était pas sérieuse ; une irritation momentanée lui avait causé un assez violent accès de fièvre, mais déjà son sang était calmé, sa tête libre, et il ne lui restait de cette crise qu'une grande fatigue et un peu de faiblesse dans la mémoire.

Elle s'étonna de voir Henriette la soulever dans ses bras, l'accabler de questions et lui présenter son infaillible tisane. Sa surprise augmenta lorsque Henriette, toujours disposée à l'amplification, lui parla de sa maladie, du danger qu'elle avait couru. « Eh ! mon Dieu, dit la jeune fille, depuis quand donc suis-je ainsi ?

— Depuis trois heures au moins, répondit Henriette.

— Ah ! oui ! reprit Geneviève en souriant ; mais rassure-toi, je ne suis pas encore perdue ; j'ai la tête un peu lourde, l'estomac un peu faible, et voilà tout. Je crois que si je pouvais avoir un bouillon, je serais tout à fait sauvée.

— J'ai un bouillon tout prêt sur le feu ; le voici, dit Henriette en s'empressant autour du lit de Geneviève avec la satisfaction d'une personne contente d'elle-même. Mais j'ai quelque chose de mieux que cela ; c'est une grande nouvelle à t'annoncer.

— Ah ! merci, ma chère enfant, donne-moi ce bouillon, mais garde ta grande nouvelle, j'en ai assez pour aujourd'hui : tout ce qui peut se passer dans cette jolie ville m'est indifférent ; je ne veux que tes soins et ton amitié. Pas de nouvelle, je t'en prie.

— Tu es ingrate, Geneviève ! si tu savais de quoi il s'agit !... Mais je ne veux pas te désobéir, puisque tu me

défends de parler. Je suppose aussi que tu aimeras mieux entendre cela de sa bouche que de la mienne.

— De sa bouche ? dit Geneviève en levant vers elle sa jolie tête pâle coiffée d'un bonnet de mousseline blanche ; de qui parles-tu ? est-tu folle ce soir ? C'est toi qui as la fièvre, ma chère fille.

— Oh ! tu fais semblant de ne pas me comprendre, répondit Henriette ; cependant, quand je parle de lui, tu sais bien que ce n'est pas d'un autre. Allons, apprends la vérité : il attend que tu veuilles le recevoir ; il est là.

— Comment, il est là ! Qui est là, chez moi, à cette heure-ci ?

— M. André de Morand ; est-ce que tu as oublié son nom pendant ta maladie ?

— Henriette, Henriette ! dit tristement Geneviève, je ne vous comprends pas ; vous êtes en même temps bonne et méchante : pourquoi cherchez-vous à me tourmenter ? Vous me trompez ; M. de Morand ne vient jamais chez moi le soir, il n'est pas ici.

— Il est ici, dans la chambre à côté. Je te le jure sur l'honneur, Geneviève.

— En ce cas, dis-lui, je t'en prie, que je suis malade et que j'aurai le plaisir de le voir un autre jour.

— Oh ! cela est impossible ; il a quelque chose de trop important à te dire ; il faut qu'il te parle tout de suite, et tu en seras bien aise. Je vais le faire entrer.

— Non, Henriette. Je ne le veux pas. Ne voyez-vous pas que je suis couchée, et trouvez-vous qu'il soit convenable à une fille de recevoir ainsi la visite d'un homme ? Il est impossible que M. de Morand ait quelque chose de si pressé à me dire.

— Cela est certain pourtant. Si tu le renvoies, il sera désespéré, et toi-même tu t'en repentiras.

— Cette journée est un rêve, dit Geneviève d'un ton mélancolique, et je dois me résigner à tomber de surprise en surprise. Reste près de moi, Henriette ; je vais m'habiller et recevoir M. de Morand.

— Tu es trop faible pour cela, ma chère : quand on est malade, on peut bien causer en bonnet de nuit avec son futur mari ; vas-tu faire la prude ?

— Je consens à passer pour une prude, dit Geneviève avec fermeté ; mais je veux me lever. »

En peu d'instants elle fut habillée et passa dans son atelier. Henriette la fit asseoir sur le seul fauteuil qui décorât ce modeste appartement, l'enveloppa de son propre manteau, lui mit un tabouret sous les pieds, l'embrassa et appela André.

Geneviève ne comprenait rien à ses manières étranges et à ses affectations de solennité. Elle fut encore plus surprise lorsque André entra d'un air timide et irrésolu, la regarda tendrement sans rien dire, et, poussé par Henriette, finit par tomber à genoux devant elle.

« Qu'est-ce donc ? dit Geneviève embarrassée ; de quoi me demandez-vous pardon, monsieur le marquis ? Vous n'avez aucun tort envers moi.

— Je suis le plus coupable des hommes, répondit André en tâchant de prendre sa main qu'elle retira doucement, et le plus malheureux, ajouta-t-il, si vous me refusez la permission de réparer mes crimes.

— Quels crimes avez-vous commis ? dit Geneviève avec une douceur un peu froide. Henriette, je crains bien que vous n'ayez fait ici quelque folie et importuné M. de Morand des ridicules histoires de ce matin ; s'il en est ainsi...

— N'accusez pas Henriette, interrompit André : c'est notre meilleure amie ; elle m'a averti de ce que j'aurais dû prévoir et empêcher ; elle m'a appris les calomnies dont vous étiez l'objet, grâce à mon imprudence ; elle m'a dit le chagrin auquel vous étiez livrée.

— Elle a menti, dit Geneviève avec un rire forcé ; je n'ai aucun chagrin, monsieur André, et je ne pense pas que dans tout ceci il y ait le moindre sujet d'affliction pour vous et pour moi.

— Ne l'écoutez pas, dit Henriette ; voilà comme elle est, orgueilleuse au point de mourir de chagrin plutôt que d'en convenir ! Au reste, je vois que c'est ma présence qui la rend si froide avec vous ; je m'en vais faire un tour, je reviendrai dans une heure, et j'espère qu'elle sera plus gentille avec moi. Au revoir, Geneviève la princesse. Tu es une méchante ; tu méconnais tes amis. »

Elle sortit en faisant des signes d'intelligence à André. Geneviève fut choquée de son départ autant que de ses discours ; mais elle pensa qu'il y aurait de l'affectation à la retenir, puisque tous les jours elle recevait André tête à tête.

Quand ils furent seuls ensemble, André se sentit fort embarrassé. L'air étonné de Geneviève n'encourageait guère la déclaration qu'il avait à lui faire ; enfin, il rassembla tout son courage, et lui offrit son cœur, son nom et sa petite fortune en réparation du tort immense qu'il lui avait fait par ses assiduités.

Geneviève fut moins étonnée qu'elle ne l'eût été la veille, d'une semblable ouverture : le caquet d'Henriette l'avait préparée à tout. Elle n'entendit pas sans plaisir les offres du jeune marquis. Elle avait conçu pour lui une affection véritable ; vous voyez qu'on vous menace ; quoiqu'elle n'eût jamais désiré lui inspirer un sentiment plus vif, elle était flattée d'une résolution qui annonçait un attachement sérieux. Mais elle pensa bientôt qu'André cédait à un excès de délicatesse dont il pourrait avoir à se repentir. Elle lui répondit donc, avec calme et sincérité, qu'elle ne se croyait pas assez peu de chose pour que son honneur fût à la disposition des sots et des bavards, que leurs propos ne l'atteignaient point, et qu'il n'avait pas plus à réparer sa conduite qu'elle à rougir de la sienne.

« Je le sais, lui répondit-il, mais souvenez-vous de ce que vous m'avez dit un jour. Vous êtes sans famille, sans protection ; les méchants peuvent vous nuire et rendre votre position insoutenable. Vous aviez raison, mademoiselle ; vous voyez qu'on vous menace ; j'aurai beau me multiplier pour vous défendre, l'insulte n'en arrivera pas moins jusqu'à vous. Il suffit d'un mot pour que mon bras vous soit une égide et réduise vos ennemis au silence. Ce mot fera en même temps le bonheur de ma vie ; si ce n'est par amitié pour moi, dites-le au moins par intérêt pour vous-même.

— Non, monsieur André, répondit doucement Geneviève en lui laissant prendre sa main, ce mot ne ferait pas le bonheur de votre vie ; au contraire, il vous rendrait peut-être éternellement malheureux. Je suis pauvre, sans naissance ; malgré vos soins, j'ai encore bien peu d'éducation : je vous serais trop inférieure ; et, comme je suis orgueilleuse, je vous ferais peut-être souffrir beaucoup. D'ailleurs votre famille ferait sans doute des difficultés pour me recevoir, et je ne pourrais me résoudre à supporter ses dédains.

— O froide et cruelle Geneviève ! s'écria André, vous ne pourriez rien supporter pour moi, quand moi je traverserais l'univers pour contenter un de vos caprices, pour vous donner une fleur ou un oiseau. Ah ! vous ne m'aimez pas !

— Pourquoi me dites-vous cela ? répondit Geneviève ; avez-vous bien besoin de mon amitié ?

— Cœur de glace ! s'écria André ; vous m'avez parlé avec tant de confiance et de bonté, nous avons passé ensemble de si douces heures d'étude et d'épanchement, et vous n'aviez pas même de l'amitié pour moi !

— Vous savez bien le contraire, André, lui répondit Geneviève d'un ton ferme et franc en lui tendant sa main qu'il couvrit de baisers ; mais ne pouvez-vous croire à mon amitié sans m'épouser ? Si l'un de nous doit quelque chose à l'autre, c'est moi qui vous dois une vive reconnaissance pour vos leçons.

— Eh bien ! s'écria André, acquittez-vous avec moi et soyez généreuse ! acquittez-vous au centuple, soyez ma femme...

— C'est un prix bien sérieux, répondit-elle en souriant, pour des leçons de botanique et de géographie. Je ne savais pas qu'en apprenant ces belles choses-là je m'engageais au mariage...

— Nous nous engagions l'un et l'autre aux yeux du monde, dit André : nous ne l'avions pas prévu ; mais puisqu'on nous le rappelle, cédons, vous par raison, moi par amour. »

Il prononça ce dernier mot si bas que Geneviève l'entendit à peine.

« Je crains, lui dit-elle, que vous ne preniez un mouvement de loyauté romanesque pour un sentiment plus fort. Si nous étions du même rang, vous et moi, si notre mariage était une chose facile et avantageuse à tous deux, je vous dirais que je vous aime assez pour y consentir sans peine. Mais ce mariage sera traversé par mille obstacles : il causera du scandale ou au moins de l'étonnement ; votre père s'y opposera peut-être, et je ne vois pas quelle raison assez forte nous avons l'un et l'autre pour braver tout cela. Une grande passion nous en donnerait la force et la volonté ; mais il n'y a rien de tout cela entre nous, nous n'avons pas d'amour l'un pour l'autre.

— Juste ciel ! que dit-elle donc ? s'écria André au désespoir. Elle ne m'aime pas, et elle ne sait pas seulement que je l'aime !

— Pourquoi pleurez-vous ? lui dit Geneviève avec amitié. Je vous afflige donc beaucoup ? ce n'est pas mon intention.

— Et ce n'est pas votre faute non plus, Geneviève. Je suis malheureux de n'avoir pas senti plus tôt que vous ne m'aimiez pas ; je croyais que vous compreniez mon amour et que vous aviez quelque pitié, puisque vous ne me repoussiez pas.

— Est-ce un reproche, André ? Hélas ! je ne le mérite pas. Il aurait fallu être vaine pour croire à votre amour : vous ne m'en avez jamais parlé.

— Est-ce possible ? Je ne vous ai jamais dit, jamais fait comprendre que je ne vivais que pour vous, que je n'avais que vous au monde ?

— Ce que vous dites est singulier, dit Geneviève après un instant d'émotion et de silence. Pourquoi m'aimez-vous tant ? comment ai-je pu le mériter ? qu'ai-je fait pour vous ?

— Vous m'avez fait vivre, répondit André ; ne m'en demandez pas davantage. Mon cœur sait pourquoi il vous aime, mais ma bouche ne saurait vous l'expliquer ; et puis vous ne me comprendriez pas. Si vous m'aimiez, vous ne demanderiez pas pourquoi je vous aime ; vous le sauriez comme moi, sans pouvoir le dire. »

Geneviève garda encore un instant le silence ; ensuite elle lui dit :

« Il faut que je sois franche. Je vous l'avoue : dans les premiers jours vous étiez si ému en entrant ici, et vous paraissiez si affligé quand je vous priais de cesser vos visites, que je me suis presque imaginé une ou deux fois que vous étiez *amoureux* ; cela me faisait une espèce de chagrin et de peur. Les amours que je connais m'ont toujours paru si malheureux et si coupables que je craignais d'inspirer une passion trop frivole ou trop sérieuse. J'ai voulu vous fuir et me défendre de vos leçons ; mais l'envie d'apprendre a été plus forte que moi, et...

— Quel aveu cruel vous me faites, Geneviève ! C'est à votre amour pour l'étude que je dois le bonheur de vous avoir vue pendant ces deux mois !.... Et moi, je n'y étais donc pour rien ?

— Laissez-moi achever, lui dit Geneviève en rougissant ; comment voulez-vous que je réponde à cela ? je vous connaissais si peu... à présent c'est différent. Je regretterais le maître autant que la leçon...

— Autant ? pas davantage ? Ah ! vous n'aimez que la science, Geneviève ; vous avez une intelligence avide, un cœur bien calme...

— Mais non pas froid, lui dit-elle ; je ne mérite pas ce reproche-là. Que vous disais-je donc ?

— Que vous aviez presque deviné mon amour dans les commencements ; et qu'ensuite...

— Ensuite je vous revis tout changé : vous aviez l'air grave, vous causiez tranquillement ; et si vous vous attendrissiez, c'était en m'expliquant la grandeur de Dieu et la beauté de la terre. Alors je me rassurai ; j'attribuai vos anciennes manières à la timidité ou à quelques idées de roman qui s'étaient effacées à mesure que vous m'aviez mieux connue.

— Et vous vous êtes trompée, dit André : plus je vous

ai vue, plus je vous ai aimée. Si j'étais calme, c'est que j'étais heureux, c'est que je vous voyais tous les jours et que tous les jours je comptais sur un heureux lendemain, c'est que les seuls beaux moments de ma vie sont ceux que j'ai passés ici et aux Prés-Girault. Ah! vous ne savez pas depuis combien de temps je vous aime, et combien, sans cet amour, je serais resté malheureux.

Alors André, encouragé par le regard doux et attentif de Geneviève, lui raconta les ennuis de sa jeunesse, lui peignit la situation de son esprit et de son cœur avant le jour où il l'avait vue pour la première fois au bord de la rivière. Il lui raconta aussi l'amour qu'il avait eu pour elle depuis ce jour-là, et Geneviève n'y comprit rien.

« Comment cela peut-il se passer dans la tête d'une personne raisonnable? lui dit-elle. J'ai souvent entendu lire à Paris, dans notre atelier, des passages de roman qui ressemblaient à cela; mais je croyais que les livres avaient seuls le privilége de nous amuser avec de semblables folies.

— Ah! Geneviève, lui dit André tristement, il y a dans votre âme une étincelle encore enfouie. Vous avez la candeur d'un enfant, et ce qu'il y a de plus cruel et de plus doux dans la vie, vous l'ignorez! Ce qu'il y a de plus beau en vous-même, rien ne vous l'a encore révélé. C'est que vous n'avez pas encore entendu une voix assez pure pour vous charmer et vous convaincre; c'est que l'amour n'a parlé devant vous qu'une langue grossière ou puérile. Oh! qu'il serait heureux celui qui vous ferait comprendre ce que c'est qu'aimer! Si vous m'écoutiez, Geneviève, s'il pouvait vous initier à ces grands secrets de l'âme comme à une merveille de plus dans les œuvres du Tout-Puissant, il vous le dirait à genoux, et il mourrait de bonheur le jour où vous lui diriez : — J'ai compris. »

Geneviève regarda André en silence comme le jour où il lui avait parlé pour la première fois des étoiles et de la pluralité des mondes; elle pressentait encore un monde nouveau, et elle cherchait à le deviner avant d'y engager son cœur. André vit sa curiosité, et il espéra.

« Laissez-moi vous expliquer encore ce mystère. Je n'oserai guère parler moi-même, je serais trop au-dessous de mon sujet; mais je vous lirai les poëtes qui ont su le mieux ce que c'est que l'amour, et si vous m'interrogez, mon cœur essaiera de vous répondre.

— Et pendant ce temps, lui dit Geneviève en souriant, les médisants se tairont! on les priera d'attendre, pour recommencer leurs injures, que j'aie appris ce que c'est que l'amour, et que je puisse leur dire si je vous aime ou non.

— Non, Geneviève, leur dira dès demain que je vous adore, que vous avez un peu d'amitié pour moi, que je demande à vous épouser, et que vous y consentez.

— Mais si l'amour ne me vient pas? dit Geneviève.

— Alors vous ferez, en m'acceptant, un mariage de raison, et je mettrai tous mes soins à vous assurer le bonheur calme que vous craignez de perdre en aimant.

— Oh! André, vous êtes bon! dit Geneviève en serrant doucement les mains brûlantes d'André; mais je vous crains sans savoir pourquoi. Je ne sais si c'est moi qui suis trop indifférente, ou vous qui êtes trop passionné; j'ai peur de mon ignorance même et ne sais quel parti prendre.

— Celui que vous dictera votre cœur; n'avez-vous pas seulement un peu de compassion?

— Mon cœur me conseille de vous écouter, répondit Geneviève avec abandon; voilà ce qu'il y a de vrai. »

André baisait encore ses mains avec transport lorsque Henriette rentra.

« Eh bien! s'écria-t-elle en voyant la joie de l'un et la sérénité de l'autre, tout est arrangé! A quand la noce?

— C'est Geneviève qui fixera le jour, répondit André. Vous pouvez, ma chère Henriette, le dire demain dans toute la ville.

— Oh! s'il ne s'agit que de cela, soyez en paix. Il n'est pas minuit; demain, avant midi, il n'y aura pas une mauvaise langue qui ne soit mise à la raison. Oh! quelle joie! quelle bonne nouvelle pour ceux qui t'aiment! Car tu as encore des amis, ma bonne Geneviève! M. Joseph, qui

ne t'aimait pas beaucoup autrefois, il faut l'avouer, se conduit comme un ange maintenant à ton égard; il ne souffre pas qu'on dise un mot de travers devant lui sur ton compte, et c'est un gaillard... qu'est-ce que je dis donc! c'est un brave jeune homme qui sait se faire écouter quand il parle.

— C'est par amitié pour M. André qu'il agit ainsi, dit Geneviève; je ne l'en remercie pas moins : tu le lui diras de ma part, car je suppose que tu lui parles quelquefois, Henriette?

— Ah! des malices? Comment! tu t'en mêles aussi, Geneviève? Il n'y a plus d'enfants! Il faut bien te passer cela, puisque te voilà bientôt marquise.

— Ne te presse pas tant de me faire ton compliment, ma chère, et ne publie pas si vite cette belle nouvelle; c'est encore une plaisanterie; et nous ne savons pas si nous ne ferons pas mieux, M. André et moi, de rester amis comme nous sommes.

— Qu'est-ce qu'elle dit là? s'écria Henriette; est-ce que vous vous jouez de nous, monsieur le marquis? Est-ce que ce n'était pas sérieusement que vous parliez?

Elle était au moment de lui faire une scène; mais il la rassura et lui dit qu'il espérait vaincre les hésitations de Geneviève; il la pria même de l'aider, et Henriette, en se rengorgeant, répondit de tout. « N'ai-je pas déjà bien avancé vos affaires? dit-elle; sans moi, cette petite sucrée que voilà aurait toujours fait semblant de ne pas vous comprendre, et vous seriez encore là à vous morfondre sans oser parler. »

Les plaisanteries d'Henriette embarrassaient Geneviève; elle se plaignit d'être un peu fatiguée, refusa les offres de sa compagne, qui voulait passer la nuit auprès d'elle, l'embrassa tendrement et toucha légèrement la main d'André en signe d'adieu.

« Comment! c'est comme cela que vous vous séparez? s'écria Henriette; un jour de fiançailles! Par exemple! vous ne vous aimez donc pas?

— Qu'est-ce qu'elle veut dire? demanda André à Geneviève en s'efforçant de prendre de l'assurance, mais en tremblant malgré lui.

— Eh! vraiment, on s'embrasse! dit Henriette. De beaux amoureux, qui ne savent pas seulement cela!

— Si l'usage l'ordonne, dit André avec émotion, est-ce que vous n'y consentirez pas, mademoiselle?

— Mais savez-vous, dit Geneviève gaiement, qu'Henriette ira le dire demain dans toute la ville!

— Raison de plus, dit André un peu rassuré; ce sera un engagement que vous aurez signé et qui donnera plus de poids à la nouvelle de notre mariage.

— Oh! en ce cas, je refuse, dit-elle; je ne veux rien signer encore.

— Eh bien! par amitié? reprit André, qui déjà la tenait dans ses bras; comme vous avez embrassé Henriette tout à l'heure?

— Par amitié seulement, » répondit Geneviève en se laissant embrasser.

André fut si troublé de ce baiser, qu'il comprit à peine ensuite comment il était sorti de la chambre. Il se trouva dans la rue avec Henriette sans savoir ce qu'était devenu l'escalier. Cependant, lorsqu'il se rappela plus tard cet instant d'enivrement, il s'y mêla un souvenir pénible. Geneviève avait un peu rougi par pudeur; mais son regard était resté serein, sa main fraîche, et son cœur n'avait pas tressailli. « C'est ma Galatée, se disait-il; elle ne s'est animée que pour regarder les cieux. Descendra-t-elle de son piédestal, et voudra-t-elle poser ses pieds sur la terre auprès de moi? »

Cependant l'espérance, qui ne manque jamais à la jeunesse, le consola bientôt. Geneviève, avec un si noble esprit, ne pouvait pas avoir un cœur insensible; cette tranquillité d'âme tenait à la chasteté exquise de ses pensées, à ses habitudes solitaires et recueillies. Il avait déjà vu se réaliser un de ses plus beaux rêves, il était le conseil et la lumière de cette sainte ignorance; maintenant un vœu plus enivrant lui restait à accomplir, c'était de se placer entr'elle et la divinité universelle qu'il lui avait fait connaître. Il fallait cesser d'être le prêtre et devenir le dieu lui-même. L'enthousiasme d'André, les palpitations de son cœur allaient au-devant d'un pareil triomphe, et son âme, avide d'émotions tendres, ne pouvait pas croire à l'inertie d'une autre âme.

De son côté, Geneviève ressentait un peu d'effroi. Les paroles d'André, ses caresses timides, son accent passionné, lui avaient causé une sorte de trouble : et quoiqu'elle désirât presque éprouver les mêmes émotions, elle avait, par instants, comme une certaine méfiance de cette exaltation dont elle n'avait jamais conçu l'idée et dont elle craignait de n'être jamais capable.

Cependant il est si doux de se sentir aimé, que Geneviève s'abandonna sans peine à ce bien-être nouveau ; elle s'habitua à penser qu'elle n'était pas seule au monde, qu'une autre âme sympathisait à toute heure avec la sienne, que désormais elle ne porterait plus seule le poids des ennuis et des maux de la vie. Elle fit ces réflexions en s'habillant le lendemain ; et en comparant cette matinée à la journée précédente, elle s'avoua qu'il lui avait fallu un certain courage pour supporter les soucis de la veille, et que cette nouvelle journée s'annonçait douce et calme sous la protection d'un cœur dévoué. « Après tout, se dit-elle, André est sincère : s'il s'exagère à lui-même aujourd'hui l'amour qu'il a pour moi, du moins il lui restera toujours assez d'honnêteté dans le cœur pour me garder son amitié. Je ne cesserai pas de la mériter : pourquoi me l'ôterait-il ? Et puis, que sais-je ? pourquoi refuserais-je de croire aux belles paroles qu'il me dit ? Il en sait bien plus que moi sur toutes choses, et il doit mieux juger que moi de l'avenir. »

En se parlant ainsi à elle-même, et tout en se coiffant devant une petite glace, elle regardait ses traits avec curiosité et prit même son miroir pour l'approcher de la fenêtre ; là elle contempla de près ses joues fines et transparentes comme le tissu d'une fleur, et elle s'aperçut qu'elle était jolie. « Quelquefois je l'avais cru, pensait-elle ; mais je ne savais pas si c'était de la jeunesse ou de la beauté. Cependant pour qu'André, après m'avoir vue un instant, soit resté amoureux de moi tout un an, il faut bien que j'aie quelque chose de plus que la fraîcheur de mon âge. André aussi a une jolie figure : comme il avait de beaux yeux hier soir ! et comme ses mains sont blanches ! Comme il parle bien ! Quelle différence entre lui et Joseph, et tous les autres ! »

Elle resta longtemps pensive devant sa glace, oubliant de relever ses cheveux épars ; ses joues étaient animées, et un sourire charmant l'embellissait encore. Elle s'était levée tard, et la matinée était avancée. André entra dans la première pièce sans qu'elle l'entendît, et s'aperçut tout à coup qu'il était passé dans l'atelier ; il avait toussé pour l'appeler.

Alors elle se leva si précipitamment qu'elle fit tomber son miroir et poussa un cri. André, effrayé du bruit que fit la glace en se brisant, et surtout du cri échappé à Geneviève, crut qu'elle se trouvait mal et s'élança dans sa chambre. Il la trouva debout, vêtue de sa robe blanche et toute couverte de ses longs cheveux noirs. Le premier mouvement de Geneviève fut de rire en voyant la terreur d'André pour une si faible cause ; mais bientôt elle fut toute confuse de la manière dont il la regardait. Il ne l'avait jamais vue si jolie. Le bonnet qu'elle portait toujours, comme les grisettes de L..., avait empêché André de savoir si sa chevelure était belle. En découvrant cette nouvelle perfection, il resta naïvement émerveillé, et Geneviève devint toute rouge sous ses longs cheveux fins et lisses qui tombaient le long de ses joues. « Allez-vous-en, lui dit-elle, et, pendant que je vais me coiffer, cherchez dans l'atelier une rose que j'ai faite hier soir. La nuit est venue et la fièvre m'a prise comme je l'achevais. Je ne sais où je l'aurai laissée. Vous l'avez peut-être écrasée sous vos pieds dans vos conférences avec Henriette.

— Dieu m'en préserve ! » dit André ; et, obéissant à regret, il chercha sur la table de l'atelier. La précieuse rose y était négligemment couchée au milieu des outils qui avaient servi à la créer. André fit un grand cri, et Geneviève, épouvantée, s'élança à son tour dans l'atelier avec ses cheveux toujours dénoués. Elle trouva André

qui tenait la rose entre deux doigts et la contemplait dans une sorte d'extase.

« Ah çà ! vous avez voulu me rendre la pareille, lui dit-elle. A quel jeu jouons-nous ?

— Geneviève, Geneviève ! répondit-il, voici un chef-d'œuvre. A quelle heure et sous l'influence de quelle pensée avez-vous fait cette jolie rose de Bengale ? quel sylphe a chanté pendant que vous y travailliez ? quel rayon du soleil en a coloré les feuilles ?

— Je ne sais pas ce que c'est qu'un sylphe, répondit Geneviève ; mais il y avait dans ma chambre un rayon de soleil qui me brûlait les yeux, et qui, je crois, m'a donné la fièvre. Je ne sais pas comment j'ai pu travailler et penser à tant de choses en même temps. Voyons donc cette rose ; je ne sais pas comment elle est.

— C'est une chose aussi belle dans son genre, répondit André, que l'œuvre d'un grand maître ; c'est la nature rendue dans toute sa vérité et dans toute sa poésie. Quelle grâce dans ces pétales mous et pâles ! quelle finesse dans l'intérieur de ce calice ! quelle souplesse dans tout ce travail ! quelles étoffes merveilleuses employez-vous donc pour cela, Geneviève ? Certainement les fées s'en mêlent un peu !

— Les demoiselles de la ville me font présent de leurs plus fins mouchoirs de batiste quand ils sont usés, et avec de la gomme et de la teinture...

— Je ne veux pas savoir comment vous faites, ne me le dites pas ; mais donnez-moi cette rose et ne mettez pas votre bonnet.

— Vous êtes fou aujourd'hui ! prenez cette rose : c'est en effet la meilleure que j'aie faite. Je ne pensais pas à vous en la faisant. »

André la regarda d'un air boudeur et vit sur sa figure une petite grimace moqueuse. Il courut après elle et la saisit au moment où elle lui jetait la porte au nez. Quand il la tint dans ses bras, il fut fort embarrassé ; car il n'osait ni l'embrasser ni la laisser aller. Il vit sur son épaule ses beaux cheveux, qu'il baisa.

« Quel être singulier ! dit Geneviève en rougissant. Est-ce qu'on a jamais baisé des cheveux ? »

XII.

On pense bien qu'André dans ses nouvelles leçons ne s'en tint pas à la seule science. Ses regards, l'émotion de sa voix, sa main tremblante en effleurant celle de Geneviève, disaient plus que ses paroles. Peu à peu Geneviève comprit ce langage, et les battements de son cœur y répondirent en secret. Après lui avoir révélé les lois de l'univers et l'histoire des mondes, il voulut l'initier à la poésie, et par la lecture des plus belles pages sut la préparer à comprendre Gœthe, son poëte favori. Cette éducation fut encore plus rapide que la précédente. Geneviève saisissait à merveille tous les côtés poétiques de la vie. Elle dévorait avec ardeur les livres qu'André prenait pour elle dans la petite bibliothèque de M. Forez. Elle se relevait souvent la nuit pour rêver en regardant le ciel. Elle appliquait à son amour et à celui d'André les plus belles pensées de ses poëtes chéris ; et cette affection, d'abord paisible et douce, se revêtit bientôt d'un éclat inconnu. Geneviève s'éleva jusqu'à son amant ; mais cette égalité ne fut pas de longue durée. Plus neuve encore, plus forte d'esprit, elle le dépassa bientôt. Elle apprit moins de choses, mais elle lui prouva qu'elle sentait plus vivement que lui ce qu'elle savait, et André fut pénétré d'admiration et de gratitude. Il se sentit heureux bien au delà de ses espérances. Il vit naître l'enthousiasme dans cette âme virginale, et reçut dans son sein les premiers épanchements de cet amour qu'il avait enseigné.

Cependant Henriette avait été colporter en tous lieux la nouvelle du prochain mariage d'André avec Geneviève. Le premier à qui elle en fit part fut Joseph Marteau ; et, au grand étonnement de la couturière, celui-ci fit une exclamation de surprise où n'entrait pas le moindre signe de joie ou d'approbation.

« Comment ! ce'2 ne vous fait pas plaisir ? dit Henriette; vous ne me remerciez pas d'avoir réussi à marier votre ami avec la plus jolie et la plus aimable fille du pays ? »

Joseph secoua la tête. « Cela me paraît, dit-il, la chose la plus folle que vous ayez pu inventer. Quelle diable d'idée avez-vous eue là !

— Fi ! monsieur, je ne comprends pas l'indifférence que vous y mettez.

— Cela ne m'est pas indifférent, répondit Joseph. J'en suis fort contrarié, au contraire.

— Êtes-vous fou aujourd'hui ? s'écria Henriette. Ne vous ai-je pas entendu, hier encore, dire que vous n'estimiez réellement Geneviève que depuis qu'elle aimait M. André ? n'avez-vous pas travaillé vous-même à rendre M. André amoureux d'elle ? Qui est cause de leur première entre-vue ? est-ce vous ou moi ? Ne m'avez-vous pas priée d'amener Geneviève chez vous, pour que M. André pût la voir ?...

— Mais non pas l'épouser, reprit Joseph avec une franchise un peu brusque.

— Oh ! quelle horreur ! s'écria Henriette ; je vous comprends maintenant, monsieur ; vous êtes un scélérat, et je ne vous reparlerai de ma vie. Juste Dieu ! séduire une fille et l'abandonner, cela vous paraîtrait naturel et juste ; mais l'épouser quand on l'a perdue de réputation, vous appelez cela une *diable* d'idée, une invention folle !... Ah ! je vois le danger où je m'exposais en souffrant vos galanteries ; mais, Dieu merci, il est encore temps de m'en préserver. Pauvres filles que nous sommes ! c'est ainsi qu'on abuse de notre candeur et de notre crédulité ! Vous n'abuserez pas ainsi de moi, monsieur Joseph ; adieu, adieu pour toujours. »

Et Henriette s'enfuit furieuse et désespérée. Joseph se promit de l'apaiser une autre fois, et il chercha André. Mais pendant bien des jours André fut introuvable. Il passait le temps où il était forcé de quitter Geneviève à courir les prés comme un fou, et à pleurer d'amour et de joie à l'ombre de tous les buissons. Enfin Joseph le joignit un matin, comme il allait franchir la porte de sa bien-aimée, et, à son grand déplaisir, il l'entraîna dans le jardin voisin.

« Ah çà ! lui dit-il, es-tu fou ? Qu'est-ce qui t'arrive ? Dois-je en croire les bavardages d'Henriette et ceux de toute la ville ? as-tu l'intention sérieuse d'épouser Geneviève ?

— Certainement, répondit André avec candeur. Quelle question me fais-tu là ?

— Allons, dit Joseph, c'est une folie de jeune homme, à ce que je vois ; mais heureusement il est encore temps d'y songer. As-tu réfléchi un peu, mon cher André ? sais-tu quel âge tu as ? connais-tu ton père ? espères-tu lui faire accepter une grisette pour belle-fille ? crois-tu que tu auras seulement le courage de lui en parler ?

— Je n'en sais rien, répondit André un peu troublé de cette dernière question ; mais je sais que j'ai droit à un petit héritage de ma mère, et cela suffira pour m'enrichir au delà de mes besoins et de ceux de Geneviève.

— Idée de roman, mon cher ! On peut vivre avec moins ; mais quand on a vécu dans une certaine aisance, il est dur de se voir réduit au nécessaire. Songes-tu que ton père est jeune encore, qu'il peut se remarier, avoir d'autres enfants, te déshériter ? Songes-tu que tu auras des enfants toi-même, que tu n'as pas d'état, que tu n'auras pas de quoi les élever convenablement, et que la misère te tombera sur le corps à mesure que l'amour te sortira du cœur ?

— Jamais il n'en sortira ! s'écria André, il me donnera le courage de supporter toutes les privations, toutes les souffrances...

— Bah ! bah ! reprit Joseph, tu ne sais pas de quoi tu parles ; tu n'as jamais souffert, jamais jeûné.

— Je l'apprendrai, s'il le faut.

— Et Geneviève l'apprendra aussi ?

— Je travaillerai pour elle.

— A quoi ? Fais-moi le plaisir de me dire à quelle profession tu es propre. As-tu fait ton droit ? as-tu étudié la médecine ? Pourrais-tu être professeur de mathématiques ?

Saurais-tu au moins faire des bottes, ou même tracer un sillon droit avec la charrue ?

— Je ne sais rien d'utile, je l'avoue, repartit André. Je n'ai vécu jusqu'ici que de lectures et de rêveries. Je ne suis pas assez fort pour exercer un métier ; mais le peu que je possède pourra me mettre à l'abri du besoin.

— Essaies-en, et tu verras.

— Je compte en essayer. »

Joseph frappa du pied avec chagrin.

« Et c'est moi qui t'ai mis cette sottise d'amour en tête ! s'écria-t-il ; je ne me le pardonnerai jamais ! Pouvais-je penser que tu prendrais au sérieux la première occasion de plaisir offerte à ta jeunesse ?

— J'étais donc un lâche et un misérable à tes yeux ? Tu croyais que je consentirais à voir diffamer Geneviève sans prendre sa défense et sans réparer le mal que je lui aurais fait !

— On n'est pas un lâche et un misérable pour cela, dit Joseph en haussant les épaules ; je ne crois être ni l'un ni l'autre, et pourtant je fais la cour à Henriette ; tout le monde le sait, et je la laisse tant qu'elle veut se bercer de l'espoir d'être un jour madame Marteau. Je veux être son amant, et voilà tout.

— Vous pouvez parler d'Henriette avec légèreté ; quoique je n'approuve pas le mensonge, je vous trouve excusable jusqu'à un certain point. Mais établissez-vous la moindre comparaison entre elle et Geneviève ?

— Pas la moindre ; j'aime Henriette à la folie, et il n'y a pas un cheveu de Geneviève qui me tente ; je n'entends rien à ces sortes de femmes. Mais je comprends ta situation. Tu es le premier amant de Geneviève et tu lui dois plus qu'à toute autre. Rassure-toi cependant ; tu ne seras pas le dernier, et il n'y a pas de fille inconsolable.

— Je ne connais pas les autres filles, et vous ne connaissez pas Geneviève. Nous ne pouvons pas raisonner ensemble là-dessus ; agis avec Henriette comme tu voudras, je me conduirai avec Geneviève comme Dieu m'ordonne de le faire. »

Joseph s'épuisa en remontrances sans ébranler la résolution de son ami ; il le quitta pour aller faire la paix avec Henriette, et se consola de l'imprudence d'André en se disant tout bas : « Heureusement ce n'est pas encore fait ; la grosse voix du marquis n'a pas encore tonné. »

Cet événement ne se fit pas longtemps attendre. Des amis officieux eurent bientôt informé M. de Morand de la passion de son fils pour une grisette. Malgré sa haine pour cette espèce de femmes, il s'en inquiéta peu d'abord. Il fut même content, jusqu'à un certain point, de voir André renoncer à ses rêves d'expatriation. Mais quand on lui eut répété plusieurs fois que son fils avait manifesté l'intention sérieuse d'épouser Geneviève, quoiqu'il lui fût encore impossible de le croire, il commença à se sentir mécontent de cette espèce de bravade, et résolut d'y mettre fin sur-le-champ. Un matin donc, au moment où André franchissait, joyeux et léger, le seuil de sa maison pour aller trouver Geneviève, une main vigoureuse saisit la bride de son petit cheval et le fit même reculer. Comme il faisait à peine jour, André ne reconnut pas son père au premier coup d'œil, et, pour la première fois de sa vie, il se mit à jurer contre l'insolent qui l'arrêtait.

« Doucement, monsieur, répondit le marquis, vous me semblez bien mal appris pour un bel esprit comme vous êtes. Faites-moi le plaisir de descendre de cheval et d'ôter votre chapeau devant votre père. »

André obéit ; et quand il eut mis pied à terre, le marquis lui ordonna de renvoyer son cheval à l'écurie.

« Faut-il le débrider ? demanda le palefrenier.

— Non, dit André, qui espérait être libre au bout d'un instant.

— Il faut lui ôter la selle ! cria le marquis d'un ton qui ne souffrait pas de réplique. »

André se sentit gagné par le froid de la peur ; il suivit son père jusqu'à sa chambre.

« Où alliez-vous ? lui dit celui-ci en s'asseyant lourdement sur son grand fauteuil de toile d'Orange.

— A L..., répondit André timidement.

—Chez qui?

— Chez Joseph, répondit André après un peu d'hésitation.

— Où allez-vous tous les matins?

—Chez Joseph.

— Où passez-vous toutes les après-midi?

— A la chasse.

—D'où venez-vous si tard tous les soirs? de chez Joseph et de la chasse, n'est-ce pas? ·

— Oui, mon père.

— Avec votre permission, monsieur le savant, vous en avez menti. Vous n'allez ni chez Joseph ni à la chasse. Auriez-vous en votre possession quelque beau livre écrit sur l'art de mentir! Faites-moi le plaisir d'aller l'étudier dans votre chambre, afin de vous en acquitter un peu mieux à l'avenir. M'entendez-vous? »

André, révolté de se voir traité comme un enfant, hésita, rougit, pâlit et obéit. Son père le suivit, l'enferma à double tour, mit la clef dans sa poche et s'en fut à la chasse.

André, furieux et désolé, maudit mille fois son sort et finit par sauter par la fenêtre. Il s'en alla passer une heure aux pieds de Geneviève. Mais, dans la crainte de l'effrayer de la dureté de son père, il lui cacha son aventure, et lui donna, pour raison de sa courte visite, une prétendue indisposition du marquis.

Le marquis fit bonne chasse, oublia son prisonnier, et rentra assez tard pour lui laisser le temps de rentrer le premier. Lorsqu'il le retrouva sous les verrous il se sentit fort apaisé et l'emmena souper assez amicalement avec lui, croyant avoir remporté une grande victoire et signalé sa puissance par un acte éclatant. André, de son côté, ne montra guère de rancune; il croyait avoir échappé à la tyrannie et s'applaudissait de sa rébellion secrète comme d'une résistance intrépide. Ils se réconcilièrent en se trompant l'un l'autre et en se trompant eux-mêmes, l'un se flattant d'avoir subjugué, l'autre s'imaginant avoir désobéi.

Le lendemain, André s'éveilla longtemps avant le jour; et, se croyant libre, il allait reprendre la route de L…, quand son père parut comme la veille, un peu moins menaçant seulement.

« Je ne veux pas que tu ailles à la ville aujourd'hui, lui dit-il; j'ai découvert un taillis tout plein de bécasses. Il faut que tu viennes en tuer une avec moi six.

— Vous êtes bien bon, mon père, répondit André; mais j'ai promis à Joseph d'aller déjeuner avec lui…

— Tu déjeunes avec lui tous les jours, répondit le marquis d'un ton calme et ferme; il se passera fort bien de toi pour aujourd'hui. Va prendre ton fusil et ta carnassière. »

Il fallut encore qu'André se résignât. Son père le tint à la chasse toute la journée, lui fit faire dix lieues à pied, et l'écrasa tellement de fatigue, qu'il eut une courbature le lendemain, et que le marquis eut un prétexte excellent pour lui défendre de sortir. Le jour suivant, il l'emmena dans sa chambre, et, ouvrant le livre de ses domaines sur une table, il le força de faire des additions jusqu'à l'heure du dîner. Vers le soir, André espérait être libre; son père le mena voir tondre des moutons.

Le quatrième jour, Geneviève, ne pouvant résister à son inquiétude, lui écrivit quelques lignes, les confia à un enfant du voisinage, qu'elle chargea d'aller les lui remettre. Le message arriva à bon port, quoique Geneviève, ne prévoyant pas la situation de son amant, n'eût pris aucune précaution contre la surveillance du marquis. Le hasard protégea le petit page aux pieds nus de Geneviève, et André lut ces mots, qui le transportèrent d'amour et de douleur.

« Ou votre père est dangereusement malade, ou vous
« l'êtes vous-même, mon ami. Je m'arrête à cette der-
« nière supposition avec raison et avec désespoir. Si vous
« étiez bien portant, vous m'écririez pour m'expliquer les motifs
« nouvelles de votre père et pour m'expliquer les motifs
« de votre absence. Vous êtes donc bien mal, puisque
« vous n'avez pas la force de penser à moi et de m'épar-
« gner les tourments que j'endure! O André! quatre jours

« sans te voir, à présent c'est impossible à supporter sans
« mourir ! »

André sentit renaître son courage. Il viola sans hésitation la consigne de son père, et courut à travers champs jusqu'à la ville. Il arriva plus fatigué par les terres labourées, les haies et les fossés qu'il avait franchis, qu'il ne l'eût été par le plus long chemin. Poudreux et haletant, il se jeta aux pieds de Geneviève et lui demanda pardon en la serrant contre son cœur.

« Pardonne-moi, pardonne-moi, lui disait-il, oh! pardonne-moi de t'avoir fait souffrir?

— Je n'ai rien à vous pardonner, André, lui répondit-elle; quels torts pourriez-vous avoir envers moi? Je ne vous accuse pas, je ne vous interroge même pas. Comment pourrais-je supposer qu'il y a de votre faute dans ceci? Je vous vois et je remercie Dieu. »

XIII.

Cette sainte confiance donna de véritables remords à André. Il savait bien qu'avec un peu plus de courage il aurait pu s'échapper plus tôt; mais il n'osait avouer ni son asservissement ni la tyrannie de son père. Déclarer à Geneviève les traverses qu'elle avait à essuyer pour devenir sa femme était au-dessus de ses forces. Bien des jours se passèrent sans qu'il pût se décider à affronter de cette difficulté, soit en affrontant la colère du marquis, soit en éveillant l'effroi et le chagrin dans l'âme tranquille de Geneviève. Il erra pendant un mois. On le rencontrait à toutes heures du jour ou de la nuit courant ou plutôt fuyant à travers prés ou bois, de la ville au château et du château à la ville; ici cherchant à apaiser les inquiétudes de sa maîtresse, là tâchant d'éviter les remontrances paternelles. Au milieu de ces agitations, la force lui manqua; il ne sentit plus que la fatigue de lutter ainsi contre son cœur et contre son caractère. La fièvre le prit et le plongea dans le découragement et l'inertie.

Jusque-là il avait réussi à faire accepter à Geneviève toutes les mauvaises raisons qu'il avait pu inventer pour excuser l'irrégularité et la brièveté de ses visites. Il éprouva une sorte de satisfaction paresseuse et mélancolique à se sentir malade; c'était une excuse irrécusable à lui donner de son absence, c'était une manière d'échapper à la surveillance et aux reproches du marquis. Le besoin égoïste du repos parla plus haut un instant que les empressements et les impatiences de l'amour. Il ferma les yeux et s'endormit presque joyeux de n'avoir pas six lieues à faire et autant de mensonges à inventer dans sa journée.

Un soir, comme Joseph Marteau, en attendant quelqu'un, fumait un cigare à sa fenêtre, il vit une robe blanche traverser furtivement l'obscurité de la ruelle et s'arrêter, comme incertaine, à la petite porte de la maison. Joseph se pencha vers cette ombre mystérieuse; et, le feu de son cigare l'ayant signalé dans les ténèbres, une petite voix tremblante l'appela par son nom.

« Oh! dit Joseph, ce n'est point la voix d'Henriette. Que signifie cela? »

En deux secondes il franchit l'escalier; et, s'élançant dans la rue, il saisit une taille délicate, et, à tout hasard, voulut embrasser sa nouvelle conquête.

« Par amitié et par charité, monsieur Marteau, lui dit-elle en se dégageant, épargnez-moi, reconnaissez-moi, je suis Geneviève.

— Geneviève! Au nom du diable! comment cela se fait-il?

— Au nom de Dieu! ne faites pas de bruit et écoutez-moi. André est sérieusement malade. Il y a trois jours que je n'ai reçu de ses nouvelles, et je viens d'apprendre qu'il est au lit avec la fièvre et le délire. Je ne sais où m'informer de ce qui se passe au château de Morand. D'heure en heure mon inquiétude augmente; je me sens tour à tour devenir folle et mourir. Il faut que vous ayez pitié de moi et que vous alliez savoir des nouvelles d'André. Vous êtes

Quel être singulier ! dit Geneviève en rougissant. (Page 69.)

son ami, vous devez être inquiet aussi... Il peut avoir besoin de vous..

— Parbleu ! j'y vais sur-le-champ, répondit Joseph en
prenant le chemin de son écurie. Diable ! diable ! qu'est-
ce que tout cela ? »

Préoccupé de cette fâcheuse nouvelle, et partageant
autant qu'il était en lui l'inquiétude de Geneviève, il se
mit à seller son cheval tout en grommelant entre ses dents
et jurant contre son domestique et contre lui-même à
chaque courroie qu'il attachait. En mettant enfin le pied
sur l'étrier, il s'aperçut, à la lueur d'une vieille lanterne
de fer suspendue au plafond de l'écurie, que Geneviève
était là et suivait tous ses mouvements avec anxiété. Elle
était si pâle et si brisée que, contre sa coutume, Joseph
fut attendri.

« Soyez tranquille, lui dit-il, je serai bientôt arrivé.

— Et revenu ? lui demanda Geneviève d'un air sup-
pliant.

— Ah ! diable ! cela est une autre affaire. Six lieues ne
se font pas en un quart d'heure. Et puis, si André est
vraiment mal, je ne pourrai pas le quitter !

— Oh ! mon Dieu ! que vais-je devenir ? dit-elle en
croisant ses mains sur sa poitrine. Joseph ! Joseph ! s'é-
cria-t-elle avec effusion en se rapprochant de lui, sauvez-
le, et laissez-moi mourir d'inquiétude.

— Ma chère demoiselle, reprit Joseph, tranquillisez-
vous ; le mal n'est peut-être pas si grand que vous croyez.

— Je ne me tranquilliserai pas ; j'attendrai, je souffri-
rai, je prierai Dieu. Allez vite... Attendez, Joseph, ajouta-
t-elle en posant sa petite main sur la main rude du cavalier ; s'il meurt, parlez-lui de moi, faites-lui entendre mon
nom, dites-lui que je ne lui survivrai pas d'un jour ! »

Geneviève fondit en larmes ; les yeux de Joseph s'hu-
mectèrent malgré lui.

« Écoutez, dit-il : si vous restez à m'attendre , vous
souffrirez trop. Venez avec moi.

— Oui ! s'écria Geneviève ; mais comment faire ?

— Montez en croupe derrière moi. Il fait une nuit du
diable : personne ne nous verra. Je vous laisserai dans la
métairie la plus voisine du château ; je courrai m'informer
de ce qui se passe, et vous le saurez au bout d'un quart
d'heure, soit que j'accoure vous le dire et que je retourne
vite auprès d'André, soit que je le trouve assez bien pour
le quitter et vous ramener avant le jour.

En parlant ainsi, Joseph se retourna vers Geneviève..... (Page 74.)

—Oui, oui, mon bon Joseph ! s'écria Geneviève.

— Eh bien ! dépêchons-nous, dit Joseph ; car j'attends Henriette d'un moment à l'autre, et, si elle nous voit partir ensemble, elle nous tourmentera pour venir avec nous, ou elle me fera quelque scène de jalousie absurde.

—Partons, partons vite, » dit Geneviève.

Joseph plia son manteau et l'attacha derrière sa selle pour faire un siége à Geneviève. Puis il la prit dans ses bras et l'assit avec soin sur la croupe de son cheval ; ensuite il monta adroitement sans la déranger, et piquant des deux, il gagna la campagne ; mais, en traversant une petite place, son malheur le força de passer sous un des six réverbères dont la ville est éclairée ; le rayon tombant d'aplomb sur son visage, il fut reconnu d'Henriette, qui venait droit à lui. Soit qu'il craignît de perdre en explications un temps précieux, soit qu'il se fît un malin plaisir d'exciter sa jalousie, il poussa son cheval et passa rapidement auprès d'elle avant qu'elle pût reconnaître Geneviève En voyant le perfide à qui elle avait donné rendez-vous s'enfuir à toute bride avec une femme en croupe, Henriette, frappée de surprise, n'eut pas la force de faire un cri et resta pétrifiée jusqu'à ce que la colère lui suggéra un déluge d'imprécations que Joseph était déjà trop loin pour entendre.

C'était la première fois de sa vie que Geneviève montait sur un cheval. Celui de Joseph était vigoureux ; mais, peu accoutumé à un double fardeau, il bondissait dans l'espoir de s'en débarrasser.

« Tenez-moi bien ! » criait Joseph.

Geneviève ne songeait pas à avoir peur. En toute autre circonstance, rien au monde ne l'eût déterminée à une semblable témérité. Courir les chemins la nuit, seule avec un libertin avéré comme l'était Joseph, c'était une chose aussi contraire à ses habitudes qu'à son caractère ; mais elle ne pensait à rien de tout cela. Elle serrait son bras autour de son cavalier, sans se soucier qu'il fût un homme, et se sentait emportée dans les ténèbres sans savoir si elle était enlevée par un cheval ou par le vent de la nuit.

« Voulez-vous que nous prenions le plus court? lui dit Joseph.

— Certainement, répondit-elle.

— Mais le chemin n'est pas bon : la rivière sera un peu haute, je vous en avertis. Vous n'aurez pas peur?

— Non, dit Geneviève. Prenons le plus court.

— Cette diable de petite fille n'a peur de rien, se dit Joseph, pas même de moi. Heureusement que la situation d'André m'ôte l'envie de rire, et que d'ailleurs mon amitié pour lui...

— Que dites-vous donc? il me semble que vous parlez tout seul, lui demanda Geneviève.

— Je dis que le chemin est mauvais, répondit Joseph, et que si je tombais, vous seriez obligée de tomber aussi.

— Dieu nous protégera, dit Geneviève avec ferveur, nous sommes déjà assez malheureux.

— Il faut que j'aie bien de l'amitié pour vous, reprit Joseph au bout d'un instant, pour avoir chargé de deux personnes le dos de ce pauvre François; savez-vous que la course est longue! et j'aimerais mieux aller toute ma vie à pied que de surmener François.

— Il s'appelle François? dit Geneviève préoccupée; il va bien doucement.

— Oh! diable! patience! patience! nous voici au gué. Tenez-moi bien et relevez un peu vos pieds; je crois que la rivière sera forte. »

François s'avança dans l'eau avec précaution, mais quand il fut arrivé vers le milieu de la rivière, il s'arrêta, et, se sentant trop embarrassé de ses deux cavaliers pour garder l'équilibre sur les pierres mouvantes, il refusa d'aller plus avant. L'eau montait déjà presque aux genoux de Joseph, et Geneviève avait bien de la peine à préserver ses petits pieds.

« Diable! dit Joseph, je ne sais si nous pourrons traverser; François commence à perdre pied, et le brave garçon n'ose pas se mettre à la nage à cause de vous.

— Donnez-lui de l'éperon, dit Geneviève.

— Cela vous plaît à dire! un cheval chargé de deux personnes ne peut guère nager; si j'étais seul, je serais déjà à l'autre bord; mais avec vous je ne sais que faire. Il fait terriblement nuit; je crains de prendre sur la droite et d'aller tomber dans la prise d'eau, ou de me jeter trop sur la gauche et d'aller donner contre l'écluse. Il est vrai que François n'est pas une bête et qu'il saura peut-être se diriger tout seul.

— Tenez, dit Geneviève, Dieu veille sur nous: voici la lune qui paraît entre les buissons et qui nous montre le chemin; suivez cette ligne blanche qu'elle trace sur l'eau.

— Je ne m'y fie pas; c'est de la vapeur et non de la vraie lumière. Ah çà! prenez garde à vous. »

Il donna de l'éperon à François, qui, après quelque hésitation, se mit à la nage et gagna un endroit moins profond où il prit pied de nouveau; mais il fit de nouvelles difficultés pour aller plus loin, et Joseph s'aperçut qu'il avait perdu le gué.

« Le diable sait où nous sommes, dit-il; pour moi, je ne m'en doute guère, et je ne vois pas où nous pourrons aborder.

— Allons tout droit, dit Geneviève.

— Tout droit? la rive a cinq pieds de haut; et si François s'engage dans les joncs qui sont par là, où nous sommes perdus tous les trois. Ces diables d'herbes nous prendront comme dans un filet, et vous aurez beau savoir tous leurs noms en latin, mademoiselle Geneviève, nous n'en serons pas moins pâture à écrevisses.

— Retournons en arrière, dit Geneviève.

— Cela ne vaudra pas mieux, dit Joseph. Que voulez-vous faire au milieu de ce brouillard? Je vous vois comme en plein jour, et à deux pieds plus loin, votre serviteur; il n'y a plus moyen de savoir si c'est du sable ou de l'écume. »

En parlant, Joseph se retourna vers Geneviève et vit distinctement sa jambe, qu'à son insu elle avait mise à découvert en relevant sa robe pour ne pas se mouiller. Cette petite jambe, admirablement modelée et toujours chaussée avec un si grand soin, vint se mettre en travers dans l'imagination de Joseph avec toutes ses perplexités, et, en la regardant, il oublia entièrement qu'il avait lui-même les jambes dans l'eau et qu'il était en grand danger de se noyer au premier mouvement que ferait son cheval.

« Allons donc, dit Geneviève, il faut prendre un parti; il ne fait pas chaud ici.

— Il ne fait pas froid, dit Joseph.

— Mais il se fait tard. André meurt peut-être! Joseph, avançons et recommandons-nous à Dieu, mon ami. »

Ces paroles mirent une étrange confusion dans l'esprit de Joseph: l'idée de son ami mourant, les expressions affectueuses de Geneviève et l'image de cette jolie jambe se croisaient singulièrement dans son cerveau.

« Allons, dit-il enfin, donnez-moi une poignée de main, Geneviève; et si un de nous seulement en réchappe, qu'il parle de l'autre quelquefois avec André. »

Geneviève lui serra la main, et, laissant retomber sa robe, elle frappa elle-même du talon le flanc de sa monture. François se remit courageusement à la nage, avança jusqu'à une éminence et, au lieu de continuer, revint sur ses pas.

« Il cherche le chemin, il voit qu'il s'est trompé, dit Joseph. Laissons-le faire, il a la bride sur le cou. »

Après quelques incertitudes, François retrouva le gué et parvint glorieusement au rivage.

« Excellente bête! » s'écria Joseph; puis, se retournant un peu, il étouffa une espèce de soupir en voyant la jupe de Geneviève retomber jusqu'à sa cheville, et il ne put s'empêcher de murmurer entre ses dents: « Ah! cette petite jambe!

— Qu'est-ce que vous dites? demanda l'ingénue jeune fille.

— Je dis que François a de fameuses jambes, répondit Joseph.

— Et que la Providence veillait sur nous », reprit Geneviève avec un accent si sincère et si pieux que Joseph se retourna tout à fait; et, en voyant son regard inspiré, son visage pâle et presque angélique, il n'osa plus penser à sa jambe et sentit comme une espèce de remords de l'avoir tant remarquée en un semblable moment.

Ils arrivèrent sans autre accident à la métairie où Joseph voulait laisser Geneviève. Cette métairie lui appartenait, et il croyait être sûr de la discrétion de ses métayers; mais Geneviève ne put se décider à affronter leurs regards et leurs questions. Elle pria Joseph de la déposer sur le bord du chemin, à un quart de lieue du château.

« C'est impossible, lui dit-il. Que ferez-vous seule ici? vous aurez peur et vous mourrez de froid.

— Non, répondit-elle; donnez-moi votre manteau. J'irai m'asseoir là-bas, sous le porche de Saint-Sylvain, et je vous attendrai.

— Dans cette chapelle abandonnée? vous serez piquée par les vipères; vous rencontrerez quelque sorcier, quelque meneur de loups!

— Allons, Joseph, est-ce le moment de plaisanter?

— Ma foi! je ne plaisante pas. Je ne crois guère au diable; mais je crois à ces voleurs de bestiaux qui font le métier de fantômes la nuit dans les pâturages. Ces gens-là n'aiment pas les témoins et les maltraitent quand ils ne peuvent pas les effrayer.

— Ne craignez rien pour moi, Joseph; je me cacherai d'eux comme ils se cacheront de moi. Allez! et pour l'amour de Dieu, revenez vite me dire ce qu'il a. »

Elle sauta légèrement à terre, prit le manteau de Joseph sur son épaule et s'enfonça dans les longues herbes du pâturage.

« Drôle de fille! se dit Joseph en la regardant fuir comme une ombre vers la chapelle. Qui est-ce qui l'aurait jamais crue capable de tout cela? Henriette le ferait certainement pour moi, mais elle ne le ferait pas de même. Elle aurait peur, elle crierait à propos de tout; elle serait ennuyeuse à périr... elle l'est déjà passablement. »

Et, tout en devisant ainsi, Joseph Marteau arriva au château de Morand.

Il trouva André assez sérieusement malade et en proie à un violent accès de délire. Le marquis passait la nuit auprès de lui avec le médecin, la nourrice et M. Forez. Joseph fut accueilli avec reconnaissance, mais avec tristesse. On avait des craintes graves: André ne reconnaissait personne; il appelait Geneviève; il demandait à la voir ou à mourir. Le marquis était au désespoir, et, ne pouvant pas imaginer de plus grand sacrifice pour soulager son fils que l'abjuration momentanée de son autorité, il se penchait sur lui, et, lui parlant comme à un enfant, il lui promettait de lui laisser aimer et épouser Geneviève; mais, lorsqu'il se rapprochait de ses hôtes, il maudissait devant eux cette *misérable petite fille* qui allait être cause de la mort d'André, et disait qu'il la tuerait s'il la tenait entre ses mains. Au bout d'une heure, Joseph voyant André un peu mieux, partit pour en informer Geneviève, et pour calmer autant que possible l'inquiétude où elle devait être plongée. Il prit à travers prés, et en dix minutes arriva à la chapelle de Saint-Sylvain : c'était une masure abandonnée depuis longtemps aux reptiles et aux oiseaux de nuit. La lune en éclairait faiblement les décombres, et projetait des lueurs obliques et tremblantes sous les arceaux rompus des fenêtres. Les angles de la nef restaient dans l'obscurité, et Joseph se défendit mal d'une certaine impression désagréable en passant auprès d'une statue mutilée qui gisait dans l'herbe et qui se trouva sous ses pieds au moment où il traversait un de ces endroits sombres. Il était fort et brave, dix hommes ne lui auraient pas fait peur; mais son éducation rustique lui avait laissé malgré lui quelques idées superstitieuses. Il ne s'y complaisait point, comme font parfois les cerveaux poétiques; il en rougissait au contraire et cachait ce penchant sous une affectation d'incrédulité philosophique; mais son imagination, moins forte que son orgueil, ne pouvait étouffer les terreurs de son enfance et surtout le souvenir du passage de la *grand'bête* dans la métairie où il était resté six ans en nourrice. La *grand'bête* apparaît tous les dix ans dans le pays et sème l'effroi de famille en famille. Elle s'efforce de pénétrer dans les métairies pour empoisonner les étables et faire périr les troupeaux. Les habitants sont forcés de soutenir chaque soir une espèce de siége, et c'est avec bien de la peine qu'ils parviennent à l'éloigner, car les balles de fusil ne l'atteignent point; et les chiens fuient en hurlant à son approche. Au reste, la bête, ou plutôt l'esprit malin qui en emprunte la forme, est d'un aspect indéfinissable : plusieurs l'ont portée toute une nuit sur leur dos (car elle se livre à mille plaisanteries diaboliques avec les imprudents qu'elle rencontre dans les prés au clair de la lune), mais nul ne l'a jamais vue distinctement. On sait seulement qu'elle change de stature à volonté. Dans l'espace de quelques instants elle passe de la taille d'une chèvre à celle d'un lapin, et de celle d'un loup à celle d'un bœuf; mais ce n'est ni un lapin, ni une chèvre, ni un bœuf, ni un loup, ni un chien enragé : c'est la *grand'bête*, c'est le fléau des campagnes, la terreur des habitants, et le triste présage d'une prochaine épidémie parmi les bestiaux.

Joseph se rappelait malgré lui toutes ces traditions effrayantes; mais s'il n'avait pas l'esprit assez fort pour les repousser, du moins il se sentait assez de courage et le bras assez prompt pour ne jamais reculer devant le danger.

Il s'étonnait de ne point trouver Geneviève au lieu qu'elle lui avait indiqué, lorsqu'un bruit de chaînes lui fit brusquement tourner la tête, et il vit à trois pas de lui une vague forme de quadrupède dont la face pâle semblait l'observer attentivement. Le premier mouvement de Joseph fut de lever le manche de son fouet pour frapper l'animal redoutable; mais, à sa grande confusion, il vit une jeune pouliche blanche, à demi sauvage, qui était venue là pour paître l'herbe autour des tombeaux, et qui s'enfuit épouvantée en traînant ses enferges sur les dalles de la chapelle.

Joseph, tout honteux de sa terreur, pénétra au fond de la nef; une croix de bois marquait la place où avait été l'autel. Geneviève était agenouillée devant cette croix; elle avait roulé son fichu de mousseline blanche comme un voile autour de sa tête, penchée dans l'immobilité du recueillement. Un cerveau plus exalté que celui de Joseph l'aurait prise pour une ombre. Étonné de trouver Geneviève dans une attitude si calme, et ne comprenant pas l'émotion que cette femme agenouillée la nuit au milieu des ruines lui causait à lui-même, le bon campagnard eut comme un sentiment de respect qui le fit hésiter à troubler cette sainte prière; mais, au bruit des pas de Joseph, Geneviève se retourna, et, se levant à demi, le questionna d'un air inquiet.

Il eut presque envie de la tromper et de lui cacher la vérité; mais elle interpréta son silence et s'écria en joignant les mains :

« Au nom du ciel, ne me faites pas languir... s'il est mort!... ah! oui... je le vois... Il est mort!... » Et elle s'appuya en chancelant contre la croix.

« Non, non! répondit vivement Joseph; il vit, on peut le sauver encore.

— Ah! merci, merci! Geneviève, mais dites-moi bien la vérité, est-il bien mal?

— Mal? certainement. Voici la réponse ambiguë du médecin : peu de chose à craindre, peu de chose à espérer; c'est-à-dire que la maladie suit son cours ordinaire et ne présente pas d'accident impossible à combattre, mais que par elle-même c'est une maladie grave et qui ne pardonne pas souvent.

— En ce cas, dit Geneviève après un instant de silence, retournez auprès de lui, je vais encore prier ici. »

Elle se remit à genoux et laissa tomber sa tête sur ses mains jointes, dans une attitude de résignation si triste que Joseph en fut profondément touché.

« Je vais y retourner, en effet, répondit-il; mais je reviendrai certainement vers vous aussitôt qu'il y aura un peu de mieux.

— Écoutez, Joseph, lui dit-elle, s'il doit mourir cette nuit, il faut que je le voie, que je lui dise un dernier adieu. Tant que j'aurai un peu d'espoir, je ne me sentirai pas la hardiesse de me montrer dans sa maison; mais si je n'ai plus qu'un instant pour le voir sur la terre, rien au monde ne pourra m'empêcher de profiter de cet instant-là. Jurez-moi que vous m'avertirez quand tout sera perdu, quand lui et moi n'aurons plus qu'une heure à vivre. »

Joseph le jura.

« Je ne sais ce qu'elle a dans la voix ni de quels mots elle se sert, pensait-il en s'éloignant; mais elle me ferait pleurer comme un enfant. »

XIV.

Geneviève pria longtemps; puis elle s'enveloppa du manteau de Joseph et s'assit sur une tombe, morne et résignée; puis elle pria de nouveau et marcha vers les ruines, interrogeant avec anxiété le sentier par où Joseph devait revenir. Peu à peu une inquiétude plus poignante surmontait son courage. Elle regardait la lune, qu'elle avait vue se lever et qui maintenant s'abaissait vers l'horizon. L'air, en devenant plus humide et plus froid, lui annonçait l'approche de l'aube, et Joseph ne revenait pas.

Après avoir lutté aussi longtemps que ses forces le lui permirent, elle perdit courage, et s'imaginant qu'André était mort, elle s'enveloppa la tête dans le manteau de Joseph pour étouffer ses cris. Puis elle s'apaisa un peu en songeant que dans ce cas Joseph, n'ayant plus rien à faire auprès de son ami, serait de retour vers elle. Mais alors elle se persuada qu'André était mourant et que Joseph ne pouvait se résoudre à l'abandonner, dans la crainte de revenir trop tard et de le trouver mort. Cette idée devint si forte que les minutes de son impatience se traînèrent comme des siècles. Enfin, elle se leva avec égarement, jeta le manteau de Joseph sur le pavé, et se mit à courir de toutes ses forces dans le sentier de la prairie.

Elle s'arrêta deux ou trois fois pour écouter si Joseph n'arrivait pas à sa rencontre; mais, n'entendant et ne voyant personne, elle reprit sa course avec plus de précipitation, et franchit comme un trait les portes du château de Morand.

Dans l'agitation d'une si triste veillée, tous les serviteurs étaient debout, toutes les portes étaient ouvertes. On vit passer une femme vêtue de blanc, qui ne parlait à personne et semblait voler à travers les cours. La vieille cuisinière se signa en disant :

« Hélas! notre jeune maître est *achevé*. Voilà son esprit qui passe.

— Non, dit le bouvier, qui était un homme plus éclairé
que la cuisinière. Si c'était l'âme de notre jeune maître,
nous l'aurions vue sortir de la maison et aller au cimetière, tandis que cette *chose-là* vient du côté du cimetière
et entre dans la maison. Ça doit être sainte Solange ou
sainte Sylvie qui vient le guérir.

— M'est avis, observa la laitière, que c'est plutôt l'âme
de sa pauvre mère qui vient le chercher.

— Disons un *Ave* pour tous les deux, » reprit la cuisinière ; et ils s'agenouillèrent tous les trois sous le portail
de la grange.

Pendant ce temps, Geneviève, guidée par les lumières
qu'elle voyait aux fenêtres, ou plutôt entraînée par cette
main invisible qui rapproche les amants, se précipitait,
palpitante et pâle, dans la chambre d'André. Mais à peine
en eut-elle passé le seuil que le marquis, s'élançant vers
elle avec fureur, s'écria en levant le bras d'un air menaçant :

« Qu'est-ce que je vois là? qu'est-ce que cela veut dire?
Hors d'ici, intrigante effrontée! espérez-vous venir dé-
baucher mon fils jusque dans ma maison? Il est trop tard,
je vous en avertis; il est mourant, grâce à vous, mademoiselle; pensez-vous que je vous en remercie? »

Geneviève tomba à genoux.

« Je n'ai pas mérité tout cela, dit-elle d'une voix étouffée; mais c'est égal, dites-moi ce que je voudrez, pourvu
que je le voie... laissez-moi le voir, et tuez-moi après si
vous voulez!

— Que je vous laisse voir, misérable! s'écria le marquis, révolté d'une semblable prière. Êtes-vous folle ou
enragée? Avez-vous peur de ne pas nous avoir fait assez
de mal, et venez-vous achever mon fils jusque dans mes
bras? »

La voix lui manqua, un mélange de colère et de douleur le prenant à la gorge. Geneviève ne l'écoutait pas;
elle avait jeté les yeux sur le lit d'André, et le voyait
pâle et sans connaissance dans les bras du médecin et du
curé. Elle ne songea plus qu'à courir vers lui, et, se levant, elle essaya d'en approcher malgré les menaces du
marquis.

« Jour de Dieu! maudite créature, s'écria-t-il en se
mettant devant elle, si tu fais un pas de plus, je te jette
dehors à coups de fouet!

— Que Dieu me punisse si vous y touchez seulement
avec une plume! » dit Joseph en se jetant entre eux deux.

Le marquis recula de surprise.

« Comment, Joseph! dit-il, tu prends le parti de cette
vagabonde? Ne trouvais-tu pas que j'avais raison de la
détester et d'empêcher André...

— C'est possible, interrompit Joseph; mais je ne peux
pas entendre parler à une femme comme vous le faites;
sacredieu! monsieur de Morand, vous ne devriez pas apprendre cela de moi.

— J'aime bien que tu me donnes des leçons, reprit le
marquis. Allons! emmène-la à tous les diables et que je
ne la revoie jamais!

— Geneviève, dit Joseph en offrant son bras à la jeune
fille, venez avec moi, je vous prie, ne vous exposez pas à
de nouvelles injures.

— Ne me défendrez-vous pas contre lui? répondit Geneviève, refusant avec force de se laisser emmener. Ne
lui direz-vous pas que je ne suis ni une misérable ni une
effrontée? Dites-lui, Joseph, dites-lui que je suis une
honnête fille, que je suis Geneviève la fleuriste qu'il a
reçue une fois dans sa maison avec bonté. Dites-lui que
je ne peux ni ne veux faire de mal à personne, que j'aime
André et que j'en suis aimée; mais que je suis incapable
de lui donner un mauvais conseil. Monsieur le marquis, demandez à M. Joseph Marteau si je suis ce que
vous croyez. Laissez-moi approcher du lit d'André. Si vous
craignez que ma vue ne lui fasse du mal, je me cacherai
derrière son rideau; mais laissez-moi le voir pour la dernière fois..... Après, vous me chasserez si vous voulez,
mais laissez-moi le voir... Vous n'êtes pas un méchant
homme, vous n'êtes pas mon ennemi; que vous ai-je fait?

Vous ne pouvez maltraiter une femme. Accordez-moi ce
que je vous demande. »

En parlant ainsi, Geneviève était retombée à genoux
et cherchait à s'emparer d'une des grosses mains du
marquis. Elle était si belle dans sa pâleur, avec ses joues
baignées de larmes, ses longs cheveux noirs qui, dans
l'agitation de sa course, étaient tombés sur son épaule,
et cette sublime expression que la douleur donne aux
femmes, que Joseph jugea sa prière infaillible. Il pensa
que nul homme, si affligé qu'il fût, ne pouvait manquer
de voir cette beauté et de se rendre. « Allons, mon cher
voisin, dit-il en s'unissant à Geneviève, accordez-lui ce
qu'elle demande, et soyez sûr que vous êtes injuste
envers elle. Qui sait d'ailleurs si sa vue ne guérirait pas
André? »

— Elle le tuerait! s'écria le marquis, dont la colère
augmentait toujours en raison de la douceur et de la mo-
dération des autres. Mais heureusement, ajouta-t-il, le
pauvre enfant n'est pas en état de s'apercevoir que cette
impudente est ici. Sortez, mademoiselle, et n'espérez pas
m'adoucir par vos basses cajoleries. Sortez, ou j'appelle
mes valets d'écurie pour vous chasser. »

En même temps il la poussa si rudement qu'elle tomba
dans les bras de Joseph. « Ah! c'est trop fort! s'écria
celui-ci. Marquis! tu es un butor et un rustre! Cette honnête fille parlera à ton fils, et je te trouves mauvais,
tu n'as qu'à le dire : en voici un qui te répondra. »

En parlant ainsi, Joseph Marteau montra un de ses
poings au marquis,. tandis que de l'autre bras il souleva
Geneviève et la porta auprès du lit d'André. M. de Morand, stupéfait d'abord, voulut se jeter sur lui; mais
Joseph, selon l'usage rustique du pays, prit une paille
qu'il tira précipitamment du lit d'André, et la mettant
entre lui et M. de Morand :

« Tenez, marquis, lui dit-il, il est encore temps de vous
raviser et de vous tenir tranquille. Je serais au désespoir
de manquer à un ami et à un homme de votre âge; mais
le diable me rompe comme cette paille si je me laisse insulter, fût-ce par mon père! entendez-vous?

— Mes frères, au nom de Jésus-Christ, finissez cette
scène scandaleuse, dit le curé. Monsieur le marquis,
votre fils reconnaît cette jeune fille : c'est peut-être la
volonté de Dieu qu'elle le ramène à la vie. C'est une fille
pieuse et qui a dû prier avec ferveur. Si vous ne voulez
pas que votre fils l'épouse, prenez-vous-y du moins avec
le calme et la dignité qui conviennent à un père. Je vous
aiderai à leur faire comprendre à ces enfants que leur devoir
est d'obéir. Mais dans ce moment-ci vous devez céder
quelque chose si vous voulez qu'on vous cède tout à fait
plus tard. Et vous, monsieur Joseph, ne parlez pas avec
cette violence, et ne menacez pas un vieillard auprès du
lit de souffrance de son enfant, et peut-être auprès du
lit de mort d'un chrétien. »

Joseph n'avait pas abjuré un certain respect pour le caractère ecclésiastique et pour les remontrances pieuses.
Il était capable de chanter des chansons obscènes au
cabaret et de rire des choses saintes le verre à la main ;
mais il n'aurait pas osé entrer dans l'église de son village le chapeau sur la tête, et il n'eût, pour rien au
monde, insulté le vieux prêtre qui lui avait fait faire sa
première communion.

« Monsieur le curé, dit-il, vous avez raison; nous
sommes des fous. Que M. de Morand s'apaise ce soir, je
lui ferai des excuses demain.

— Je ne veux pas de vos excuses, répondit le marquis
d'un ton d'humeur qui marquait que sa colère était à
demi calmée; et quant à M. le curé, ajouta-t-il entre
ses dents, il pourrait bien garder ses sermons pour
l'heure de la messe... Que cette fille sorte d'ici, et tout
sera fini.

— Qu'elle reste, je vous prie, monsieur, dit le médecin; votre fils éprouve réellement du soulagement à
son approche. Regardez-le : ses yeux ont repris un peu
de mobilité, et il semble qu'il cherche à comprendre sa
situation. »

En effet, André, après la profonde insensibilité qui
avait suivi son accès de délire, commençait à retrouve

la mémoire, et, à mesure qu'il distinguait les traits de Geneviève, une expression de joie enfantine commençait à se répandre sur son visage affaissé. La main de Geneviève qui serra la sienne acheva de le réveiller. Il eut un mouvement convulsif; et, se tournant vers les personnes qui l'entouraient et qu'il reconnaissait encore confusément, il leur dit avec un sourire naïf et puéril : « *C'est Geneviève !* et il se mit à la regarder d'un air doucement satisfait.

— Eh bien ! oui, c'est Geneviève ! dit le marquis en prenant le bras de la jeune fille et en la poussant vers son fils ; puis il alla s'asseoir auprès de la cheminée, moitié heureux, moitié colère.

— Oui, c'est Geneviève ! disait Joseph triomphant, en criant beaucoup trop fort pour la tête débile de son ami.

— C'est Geneviève, qui a prié pour vous, dit le curé d'une voix insinuante et douce en se penchant vers le malade. Remerciez Dieu avec elle.

— Geneviève !... dit André en regardant alternativement le curé et sa maîtresse d'un air de surprise ; oui, Geneviève et Dieu ! »

Il retomba assoupi, et tous ceux qui l'entouraient gardèrent un religieux silence. Le médecin plaça une chaise derrière Geneviève et la poussa doucement pour l'y faire asseoir. Elle resta donc près de son amant, qui de temps en temps s'éveillait, regardait autour de lui avec inquiétude, et se calmait aussitôt sous la douce pression de sa main. A chaque mouvement de son fils, le marquis se retournait sur son fauteuil de cuir et faisait mine de se lever ; mais Joseph, qui s'était assis de l'autre côté de la cheminée et qui lisait un journal oublié derrière le trumeau, lui adressait avec les yeux et le geste la muette injonction de se taire. Le marquis voyait en effet André retomber endormi sur l'épaule de Geneviève ; et, dans la crainte de lui faire du mal, il restait immobile. Il est impossible d'imaginer quels furent les tourments de cet homme violent et absolu pendant les heures de cette silencieuse veillée. Le médecin s'était jeté sur un matelas et reposait au milieu de la chambre ; il était étendu là comme un gardien devant le lit de son malade, prêt à s'éveiller au moindre bruit et à effrayer par une sentence menaçante la conscience du marquis pour l'empêcher de séparer les deux amants. Joseph, ému et fatigué, ne comprenait rien à son journal, qui avait bien six mois de date, et de temps en temps tombait dans une espèce de demi-sommeil où il voyait passer confusément les objets et les pensées qui l'avaient tourmenté durant cette nuit : tantôt la rivière gonflée qui l'emportait lui et son cheval loin de Geneviève à demi noyée, tantôt André mourant lui redemandant Geneviève, tantôt le corbillard d'André suivi de Geneviève, qui relevait sa jupe par mégarde et laissait voir sa jolie petite jambe.

A cette dernière image, Joseph faisait un grand effort pour chasser le démon de la concupiscence des voies saintes de l'amitié, et il s'éveillait en sursaut. Alors il distinguait, à la lueur mourante de la lampe, la figure rouge du marquis luttant avec les tressaillements convulsifs de l'impatience, et leurs yeux se rencontraient comme ceux de deux chats qui guettent la même souris.

Pendant ce temps, le curé lisait son bréviaire à la clarté du jour naissant. Un petit vent frais agitait les feuilles de la vigne qui encadrait la fenêtre et jouait avec les rares cheveux blancs du bonhomme. A chaque soupir étouffé du malade, il abaissait son livre, relevait ses lunettes et protégeait de sa muette bénédiction le couple heureux et triste.

Geneviève avait tant souffert, et le trot du cheval l'avait tellement brisée, qu'elle ne put résister. Malgré l'anxiété de sa situation, elle céda, et laissa tomber sa jolie tête auprès de celle d'André. Ces deux visages, pâles et doux, dont l'un semblait à peine plus âgé et plus mâle que l'autre, reposaient une demie-heure sur le même oreiller sous la première fois et sous les yeux d'un père irrité et vaincu, qui frémissait de colère à ce spectacle et qui n'osait les séparer.

Quand le jour fut tout à fait venu, le curé, ayant achevé son bréviaire, s'approcha du médecin, et ils eurent en-

semble une consultation à voix basse. Le médecin se leva sans bruit, alla toucher le pouls d'André et les artères de son front ; puis il revint parler au curé. Celui-ci s'approcha alors de Geneviève, qui s'était doucement éveillée pour céder la main de son amant à celle du médecin. Elle écouta le curé, fit un signe de tête respectueux et résigné ; puis alla trouver Joseph et lui parla à l'oreille. Joseph se leva. Le marquis avait fini par s'endormir. Quand il s'éveilla, il se trouva seul dans la chambre avec son fils et le médecin. Ce dernier vint à lui et lui dit :

« M. le curé a jugé prudent et convenable de faire retirer la jeune personne, dont la présence ou le départ aurait pu agir trop violemment dans quelques heures sur les nerfs du malade. Je me suis assuré de l'état du pouls. La fièvre était presque tombée, et la faiblesse de votre fils permettait de compter sur le défaut de mémoire. En effet, le malade s'est éveillé sans chercher Geneviève et sans montrer la moindre agitation. Tout à l'heure, il m'a demandé si je n'avais pas vu cette nuit une femme blanche auprès de son lit. Je lui ai persuadé qu'il avait vu en rêve cette apparition ; maintenez-le dans cette erreur, et gardez-vous de rien dire qui le ramène à un sentiment trop vif de la réalité. Je vois maintenant à cette maladie des causes purement morales ; je vous déclare que vous pouvez mieux que moi guérir votre fils.

— Oui, oui, je le ménagerai, dit le marquis ; mais n'espérez pas que je donne mon consentement au mariage ; j'aimerais mieux le voir mourir.

— Le mariage ne me regarde pas, dit le médecin ; mais si vous voulez tuer votre fils par le chagrin et la violence, avertissez-moi dès aujourd'hui ; car, dans ce cas, je n'ai plus rien à faire ici. »

Le marquis n'avait jamais trouvé une franchise si âpre autour de lui. Depuis plus de trente ans personne n'avait osé le contrarier, et depuis quelques heures tous se permettaient de lui résister. Dans la crainte de perdre son fils, il le traita doucement jusqu'au jour de la convalescence ; mais, dans son cœur, il amassa contre Geneviève une haine implacable.

XV.

Geneviève rentra chez elle très-lasse et un peu calmée. Joseph retourna tous les jours auprès d'André, et tous les soirs il vint donner de ses nouvelles à Geneviève. La guérison du jeune homme fit des progrès rapides, et quinze jours après il commençait à se promener dans le verger, appuyé sur le bras de son ami. Mais, pendant cette quinzaine, Geneviève avait lu clairement dans sa destinée. Elle n'avait jamais soupçonné jusque-là l'horreur que son mariage avec André inspirait au marquis ; elle avait entrevu confusément des obstacles dont André essayait de la distraire. L'accueil cruel du marquis dans cette triste nuit ne l'affecta d'abord que médiocrement ; mais quand ses anxiétés cessèrent avec le danger de son amant, elle reporta ses regards sur les incidents qui l'avaient conduite auprès de son lit. La figure, les menaces et les insultes de M. de Morand lui revinrent comme le souvenir d'un mauvais rêve. Elle se demanda si c'était bien elle, la fière, la réservée Geneviève, qui avait été injuriée et souillée ainsi. Alors elle examina sa conduite exaltée, sa situation équivoque, son avenir incertain ; elle se vit, d'un côté, perdue dans l'opinion de ses compatriotes si elle n'épousait pas André ; de l'autre, elle se vit méprisée, repoussée et détestée par un père orgueilleux et entêté, qui serait son implacable ennemi si elle épousait André malgré sa défense.

Une prévision encore plus cruelle vint se mêler à celle-là. Elle crut deviner les motifs de la conduite d'André ; elle s'expliqua ses longues absences, son air tourmenté et distrait auprès d'elle, son impatience en son effroi en la quittant ; elle frémit de se voir dans une position si difficile, appuyée sur un si faible roseau, et de découvrir dans le cœur de son amant la même incertitude que dans les événements dont elle était menacée. Elle jeta les yeux avec tristesse sur sa gloire et son bonheur de la veille, et mesura en tremblant l'abîme infranchissable qui la séparait déjà du passé.

Calme et prudente, Geneviève, avant de s'abandonner à ces terreurs, voulut savoir à quel point elles étaient fondées. Elle questionna Joseph. Il ne fallait pas beaucoup d'adresse pour le faire parler. Il avait une finesse excessive pour se tirer des embarras qu'il trouvait à la hauteur de son bras et de son œil; mais les susceptibilités du cœur de Geneviève n'ét nt pas à sa portée. Il l'admirait sans la comprendre et la contemplait tout ravi, comme une vision enveloppée de nuages. Il se confia donc au calme apparent avec lequel elle l'interrogea sur les dispositions du marquis et sur le caractère d'André. Il crut qu'elle savait déjà à quoi s'en tenir sur l'obstination de l'un et sur l'irrésolution de l'autre, et il lui donna sur ces deux questions si importantes pour elle les plus cruels éclaircissements. Geneviève, qui voulait puiser son courage dans la connaissance e acte de son malheur, écoutait ces tristes révélations avec un sang-froid héroïque, et quand Joseph croyait l'avoir consolée et rassurée en lui disant : « Bonsoir, Geneviève; il ne faut pas que cela vous tourmente : André vous aime; je suis votre ami; nous combattrons le sort, » Geneviève s'enfermait dans sa chambre et passait des nuits de fièvre et de désespoir à savourer le poison que la sincérité de Joseph lui avait versé dans le cœur.

Joseph, de son côté, commençait à prendre un intérêt singulier à la douleur de Geneviève, et il éprouvait une étrange impatience. Il guettait le moment où il pourrait parler d'elle avec André; mais André semblait fuir ce moment. A mesure que ses forces physiques revenaient, son vrai caractère reprenait le dessus, et de jour en jour la crainte remplaçait l'espoir que son père lui avait laissé entrevoir un instant. Il ne savait pas que Geneviève était venue auprès de son lit, il ne savait pas à quel point elle avait souffert pour lui. Il se laissait aller paresseusement au bien-être de la convalescence, et s'il désirait sincèrement de voir arriver le jour où il pourrait aller la trouver, il est certain aussi qu'il craignait le jour où son père enflerait sa grosse voix pour lui dire : *D'où venez-vous?*

Geneviève attendait, pour le juger et prendre un parti, la conduite qu'il tiendrait avec elle; mais il demeurait dans l'indécision. Chaque jour elle demandait à Joseph s'il lui avait parlé d'elle, et Joseph répondait ingénument que non. Enfin un jour il crut lui apporter une grande consolation en lui racontant qu'André lui avait ouvert son cœur, qu'il avait parlé d'elle avec enthousiasme, et de la cruauté de son père avec désespoir.

« Et qu'a-t-il résolu? demanda Geneviève.

— Il m'a demandé conseil, répondit Joseph.

— Et c'est tout?

— Il s'est jeté dans mes bras en pleurant, et m'a supplié de l'aider et de le protéger dans son malheur. »

Geneviève eut sur les lèvres un sourire imperceptible. Ce fut toute l'expansion d'une âme offensée et déchirée à jamais.

« Et j'ai promis, reprit Joseph, de donner pour lui mon dernier vêtement et ma dernière goutte de sang; pour lui et pour vous, entendez-vous, mademoiselle Geneviève? »

Elle le remercia d'un air distrait qu'il prit pour de l'incrédulité.

« Oh! vous ne vous fiez pas à mon amitié, je le sais, dit-il. André doit vous avoir raconté que *dans les temps* j'étais un peu contraire à votre mariage; je ne vous connaissais pas, Geneviève; à présent je sais que vous êtes un *bon sujet*, un *bon cœur*, et je ne ferais pas moins pour vous que pour ma propre sœur.

— Je le crois, mon cher monsieur Marteau, dit Geneviève en lui tendant la main. Vous m'avez donné déjà bien des preuves d'amitié durant cette cruelle quinzaine. A présent je suis tranquille sur la santé d'André, et, grâce à vous, j'ai supporté sans mourir les plus affreuses inquiétudes. Je n'abuserai pas plus longtemps de votre compassion; j'ai une cousine à Guéret qui m'appelle auprès d'elle, et je vais la rejoindre.

— Comment! vous partez? dit Joseph, dont la figure prit tout à coup, et à son insu, une expression de tristesse qu'elle n'avait peut-être jamais eue. Et quand? et pour combien de temps?

— Je pars bientôt, Joseph, et je ne sais pas quand je reviendrai.

— Eh quoi! vous quittez le pays au moment où André va être guéri et pourra venir vous voir tous les jours!

— Nous ne nous reverrons jamais! dit Geneviève pâle et les yeux levés au ciel.

— C'est impossible, c'est impossible! s'écria Joseph. Qu'a-t-il fait de mal? qu'avez-vous à lui reprocher? Voulez-vous le faire mourir de chagrin?

— A Dieu ne plaise! Dites-lui bien, Joseph, que c'est une affaire pressée... ma cousine dangereusement malade, qui m'a forcée de partir; que je reviendrai bientôt, plus tard.. Dites d'abord dans quelques jours, et puis vous direz ensuite dans quelques semaines, et puis enfin dans quelques mois. D'ailleurs j'écrirai; je trouverai des prétextes; je lui laisserai d'abord de l'espérance, et puis peu à peu je l'accoutumerai à se passer de moi... et il m'oubliera.

— Que le diable l'emporte s'il vous oublie! dit Joseph d'une voix altérée; quant à moi, je vivrais cent ans, que je me souviendrais de vous!... Mais enfin dites-moi, Geneviève, pourquoi voulez-vous partir, si vous n'êtes pas fâchée contre André?

— Non, je ne suis pas fâchée contre lui, dit Geneviève avec douceur. Pauvre enfant! comment pourrais-je lui faire un reproche d'être né esclave? Je le plains et je l'aime; mais je ne puis lui faire aucun bien, et je puis lui apporter tous les maux. Ne voyez-vous pas que déjà ce malheureux amour lui a causé tant d'agitations et d'inquiétudes qu'il a failli en mourir? ne voyez-vous pas que notre mariage est impossible?

— Non, mordieu! je ne vois pas cela. André a une fortune indépendante; il sera bientôt en âge de la réclamer et de se débarrasser de l'autorité de son père.

— C'est un affreux parti, et qu'il ne prendra jamais, du moins d'après mon conseil.

— Mais je l'y déciderai, moi! dit Joseph en levant les épaules.

— Ce sera en pure perte, répondit Geneviève avec fermeté. De telles résolutions deviennent quelquefois inévitables pour les âmes les plus honnêtes; mais, pour qu'elles n'aient rien d'odieux, il faut que toutes les voies de douceur et d'accommodement soient épuisées, il faut avoir tenté tous les moyens de fléchir l'autorité paternelle, et André ne peut que désobéir en cachette à son père ou le braver de loin.

— C'est vrai! dit Joseph, frappé du bon sens de Geneviève.

— Pour moi, ajouta-t-elle, je ne saurai ni descendre à implorer un homme comme le marquis de Morand, ni m'élever à la hardiesse de diviser le fils et le père. Si je n'avais pas de remords, j'aurais certainement des regrets, car André ne serait ni tranquille ni heureux après un pareil démenti à la timidité de son caractère et à la douceur de son âme. Il est donc nécessaire de renoncer à ce mariage imprudent et romanesque; il en est temps encore... André n'a contracté aucun engagement envers moi. »

En prononçant ces derniers mots, le visage de Geneviève se couvrit d'une orgueilleuse rougeur, et Joseph, l'homme le plus sceptique de la terre lorsqu'il s'agissait de la vertu des grisettes, sentit sa conviction subjuguée; il crut lire tout à coup sur le front de Genevieve son inviolable pureté.

« Écoutez, lui dit-il en se levant et en lui prenant la main avec une rudesse amicale, je ne suis ni galant ni romanesque; je n'ai, pour vous plaire, ni l'esprit ni le savoir d'André. Il vous aime d'ailleurs, et vous l'aimez... Je n'ai donc rien à dire... »

Et il sortit brusquement, croyant avoir dit quelque chose. Geneviève, étonnée, le suivit des yeux, et chercha à interpréter l'émotion que trahissaient sa figure et son attitude; mais elle n'en put deviner le motif, et reporta sur elle-même ses tristes pensées. Depuis bien des jours elle n'avait plus le courage de travailler. Elle s'efforçait en vain de se mettre à l'ouvrage ; de violentes palpitations l'oppressaient dès qu'elle se penchait sur sa table, et sa main tremblante ne pouvait plus soutenir le fer ni les ciseaux. La lecture lui faisait plus de mal encore. Son imagination trouvait à chaque ligne un nouveau sujet de douleur. « Hélas ! se disait-elle alors, c'était bien la peine de m'apprendre ce qu'il faut savoir pour sentir le bonheur ! »

Elle pleurait depuis une heure à sa fenêtre lorsqu'elle vit venir Henriette. Elle eut envie de se renfermer et de ne pas la recevoir ; mais il y avait longtemps qu'elle évitait son amie, elle craignit de l'offenser ou de l'affliger ; et, se hâtant d'essuyer ses larmes, elle se résigna à cette visite.

Mais au lieu de venir l'embrasser comme de coutume, Henriette entra d'un air froid et sec, et tira brusquement une chaise, sur laquelle elle se posa avec roideur. « Ma chère, lui dit-elle après un instant de silence consacré à préparer sa harangue et son maintien, je viens te dire *une chose.* »

Puis elle s'arrêta pour voir l'effet de ce début.

« Parle, ma chère, répondit la patiente Geneviève.

— Je viens te dire, reprit Henriette en s'animant peu à peu malgré elle, que je ne suis pas contente de toi : ta conduite n'est pas celle d'une amie. Je ne te parle pas de tes devoirs envers la *société* : tu foules aux pieds tous les *principes;* mais je me plains de ton ingratitude envers moi, qui me suis employée à te servir et à te rendre heureuse. Sans moi tu n'aurais jamais eu l'esprit de décider André à t'épouser ; et si tu deviens jamais madame la marquise, tu pourras bien dire que tu le dois à mon amitié plus qu'à ta prudence. Tout ce que je te demande, c'est de rester avec lui et de me laisser Joseph.

— Qu'est-ce que vous voulez dire par là ? demanda Geneviève avec un dédain glacial.

— Je veux dire, s'écria Henriette en colère, que tu es une petite coquette hypocrite et effrontée ; que tu n'as pas l'air d'y toucher, mais que tu sais très-bien attirer et cajoler les hommes qui te plaisent. C'est un bonheur pour toi d'être si méprisante et d'avoir le cœur si froid ! car tu serais sans cela la plus grande dévergondée de la terre. Sois ce qu'il te plaira, je ne m'en soucie pas ; mais prends tes adorateurs ailleurs que sous mon bras. Je ne chasse pas sur tes terres ; je n'ai jamais adressé une œillade à ton marjolet de marquis. Si j'avais voulu m'en donner la peine, il n'était pas difficile à enflammer, le pauvre enfant ; et mes yeux valent bien les tiens... »

Geneviève, révoltée de ce langage, haussa les épaules et détourna la tête vers la fenêtre. « Oui ! oui ! continua Henriette, fais la sainte victime, tu ne m'y prendras plus. Écoute, Geneviève, fais à ta tête, prends deux ou trois galants, couvre-toi de ridicule, livre-toi à la risée de toute la ville, je n'y peux rien et je ne m'en mêlerai plus ; mais je t'avertis que si Joseph Marteau vient encore ici demain passer deux heures tête à tête avec toi, comme il fait tous les soirs depuis quinze jours, je viendrai sous ta fenêtre avec un galant nouveau ; car je te prie de croire que je ne suis pas au dépourvu, et que j'en trouverai vingt d'un quart d'heure qui valent bien M. Joseph Marteau..... Mais sache que ce galant aura avec lui tous les jeunes gens de la ville, et que tu seras régalée du plus beau charivari dont le pays ait jamais entendu parler. Ce n'est pas que j'aime M. Joseph, je m'en soucie comme de toi ; mais je n'entends pas porter encore le ruban jaune à mon bonnet. Je ne suis pas d'âge à servir de pis-aller.

— Infamie ! infamie ! » murmura Geneviève pâle et près de s'évanouir ; puis elle fit un violent effort sur elle-même, et, se levant, elle montra la porte à Henriette d'un air impératif. « Mademoiselle, lui dit-elle, je n'ai plus qu'un soir à passer ici ; si vous aviez autant de vigilance que vous avez de grossièreté, vous auriez écouté à ma porte il y a une heure, ce qui eût été parfaitement digne de vous ; vous m'auriez alors entendue dire à M. Joseph Marteau que je quittais le pays, et vous auriez été rassu-

rée sur la possession de votre amant. Maintenant, sortez, je vous prie. Vous pourrez demain couvrir d'insultes les murs de cette chambre ; ce soir elle est encore à moi ; sortez ! »

En prononçant ce dernier mot, Geneviève tomba évanouie, et sa tête frappa rudement contre le pied de sa chaise. Henriette, épouvantée et honteuse de sa conduite, se jeta sur elle, la releva, la prit dans ses bras vigoureux et la porta sur son lit. Quand elle eut réussi à la ranimer, elle se jeta à ses pieds et lui demanda pardon des sanglots qui partaient d'un cœur naturellement bon. Geneviève le sentit, et, pardonnant au caractère emporté et au manque d'éducation de son amie, elle la releva et l'embrassa.

« Tu nous aurais épargné à toutes deux une affreuse soirée, lui dit-elle, si tu m'avais interrogée avec douceur et confiance, au lieu de venir me faire une scène cruelle et folle. Au premier mot de soupçon, je t'aurais rassurée.....

— Ah ! Geneviève, la jalousie raisonne-t-elle ? répondit Henriette ; prend-elle le temps d'agir, seulement ? Elle crie, jure et pleure ; c'est tout ce qu'elle sait faire. Comment, ma pauvre enfant, tu partais, et moi je t'accusais ! Mais pourquoi partais-tu sans me rien dire ? Voilà comme tu fais toujours : pas l'ombre de confiance envers moi. Et pourquoi diantre en as-tu plus pour M. Joseph que pour ton amie d'enfance ? Car, enfin, je n'y conçois rien !.....

— Ah ! voilà tes soupçons qui reviennent ? dit Geneviève en souriant tristement.

— Non, ma chère, reprit Henriette ; je vois bien que tu ne veux pas me l'enlever, puisque tu t'en vas. Mais il est hors de doute que cet imbécile-là est amoureux de toi...

— De moi ? s'écria Geneviève stupéfaite.

— Oui, de toi, reprit Henriette ; de toi, qui ne te soucies pas de lui, j'en suis sûre ; car enfin tu aimes André, tu pars avec lui, n'est-ce pas ? Vous allez vous marier hors du pays ?

— Oui, oui, Henriette ; tu sauras tout cela plus tard ; aujourd'hui il m'est impossible de t'en parler ; ce n'est pas manque de confiance en toi, mon enfant. Je t'écrirai de Guéret, et tu approuveras toute ma conduite... Parlons de toi ; tu as donc des chagrins aussi ?

— Oh ! des chagrins à devenir folle ; et c'est toi, ma pauvre Geneviève, qui en es cause, sans doute ! Mais que veux-tu que je te dise ? je ne peux pas m'empêcher d'être bien aise de ton départ ; car enfin tu vas être heureuse avec ton amant, et moi je retrouverai peut-être le bonheur avec le mien.

— Vraiment, Henriette, je ne savais pas qu'il fût ton amant. Tu m'as toujours soutenu le contraire quand je t'ai plaisantée sur lui. Tu te plains de n'avoir pas ma confiance ; que te dirai-je de la tienne, menteuse ? »

Henriette rougit ; puis, reprenant courage : « Eh bien ! c'est vrai, dit-elle, j'ai eu tort aussi ; mais le fait est qu'il m'aimait à la folie il n'y a pas longtemps, et, malgré toute ma prudence, il s'y est pris si habilement, le sournois ! qu'il a réussi à se faire aimer. Eh bien ! le voilà qui pense à une autre. Le scélérat ! depuis cette maudite promenade que vous avez faite ensemble au clair de la lune pour aller voir André qui se mourait, M. Joseph n'a plus la tête à lui : il ne parle que de toi, il ne rêve qu'à toi, il ne trouve plus rien d'aimable en moi. Si je crie à la vue d'une souris ou d'une araignée : « Ah ! dit-il, Geneviève n'a peur de rien ; c'est un petit dragon. » Si je me mets en colère : « Ah ! Geneviève ne se fâche jamais ; c'est un petit ange. » Et « Geneviève aux grands yeux... » et « Geneviève au petit pied... » Tout cela n'est pas amusant à entendre répéter du matin au soir ; de sorte que j'avais fini par te détester cordialement, ma pauvre Geneviève.

— Si je revois jamais M. Joseph, dit Geneviève, je lui ferai certainement des reproches pour le beau service que m'a rendu son amitié ; mais je n'en aurai pas de si tôt l'occasion. En attendant, il faut que je lui écrive ; donne-moi l'écritoire, Henriette.

Et elle s'appuya en chancelant contre la croix. (Page 75.)

—Comment! il faut que tu lui écrives? s'écria Henriette, dont les yeux étincelèrent.

—Oui vraiment, répondit Geneviève en souriant; mais rassure-toi, ma chère, la lettre ne sera pas cachetée, et c'est toi qui la lui remettras. Seulement, je te prie de ne pas la lire avant de la lui donner.

—Ah! tu as des secrets avec Joseph!

—Cela est vrai, Henriette, je lui ai confié un secret; il te le dira, j'y consens.

—Et pourquoi commences-tu par lui? Tu n'as donc pas confiance en moi? tu me crois donc incapable de garder un secret?

—Oui, Henriette, incapable, répondit Geneviève en commençant sa lettre.

—Comme tu es drôle! dit Henriette en la regardant d'un air stupéfait. Enfin, il n'y a que toi au monde pour avoir de pareilles idées! Écrire à un jeune homme! tu trouves cela tout simple! et me donner la lettre, à moi qui suis sa maîtresse! et me dire : La voilà; elle n'est pas cachetée, tu ne la liras pas.

—Est-ce que j'ai tort de croire à ta délicatesse? dit Geneviève écrivant toujours.

—Non, certes; mais enfin c'est une commission bien singulière; et moi qui viens de faire une scène épouvantable à Joseph, quelle figure vais-je faire en lui portant une lettre de toi? une lettre!...

—Mais, ma chère, dit Geneviève, une lettre est une lettre; qu'y a-t-il de si tendre et de si intime dans l'envoi d'un papier plié?

—Mais, ma chère, répondit Henriette, entre jeunes gens et jeunes filles on ne s'écrit que pour se parler d'amour. De quoi peut-on se parler, si ce n'est de cela?

—En effet, je lui parle d'amour, répondit Geneviève, mais de l'amour d'un autre. Va, Henriette, emporte ce billet, et ne le remets pas demain avant midi. Embrasse-moi. Adieu! »

XVI.

Geneviève passa la nuit à mettre tout en ordre. Elle fit ses cartons, et en touchant toutes ces fleurs qu'André aimait tant, elle y laissa tomber plus d'une larme. « Voici, leur disait-elle dans l'exaltation de ses pensées,

Ils aperçurent Geneviève assise dans un coin. (Page 84.)

la rosée qui désormais vous fera éclore. Ah! desséchez-vous, tristes filles de mon amour! Lui seul savait vous admirer, lui seul savait pourquoi vous étiez belles. Vous allez pâlir et vous effeuiller aux mains des indifférents : parmi eux je vais me flétrir comme vous. Hélas! nous avons tout perdu; vous aussi, vous ne serez plus comprises! »

Elle fit un autre paquet des livres qu'André lui avait donnés; mais la vue de ces livres si chers lui fut bien douloureuse. « C'est vous qui m'avez perdue, leur disait-elle. J'étais avide de savoir vous lire, mais vous m'avez fait bien du mal! Vous m'avez appris à désirer un bonheur que la société réprouve et que mon cœur ne peut supporter. Vous m'avez forcée à dédaigner tout ce qui me suffisait auparavant. Vous avez changé mon âme, il fallait donc aussi changer mon sort! »

Geneviève fit tous les apprêts de son départ avec l'ordre et la précision qui lui étaient naturels. Quiconque l'eût vue arranger tout son petit bagage de femme et d'artiste, et tapisser d'ouate la cage où devait voyager son chardonneret favori, l'eût prise pour une pensionnaire allant en vacances. Son cœur était cependant dévoré de douleur

sous ce calme apparent. Elle ne se laissait aller à aucune démonstration violente, mais personne ne recevait des atteintes plus profondes; son âme rongeait son corps sans tacher sa joue ni plisser son front.

Le lendemain, à sept heures du matin, Geneviève, tristement cahotée dans la patache de Guéret, quitta le pays. Il n'y eut ni amis, ni larmes, ni petits soins à son départ. Elle s'en alla seule, comme elle avait longtemps vécu, ne s'inquiétant ni de la misère ni de la fatigue, se fiant à elle-même pour gagner son pain, ne demandant secours à personne, ne se plaignant de rien, mais emportant au fond de son âme une plaie incurable, le souvenir d'une espérance morte à jamais pour elle.

Henriette remit la lettre à Joseph d'un air de suffisance et de magnanimité auquel le bon Marteau ne fit pas attention. En voyant la signature de Geneviève, il se troubla, eut quelque peine à comprendre la lettre, la relut deux fois; puis, sans rien répondre aux questions d'Henriette, il se mit à courir et monta tout haletant l'escalier de Geneviève. La clef était à la porte; il entra sans songer à frapper, trouva la première et la seconde pièce vides, et pénétra dans l'atelier. Il n'y restait de la présence de Geneviève, que quelques feuilles de roses en baptiste éparses sur la table. Un autre que Joseph les eût tendrement recueillies; il les prit dans sa main, les froissa avec colère et les jeta sur le carreau en jurant. Puis il courut seller son cheval et partit pour le château de Morand.

« Tout cela est bel et bon, mais Geneviève est partie! » C'est ainsi qu'il entama la conversation en entrant brusquement dans la chambre d'André. André devint pâle, se leva et retomba sur sa chaise, sans rien comprendre à ce que disait Joseph, mais frappé de terreur à l'idée d'une souffrance nouvelle. Joseph lui fit une scène incompréhensible, lui reprocha sa lâcheté, sa froideur, et, quand il eut tout dit, s'aperçut enfin qu'il avait affligé et épouvanté André sans lui rien apprendre. Alors il se souvint des recommandations de Geneviève et des ménagements que demandait encore la santé de son ami; sa première vivacité apaisée, il sentit qu'il s'y était pris d'une manière cruelle et maladroite. Embarrassé de son rôle, il se promena dans la chambre avec agitation, puis tira la lettre de Geneviève de son sein et la jeta sur la table. André lut:

« Adieu, Joseph. Quand vous recevrez ce billet, je serai « partie, tout sera fini pour moi. Ne me plaignez pas, ne « vous affligez pas. J'ai du courage, je fais mon devoir, « et il y a une autre vie que celle-ci. Dites à André que « ma cousine s'est trouvée tout à coup si mal que j'ai été « obligée de partir sur-le-champ sans attendre qu'il pût « venir me voir. Dites-lui que je reviendrai bientôt; sui- « vez les instructions que je vous ai données hier. Ha- « bituez-le peu à peu à m'oublier, ou du moins à re- « noncer à moi. Dites à son père que je le supplie de « traiter André avec douceur, et que je suis partie pour « jamais. Adieu, Joseph. Merci de votre amitié; reportez-la « sur André. Il n'a plus besoin de rien. Aimez Hen- « riette, elle est sincère et bonne; ne la rendez pas mal- « heureuse; sachez, par mon exemple, combien il est « affreux de perdre l'espérance. Plus tard, quand tout « sera réparé, guéri, oublié, souvenez-vous quelquefois « de Geneviève. »

« Mais pourquoi? qu'ai-je fait, comment ai-je mérité qu'elle m'abandonne ainsi? s'écria André au désespoir.

— Je n'en sais, ma foi, rien, répondit Joseph. Le diable m'emporte si je comprends rien à vos amours! Mais ce n'est pas le moment de se creuser la cervelle. Écoute, André, il n'y a qu'un mot qui vaille: es-tu décidé à épouser Geneviève?

— Décidé! oui, Joseph. Comment peux-tu en douter?

— Décidé, bon. Maintenant es-tu sûr de l'épouser? as-tu songé à tout? as-tu prévu la colère et la résistance de ton père? as-tu fait ton plan? Veux-tu réclamer ta fortune et forcer son consentement, ou bien veux-tu vivre maritalement avec Geneviève dans un autre pays sans l'épouser, et prendre un état qui vous fasse subsister tous deux?

— Je ne ferai jamais cette dernière proposition à Gene- viève. Je sais que je lui deviendrais odieux et que je rou- girais de moi-même le jour où je chercherais à en faire ma maîtresse, quand je puis en faire ma femme.

— Tu résisteras donc à ton père hardiment, franche- ment?

— Oui.

— Eh bien! à l'œuvre tout de suite. Geneviève n'est pas bien loin. Il faut courir après elle; je suis assez fort pour sortir; je vais mettre François au char à bancs de monsieur ton père. Il le prendra comme il voudra cette fois-ci, et nous partirons tous deux. Nous rejoindrons la route de Guéret par la traverse, et nous ramènerons Geneviève à la ville. Voilà pour aujourd'hui. Tu couche- ras chez moi et tu écriras une jolie petite lettre au mar- quis, dans laquelle tu lui demanderas doucement et res- pectueusement son consentement... ensuite nous verrons venir. »

Ce projet plut beaucoup à André. « Allons, dit-il, je suis prêt. »

Joseph alla jusqu'à la porte, s'arrêta pour réfléchir et revint.

« Que t'a dit ton père, demanda-t-il, lorsque tu lui as parlé de ton projet?

— Ce qu'il m'a dit? reprit André étonné; je ne lui en ai jamais parlé.

— Comment, diable! tu n'es pas plus avancé que cela? Et pourquoi ne lui en as-tu pas encore parlé?

— Et comment pourrais-je le faire? Sais-tu quel homme est mon père quand on l'irrite?

— André, dit Joseph en se rasseyant d'un air sérieux, tu n'épouseras jamais Geneviève; elle a bien fait de re- noncer à toi.

— Oh! Joseph, pourquoi me parles-tu ainsi quand je suis si malheureux? s'écria André en cachant son visage dans ses mains. Que veux-tu que je fasse? que veux-tu que je devienne? Tu ne sais donc pas ce que c'est que d'avoir vécu vingt ans sous le joug d'un tyran? Tu as été élevé comme un homme, toi; et il t'a fait robuste. Moi, je suis né faible, et l'on m'a opprimé.

— Mais, par tous les diables! s'écria Joseph, on n'é- lève pas les hommes comme les chiens, on ne les persuade pas par la peur du fouet. Quel secret a donc trouvé ton père pour t'épouvanter ainsi? Crains-tu d'être battu, ou te prend-il par la faim? l'aimes-tu, ou le hais-tu? es-tu dévot ou poltron? Voyons, qu'est-ce qui t'empêche de lui dire une bonne fois: « Monsieur mon père, j'aime une honnête fille, et j'ai donné ma parole de l'épouser. Je vous demande respectueusement votre approbation, et je vous jure que je la mérite. Si vous consentez à mon bonheur, je serai pour toujours votre fils et votre ami; si vous refusez, j'en suis au désespoir, mais je ne puis manquer à mes devoirs envers Geneviève. Vous êtes riche, vous avez de quoi vivre; séparons nos biens; ceci est à vous, ceci est à moi; j'ai bien l'honneur de vous saluer. Votre fils respectueux, André. » C'est comme cela qu'on parle ou qu'on écrit.

— Eh bien! Joseph, je vais écrire, tu as raison. Je lais- serai la lettre sur une table, ou je la ferai remettre par un domestique après notre départ. Va préparer le char à bancs; mais prends bien garde qu'on ne te voie...

— Ah! voilà une parole d'écolier qui tremble. Non, An- dré, cela ne peut pas se faire ainsi. Je commence à voir clair dans ta tête et dans la mienne. J'ai des devoirs aussi envers Geneviève. Je suis son ami; je dois agir prudem- ment et ne pas la jeter dans de nouveaux malheurs par un zèle inconsidéré. Avant de courir après elle et de con- trarier une résolution qu'elle a encore la force d'exécuter, il faut que je sache si tu es capable de tenir la tienne. Il ne s'agit pas de plaisanter, vois-tu? Diantre! la réputation d'une fille honnête ne doit pas être sacrifiée à une amou- rette de roman.

— Tu es bien sévère avec moi, Joseph! Il y a peu de temps, tu te moquais de moi parce que je prenais la chose au sérieux, et tu te jouais d'Henriette comme jamais je n'ai songé à me moquer de ma chère, de ma respectée Geneviève.

— Tu as raison, je raisonne je ne sais comment, et je dis des choses que je n'ai jamais dites. Je dois te paraître singulier, mais à coup sûr pas autant qu'à moi-même; pourtant c'est peut-être tout simple. Écoute, André, il faut que je te dise tout.

— Mon Dieu! que veux-tu dire, Joseph? tu me tour- mentes et tu m'inquiètes aujourd'hui à me rendre fou.

— Tâche de rassembler toutes les forces de ta raison pour m'écouter. Ce que je vois de ta conduite et de celle de Geneviève me fait croire que tu n'as pas grande envie de l'épouser... ne m'interromps pas. Je sais que tu as bon cœur, que tu es honnête et que tu l'aimes; mais je sais aussi tout ce qui t'empêchera d'en faire ta femme. Écoute; Geneviève est déshonorée dans le pays; mais moi, je ne crois pas qu'elle ait été ta maîtresse. Je mettrais ma main au feu pour la soutenir... elle est aussi pure à présent que le jour de sa première communion.

— Je le jure par le Dieu vivant, s'écria André; si mon âme n'avait pas eu pour elle un saint respect, son pre- mier regard aurait suffi pour m'inspirer!

— Eh bien! ce que tu me dis là me décide tout à fait. Pèse bien toutes mes paroles et réponds-moi dans une heure, ce soir ou demain au plus tard, si tu as besoin de réflexions; mais réponds-moi définitivement et sans retour sur ta parole. Veux-tu que j'offre à Geneviève de l'épouser? Si elle y consent, c'est dit!

— Toi? s'écria André en reculant de surprise.

— Oui, moi, répondit Joseph. Le diable me pourfende si je n'y suis pas décidé! Ce n'est pas une offre en l'air. C'est une chose à laquelle j'ai pensé douze heures par jour depuis la nuit où tu as été si malade. Je m'en repentirai peut-être un jour; mais aujourd'hui, je le sens, c'est mon devoir, c'est la volonté de Dieu. Geneviève est perdue, désespérée. Tu ne peux pas l'épouser, et si tu ne l'épouses pas, tu seras poursuivi par un remords éternel. Je suis votre ami. Une voix intérieure me dit : « Joseph, tu peux tout réparer. On se moquera peut-être de toi, mais ni Geneviève ni André ne seront ingrats. Ils consentiront à se séparer pour jamais, et un jour ils te remercieront.»

En parlant ainsi, Joseph s'attendrit et s'éleva presque à la hauteur du rôle généreux et romanesque à l'abri duquel il espérait persuader à André de renoncer à Geneviève. Joseph n'était rien moins qu'un héros de roman. C'était un campagnard madré qui s'était épris sérieusement de Geneviève, et qui, entrevoyant l'espérance de la séparer d'André, cédait à un égoïsme bien excusable, et n'était pas fâché de hâter cette rupture. Mais son caractère était un singulier mélange de ruse et de loyauté. Aussi, quand il vit qu'André, dupe d'abord de sa fausse générosité, après l'avoir remercié avec effusion, refusait de renoncer à Geneviève, il abandonna sur-le-champ le rêve de bonheur dont il s'était bercé. Quand il entendit André parler de sa passion avec cette espèce d'éloquence dont il n'avait pas le secret, il revint à lui-même : « Non, se dit-il intérieurement, Geneviève ne pourrait pas oublier un si beau parleur pour s'affubler d'un rustre comme moi. Si le respect humain ou le dépit la décidait à m'accepter, elle s'en repentirait, et j'aurais fait trois malheureux, André, elle et moi. D'ailleurs, se dit-il encore, André sait mieux aimer que moi. Il ne sait pas agir, mais il sait souffrir et pleurer. Voilà ce qui gagne le cœur des femmes. Ce pauvre enfant n'aura peut-être ni la force de l'épouser ni celle de l'abandonner. Dans tous les cas, il sera malheureux; mais je ne veux pas qu'il soit dit que j'y aie contribué, moi, Joseph Marteau, son ami d'enfance. Ce serait mal.»

C'est avec ces idées et ces maximes que Joseph Marteau, après avoir passé en un jour par les sentiments les plus contraires, se résolut à hâter de tout son pouvoir la réconciliation d'André avec Geneviève.

« Je m'abandonne à toi comme à mon meilleur, comme à mon seul ami, lui dit André; dis-moi ce qu'il faut faire, aide-moi, réfléchis et décide. J'exécuterai aveuglément tes ordres.

— Eh bien! lui dit Joseph, il faut procéder honnêtement, si nous voulons avoir l'assentiment de Geneviève. Va trouver ton père sur-le-champ et demande-lui son consentement. S'il te l'accorde, écris à Geneviève pour la prier de revenir; je porterai la lettre et je lui dirai tout ce qui pourra la décider. S'il refuse, nous partons sans le prévenir, et nous procédons cavalièrement avec lui.

— Ne pourrais-tu me sauver l'horreur de cet entretien? dit André; j'aimerais mieux me battre avec dix hommes que de parler à mon père.

— Impossible, impossible! dit Joseph; il refusera, il te brutalisera, il n'en faut pas douter; tant mieux! tous les torts seront de son côté, et nous aurons le droit d'agir vigoureusement.»

André se décida enfin et trouva son père occupé à nettoyer ses fusils de chasse. Il entra timidement et fit crier la porte en l'ouvrant lentement et d'une main tremblante.

« Voyons, qu'y a-t-il? qu'est-ce que c'est? dit le marquis impatienté; pourquoi n'entrez-vous pas franchement? Vous avez toujours l'air d'un voleur ou d'un pauvre honteux.

— Je viens vous demander un moment d'entretien, » répondit André d'un air froid et craintif. C'était la première fois qu'il essayait d'avoir une explication avec son père. Le marquis fut si surpris qu'il leva les yeux et toisa André de la tête aux pieds. Il pressentit en un instant le sujet de cette démarche, et la colère s'alluma dans ses veines avant que son fils eût dit un mot. Tous deux gardèrent le silence, puis le marquis s'écria : « Allons, tonnerre de Dieu! êtes-vous venu ici pour me regarder le blanc des yeux? Parlez, ou allez-vous-en.

— Je parlerai, mon père, dit André, à qui le sentiment de l'offense donnait un peu de courage. Je viens vous déclarer que je suis amoureux de la fleuriste, et que mon intention est de l'épouser, si vous voulez bien m'accorder votre consentement...

— Et si je ne l'accorde pas, s'écria le marquis en se contenant un peu, que ferez-vous?

— J'essaierai de vous fléchir; et si je ne le peux pas...

— Eh bien? »

André resta deux minutes sans répondre. Les yeux étincelants de son père le tenaient en arrêt comme le lièvre fasciné sous le regard du chien de chasse.

« Eh bien! monsieur l'épouseur de filles, dit le marquis d'un ton moqueur et méprisant, que ferez-vous si je vous défends de mettre les pieds hors de la maison d'ici à un an?

— Je désobéirai à mon père, répondit André en s'animant, car mon père aura agi avec moi d'une manière injuste et insensée.»

Rien au monde ne pouvait irriter le marquis plus que les paroles et le maintien de son fils. Un caractère plus hardi et plus souple aurait su flatter cet orgueil impérieux et brutal; mais André n'avait pas le courage de caresser un animal si rude. Tout ce qu'il pouvait, c'était de faire bonne contenance devant lui et de ne pas s'abandonner à la tentation de fuir son aspect terrifiant.

« Ah! nous y voilà! dit le marquis en grinçant des dents et en se frottant les mains : voilà où nous devions en venir! Eh bien! qu'il en arrive ce qu'il plaira à Dieu; pleurez, maigrissez, mourez; aussi bien les sots comme vous ne sont pas dignes de vivre; mais certainement vous n'aurez pas mon consentement. Vous attendrez ma mort si vous voulez; je n'ai pas encore envie d'en finir pour vous laisser la liberté d'épouser une... »

André fit un mouvement pour sortir afin de ne pas entendre injurier Geneviève. Le marquis le retint par le bras et le força d'écouter un déluge de menaces et d'imprécations. Il fit entrer dans ce sermon très-peu chrétien une espèce de récrimination sentimentale à sa manière. Il lui reprocha tous les bienfaits de sa tendresse, et lui présenta comme des preuves d'une adorable sollicitude les soins vulgaires qu'impose à tous les hommes le plus simple sentiment des devoirs de la paternité. Il le fit en des termes qui eussent rendu son discours aussi bouffon qu'il espérait le rendre pathétique, si André eût été capable d'avoir une pensée plaisante en cet instant. « Quand vous êtes venu au monde, lui dit-il, vous étiez si chétif et si laid, que pas une femme de la commune ne voulut vous prendre en nourrice : c'était une trop grande responsabilité que de se charger de vous. Je trouvai enfin une pauvre misérable à la Chassaigne qui offrit de vous emporter; mais quand je vous vis dans son tablier, pauvre araignée, je craignis que le soleil ne vous fît fondre dans le trajet, et vous tirai de là pour vous jeter sur mon propre lit. Alors je fis venir ma plus belle chèvre, une chèvre de deux ans qui venait de mettre bas pour la première fois, et vous la donnai pour nourrice. Je fis tuer les chevreaux et je les mangeai, et pourtant c'étaient deux beaux chevreaux! tout le monde avait regret de voir deux *élèves* d'une si bonne race aller à la boucherie; mais je ne reculai devant aucun sacrifice pour sauver cet avorton qui ne devait cependant me donner que des chagrins. Je vous gardai à la maison pendant les années où un enfant est le plus désagréable. Je me résignai à entendre les criailleries de maillot, que je déteste; vous n'avez pas fait une dent que je n'aie donné un mouchoir ou un tablier à la servante qui prenait soin de vous. C'était, ma foi, une belle fille! je n'avais pas choisi la plus laide du pays, et je la payais cher! je voulais qu'on n'eût pas à me reprocher d'avoir négligé quelque chose pour ce fils malingre qui me causait tant d'embarras et qui devait ne m'être jamais bon à rien. Combien de fois ne me suis-je pas levé au milieu de la nuit pour vous préparer des *breuvages* quand on venait me dire que vous aviez des convulsions ! »

André aurait pu trouver à toutes ces grandes actions de son père des explications fort prosaïques. Sans parler des petits cadeaux à la servante qui, dans le pays, n'étaient pas uniquement attribués à la tendresse paternelle, il aurait pu se rappeler aussi que le marquis avait coutume de passer les nuits dans la plus grande agitation quand un de ses bestiaux était malade ; et, quant aux fameux *breuvages* qu'il préparait lui-même et pareils en tout à ceux qu'il distribuait largement à ses bœufs de travail, André avait souvent fait, dans son enfance, le rude essai de ses forces contre l'énergie de ces potions diaboliques.

Mais André était si bon et si doux qu'il fut un instant ému et persuadé par ces grossières démonstrations d'amitié. Le marquis l'observait attentivement, tout en poursuivant sa déclamation.

Il vit sur son visage des traces d'attendrissement, et, empressé de ressaisir son empire, il en profita pour frapper les derniers coups. Mais il le fit d'une façon maladroite. Il se risqua à vouloir couvrir d'infamie la conduite de Geneviève, à la présenter comme une intrigante qui tâchait d'envahir le cœur et la fortune d'un enfant crédule. André retrouva, comme par enchantement, le peu de forces qu'il avait apportées à cet entretien. Il sortit en déclarant à son père qu'il appellerait à son secours la justice, le bon sens et les lois, s'il le fallait. Avec une résistance plus patiente et plus ménagée, il aurait pu vaincre l'obstination du marquis ; mais André craignait trop la fatigue du cœur et de l'esprit pour entreprendre une lutte quelconque.

Joseph vint à sa rencontre sur l'escalier et lui dit : « J'ai entendu le commencement et la fin de la querelle. Cela s'est passé comme je m'y attendais. Le char à bancs est prêt ; partons. »

Ils partirent si lestement que le marquis n'eut pas le temps de s'en apercevoir : Joseph, enchanté de faire un coup de tête, fouettait son cheval en riant aux éclats ; et André, tout tremblant, songeait à la première journée qu'il avait passée avec Geneviève au *Château Fondu*, et qu'il avait conquise par une fuite pareille.

Ils trouvèrent la patache, inclinée sur son brancard, à la porte d'un cabaret, dans un petit village de la Marche. Il ne faisait pas encore jour. Le conducteur savourait un cruchon de vin du pays, acide comme du vinaigre, et qu'il préférait fièrement à celui des meilleurs crus. Joseph et André jetèrent un regard empressé autour de la salle, qu'éclairait faiblement la lueur d'un maigre foyer. Ils aperçurent Geneviève assise dans un coin, la tête appuyée sur ses mains et le corps penché sur une table. André la reconnut à son petit châle violet, qu'elle avait serré autour d'elle pour se préserver du froid du matin, et à une mèche de cheveux noirs qui s'échappait de son bonnet et qui brillait sur sa main comme une larme. Succombant à la fatigue d'une nuit de cahots, la pauvre enfant dormait dans une attitude de résignation si douce et si naïve qu'André sentit son cœur se briser d'attendrissement. Il s'élança et la serra dans ses bras en la couvrant de baisers et de sanglots. Geneviève s'éveilla en criant, crut rêver, et s'abandonna aux caresses de son amant, tandis que Joseph, ému péniblement, leur tourna le dos, et, dans sa colère, donna un grand coup de pied au chat qui dormait sur la cendre du foyer.

Geneviève voulait résister et poursuivre sa route. André appela Joseph à son secours et le conjura d'attester la fermeté de sa conduite envers son père. Le bon Joseph imposa silence à sa mauvaise humeur et exagéra la bravoure et les grandes résolutions d'André. On tint conseil. On donna pour boire au conducteur afin qu'il attendît une heure de plus, ce qui fut d'autant plus facile que Geneviève était le seul voyageur de la patache.

Geneviève fit observer que son départ devait déjà être connu de toute la ville de L...., qu'un brusque retour avec André serait un sujet de scandale ou de moquerie ; jusque-là on pouvait croire à la maladie de sa cousine. Il ne fallait pas donner à toute cette histoire la tournure d'un dépit amoureux ou d'un caprice romanesque. La jalousie d'Henriette impliquerait Joseph dans cette combinaison d'événements d'une manière étrange et ridicule. André, toujours ardent et courageux quand il ne s'agissait que de prévoir les obstacles, prétendait qu'il fallait fouler aux pieds toutes ces considérations. Joseph, plus tranquille, approuva toutes les observations de Geneviève, et décida, en dernier ressort, qu'elle devait passer huit jours à Guéret, tandis qu'André reviendrait à L..... et s'établirait chez lui. Ce temps devait être consacré à faire, par lettres, de nouvelles démarches respectueuses auprès du marquis, après quoi on s'occuperait des démarches légales. Geneviève, à ce mot, secoua la tête sans rien dire ; son parti était pris de ne jamais recourir à ces moyens-là. Elle mettait son dernier espoir dans la persévérance d'André à persuader son père ; elle ignorait que cette persévérance avait duré une demi-heure et ne devait pas se ranimer.

Ils se séparèrent donc avec mille promesses mutuelles de se rejoindre à la fin de la semaine et de s'écrire tous les jours. André, selon les conseils de Joseph, écrivit à son père et ne reçut pas de réponse. Geneviève résolut d'attendre le résultat de ces tentatives pour prendre un parti. Nouvelles lettres d'André, nouveau silence du marquis. Geneviève prolongea son absence. André, au désespoir, fit faire une première sommation à son père et partit pour Guéret. Il se jeta aux pieds de Geneviève et la supplia de revenir avec lui, ou de lui permettre de s'écrire près d'elle. Elle était près de consentir à l'un ou à l'autre, lorsqu'il eut la mauvaise inspiration de lui apprendre le dernier acte de fermeté qu'il venait de faire auprès du marquis. Cette nouvelle causa un profond chagrin à Geneviève ; elle la désapprouva formellement et se plaignit de n'avoir pas été consultée. Au milieu de sa tristesse, elle éprouva un peu de ressentiment contre son amant et ne put se défendre de l'exprimer.

« Voilà où tu m'as entraînée, lui dit-elle. J'ai toujours voulu t'éloigner ou te fuir, et par ton imprudence tu m'as jetée dans un abîme dont nous ne sortirons jamais. Me voilà couverte de honte, perdue, et pour laver cette tache, il faut que je t'exhorte à violer tous les devoirs de la piété filiale. Non, c'est impossible, André, il vaut mieux souffrir et n'être pas coupable. Réussir au prix du remords, c'est se condamner dès cette vie aux tourments de l'enfer. »

André ne savait que répondre à ces scrupules, que d'ailleurs il partageait. Il sentait que son devoir était de la quitter et de lui laisser accomplir son courageux sacrifice, dût-il en mourir de chagrin. Mais cela était plus que tout le reste au-dessus de ses forces ; il se jetait à genoux, pleurait et demandait la pitié et les consolations de Geneviève.

Geneviève était forte et magnanime ; mais elle était femme et elle aimait. Après l'élan qui la portait aux grandes résolutions, la tendresse et l'instinct du bonheur parlaient à leur tour. Elle regrettait de n'avoir pas pour appui un amant plus courageux qu'elle.

« Ah ! disait-elle à André, tu m'entraînes dans le mal, tu me fais manquer à l'estime que je voulais avoir pour moi-même ; je ne m'en consolerai pas et je ne pourrai jamais cesser de t'accuser un peu. Avec un homme plus fort que toi, j'aurais pratiqué les vertus héroïques ; il me semble que j'en suis capable et que ma destinée était de faire des choses extraordinaires. Et pourtant je vais tomber dans une existence coupable, égoïste et honteuse. Je vais travailler sordidement à épouser un homme plus riche que moi, et pourquoi ? pour imposer silence à la calomnie. André, André ! renonce à moi ; il en est encore temps ; crains que, si je te cède aujourd'hui, je ne m'en repente demain.

— Tu as raison, disait André, séparons-nous ; » et il tombait dans les convulsions. Son faible corps se refusait à ces émotions violentes. Geneviève n'avait pas le courage surhumain de l'abandonner et de le désespérer dans ces moments cruels. Elle lui promettait tout ce qu'il voulait, et elle finit par retourner à L..... avec lui.

XVII.

Alors commença pour tous deux une vie de souffrances continuelles. D'une part, le marquis, furieux de la sommation de l'huissier, se plaignait à tout le pays de l'insolence de son fils et de l'impudente ambition de cette ouvrière, qui voulait usurper le noble nom de sa famille. Il trouvait beaucoup de gens envieux du mérite de Geneviève ou avides de colporter les secrets d'autrui, et les calomnies débitées contre la pauvre fille acquirent une publicité effrayante. Toutes les prudes de la ville, et le nombre en était grand, lui retirèrent leur pratique, et se portèrent en foule chez une marchande qui avait profité de l'absence de Geneviève pour venir s'établir à L... Ses fleurs étaient ridicules auprès de celles de Geneviève ; mais qui pouvait s'en soucier ou s'en apercevoir, si ce n'est deux ou trois amateurs de botanique, qui cultivaient des fleurs et n'en commandaient pas ? Le besoin vint assiéger la pauvre fleuriste ; personne ne s'en douta, et André moins que tout autre, tant elle sut bien cacher sa pénurie ; mais elle supporta de longs jeûnes, et sa santé s'altéra sérieusement.

L'amitié d'Henriette, qui lui avait été douce et secourable autrefois, lui fut tout à fait ravie. La dernière fuite de Joseph, les fréquentes visites qu'il continuait à rendre à Geneviève, et surtout l'indifférence qu'il ne pouvait plus dissimuler, furent autant de traits envenimés dont Henriette reçut l'atteinte, et dont elle retourna la pointe vers sa rivale. Elle était bonne, et son premier mouvement était toujours généreux ; mais elle n'avait pas l'âme assez élevée pour résister à l'humiliation de l'abandon et aux railleries de ses compagnes. Elle accablait Geneviève de menaces ridicules. La malheureuse enfant perdit enfin ce noble et tranquille orgueil qui l'avait soutenue jusque-là. Elle devint craintive, et sa raison s'affaiblit ; elle passait les nuits dans une solitude effrayante ; son imagination, troublée par la fièvre, l'entourait de fantômes : tantôt c'était le marquis, tantôt Henriette, qui la foulaient aux pieds et lui dévoraient le cœur, tandis qu'André dormait tranquillement, et, sourd à ses cris, ne s'éveillait pas. Alors elle se levait effarée, baignée de sueur ; elle ouvrait sa fenêtre et s'exposait à l'air froid de l'automne. Un matin André entra chez elle et la trouva évanouie à terre ; il voulut ne plus la quitter et s'obstina à passer les nuits dans la chambre voisine. Il fallut y consentir : elle n'avait pas une amie pour la secourir. Ni Geneviève ni André, qui était réduit au même dénûment, n'avaient le moyen de payer une garde ; d'ailleurs André l'aurait-il remise à des soins mercenaires, quand il croyait pouvoir la soigner avec le respect et la sécurité d'un frère ?

Il ne savait pas à quel danger il s'exposait. Au milieu de la nuit, les cris de Geneviève le réveillaient en sursaut ; il se levait et la trouvait à moitié nue, pâle et les cheveux épars. Elle se jetait à son cou en lui disant : « Sauve-moi, sauve-moi ! » Et, quand cet accès de frayeur fébrile était passé, elle retombait épuisée dans ses bras et s'abandonnait indifférente et presque insensible à ses caresses. André s'était juré de ne jamais profiter de ces moments d'accablement et d'oubli. Il s'asseyait à son chevet et l'endormait en la soutenant sur son cœur ; mais ce cœur palpitait de toute l'ardeur de la jeunesse et d'une passion longtemps comprimée. Chaque nuit il espérait calmer le feu dont il était dévoré par une étreinte plus forte, par un baiser plus passionné que la veille ; et il croyait chaque nuit pouvoir s'arrêter à cette dernière caresse brûlante, mais chaste encore.

Qu'y a-t-il d'impur entre deux enfants beaux et tristes, et abandonnés du reste du monde ? Pourquoi flétrir la sainte union de deux êtres à qui Dieu inspire un mutuel amour ? André ne put combattre longtemps le vœu de la nature. Geneviève malade et souffrante lui devenait plus chère chaque jour. Le feu de la fièvre animait sa beauté d'un éclat inaccoutumé ; avec cette rougeur et ces yeux brillants, c'était une autre femme, sinon plus aimée, du moins plus désirable. André ne savait pas lutter longtemps contre lui-même ; il succomba, et Geneviève avec lui.

Quand elle retrouva ses forces et sa raison, il lui sembla qu'elle sortait d'un rêve ou qu'un des génies des contes arabes l'avait portée dans les bras de son amant durant son sommeil. Il se jeta à ses pieds, les arrosa de ses larmes et la conjura de ne pas se repentir du bonheur qu'elle lui avait donné. Geneviève pardonna d'un air sombre et avec un cœur désespéré ; elle avait trop de fierté pour ne pas haïr tout ce qui ressemblait à une victoire des sens sur l'esprit ; elle n'osa faire des reproches à André ; elle connaissait l'exaspération de sa douleur au moindre signe de mécontentement qu'elle lui donnait ; elle savait qu'il était si peu maître de lui-même que dans sa souffrance il était capable de se donner la mort.

Elle supporta son chagrin en silence ; mais au lieu de tout pardonner à l'entraînement de la passion, elle sentit qu'André lui devenait moins cher et moins sacré de jour en jour. Elle l'aimait peut-être avec plus de dévouement ; mais il n'était plus pour elle, comme autrefois, un ami précieux, un instituteur vénéré ; la tendresse demeurait, mais l'enthousiasme était mort. Pâle et rêveuse entre ses bras, elle songeait au temps où ils étudiaient ensemble sans oser se regarder, et ce temps de crainte et d'espoir était pour elle mille fois plus doux et plus beau que celui de l'entier abandon.

Pour comble de malheur, Geneviève devint grosse ; alors il n'y eut plus à reculer, André fit les sommations de rigueur à son père, et, un soir, Geneviève, appuyée sur le bras de Joseph, alla à l'église et reçut l'anneau nuptial de la main d'André. Elle avait été le matin à la mairie avec le même mystère ; ce fut un mariage triste et commis en secret comme une faute.

La misère où tombait de jour en jour ce couple malheureux, et surtout la grossesse de Geneviève, mettait André dans la nécessité de réclamer sa fortune ; mais Geneviève s'opposait avec force à cette dernière démarche. « Non, disait-elle, c'est bien assez de lui avoir désobéi et d'avoir bravé sa malédiction et sa colère ; il ne faut pas mériter son mépris et sa haine. Jusqu'ici il peut dire que je suis une insensée, qui s'est éprise de son fils et qui l'a entraîné dans le malheur ; il ne faut pas qu'il dise que je suis une vile créature qui veut le dépouiller de son argent pour s'enrichir. »

André voyait les souffrances et les privations que la misère imposait à sa femme ; il aurait dû surmonter les scrupules de Geneviève et sacrifier tout à la conservation de celle qui allait le rendre père ; mais cet effort était pour lui le plus difficile de tous. Il savait que le marquis tenait encore plus à l'argent qu'au plaisir de commander ; il prévoyait des lettres de reproches et de menaces plus terribles que toutes celles qu'il avait reçues de lui à l'occasion de son mariage, et puis il se flattait de faire vivre Geneviève par son travail. Il avait obtenu avec bien de la peine un misérable emploi dans un collège. André était instruit et intelligent, mais il n'était pas *industrieux*. Il ne savait pas s'appliquer et s'attacher à une profession, en tirer parti, et s'élever par sa persévérance jusqu'à une position meilleure et plus honorable. Ce métier de cuistre lui était odieux ; il le remplissait avec une répugnance qui lui attirait l'inimitié des élèves et des professeurs. On l'accabla de vexations qui lui rendirent l'exercice de son misérable état de plus en plus pénible ; il les supporta du mieux qu'il put, mais sa santé en souffrit. Chaque soir en rentrant chez lui il avait des attaques de nerfs, et souvent le matin il était si brisé et il se sentait le cœur tellement dévoré de douleur et de colère qu'il lui était impossible de se traîner jusqu'à sa classe ; on le renvoya.

Joseph lui avait ouvert sa bourse ; mais il était pauvre, chargé de famille. D'ailleurs Geneviève, à l'insu de laquelle André avait accepté d'abord les secours de son ami, avait fini par s'apercevoir de ces emprunts, et elle s'y opposait désormais avec fermeté. Elle supportait la faim et le froid avec un courage héroïque, et se condamnait aux plus grossiers travaux sans jamais faire entendre une plainte. André était assez malheureux; assez de tourments, assez de remords le déchiraient; elle essaya de le consoler en pleurant avec lui. Mais une femme ne peut pas aimer d'amour un homme qu'elle sent inférieur à elle en courage; l'amour sans vénération et sans enthousiasme n'est plus que de l'amitié; l'amitié est une froide compagne pour aider à supporter les maux immenses que l'amour a fait accepter.

Joseph ne voyait dans tout cela que l'air souffrant et abattu d'André et sa situation précaire; il ne savait plus quel conseil ni quel secours lui donner. Un matin il prit sa gibecière et son fusil, acheta un lièvre en traversant le marché, et s'en alla à travers champs au château de Morand. Il y avait six mois qu'il n'avait eu de rapports directs avec le marquis; il savait seulement que celui-ci s'en prenait à lui de tout ce qui était arrivé et parlait de lui avec un vif ressentiment. « Il en arrivera ce qui pourra, se disait Joseph en chemin; mais il faut que je tente quelque chose sur lui, n'importe quoi, n'importe comment. Joseph Marteau n'est pas une bête; il prendra conseil des circonstances, et tâchera d'étudier son marquis de la tête aux pieds pour s'en emparer. »

Le marquis ne s'attendait guère à sa visite. Il assistait à un semis d'orge dans un de ses champs; Joseph, en l'apercevant, fut surpris du changement qui s'était opéré dans ses traits et dans son attitude : la révolte et l'abandon d'André avaient bien porté une certaine atteinte à son cœur paternel; mais son principal regret était de n'avoir plus personne à tourmenter et à faire souffrir. La grosse philosophie de tous ceux qui l'entouraient recevait stoïquement les bourrasques de sa colère; l'effroi, la pâleur et les larmes d'André étaient des victoires plus réelles, plus complètes, et il ne pouvait se consoler d'avoir perdu ses triomphes journaliers.

Joseph s'attendait au froid accueil qu'il reçut; aussi fit-il bonne contenance, comme s'il ne se fût aperçu de rien.

« Je ne comptais pas sur le plaisir de vous voir, lui dit M. de Morand.

— Oh! ni moi non plus, dit Joseph; mais passant par ce chemin et vous voyant de moi, je n'ai pu me dispenser de vous souhaiter le bonjour.

— Sans doute, dit le marquis, vous ne pouviez pas vous en dispenser,... d'autant plus que cela ne vous coûtait pas beaucoup de peine. »

Joseph secoua la tête avec cet air de bonhomie qu'il savait parfaitement prendre quand il voulait.

« Tenez, voisin, dit-il (je vous demande pardon, je ne peux pas me déshabituer de vous appeler ainsi), nous ne nous comprenons pas, et puisque vous voilà, il faut que je vous dise ce que j'ai sur le cœur. J'étais bien résolu à n'avoir jamais cette explication avec vous; mais quand je vous ai vu là avec cette brave figure que j'avais tant de plaisir à rencontrer quand je n'étais pas plus haut que mon fusil, ça m'a fait plus fort que moi; il a fallu que je misse mon dépit de côté et que je vinsse vous donner une poignée de main. Touchez là. Deux honnêtes gens ne se rencontrent pas tous les jours dans un chemin, comme on dit. »

La grosse cajolerie avait un pouvoir immense sur le marquis; il ne put refuser de prendre la main de Joseph; mais en même temps il le regarda en face d'un air de surprise et de mécontentement.

« Qu'est-ce que cela signifie? dit-il; vous prétendez avoir du dépit contre moi, et vous avez l'air de me pardonner quelque chose, quand c'est moi qui...

— Je sais ce que vous allez dire, voisin, interrompit Joseph, et c'est de cela que je me plains; je sais de quoi vous m'accusez, et je trouve mal à vous de soupçonner un ami sans l'interroger.

— Sur quoi, diable, voulez-vous que je vous interroge, quand je suis sûr de mon fait? N'avez-vous pas emmené mon fils sous mes yeux pour le conduire à la recherche de cette folle qui, sans vous, s'en allait à Guéret et ne revenait peut-être plus? N'avez-vous pas été compère et compagnon dans toutes ses belles équipées? N'avez-vous pas conseillé à André de m'insulter et de me désobéir? N'avez-vous pas donné le bras à la mariée le jour de cet honnête mariage? Répondez à tout cela, Joseph, et interrogez un peu votre conscience; elle vous dira que je devrais retirer ma main de la vôtre quand vous me la tendez. »

Joseph sentit que le marquis avait raison, et il fit un effort sur lui-même pour ne pas se déconcerter.

« Je conviens, dit-il, que les apparences sont contre moi, marquis; mais si nous nous étions expliqués au lieu de nous fuir, vous verriez que j'ai fait tout le contraire de ce que vous croyez. Le jour où j'ai emmené André avec votre char à bancs et mon cheval, il est vrai, je crois avoir rempli mon devoir d'ami sincère envers le père autant qu'envers le fils.

— Comment cela, je vous prie? dit le marquis en haussant les épaules.

— Comment cela! reprit Joseph avec une effronterie sans pareille; ne vous souvient-il plus de la colère épouvantable et de l'insolente ironie de votre fils durant cette dernière explication que vous eûtes ensemble?

— Il est vrai que jamais je ne l'avais vu si hardi et si têtu, répondit le marquis.

— Eh bien! dit Joseph, sans moi il aurait dépassé toutes les bornes du respect filial; quand je vis ce malheureux jeune homme exaspéré de la sorte, et résolu à vous dire l'affreux projet qu'il avait conçu dans le désespoir de la passion...

— Quel projet? interrompit le marquis. Son mariage? il me l'a dit assez clairement, je pense.

— Non, non, marquis, quelque chose de bien pis que cela, et que, grâce à moi, il renonça à exécuter ce jour-là.

— Mais qu'est-ce donc?

— Impossible de vous le dire, vos cheveux se dresseraient. Ah! funestes effets de l'amour! Heureusement je réussis à l'entraîner hors de la maison paternelle; j'espérais le tromper, lui faire croire que nous courions après sa belle, et, à la faveur de la nuit, l'emmener coucher à ma petite métairie de Granières, où peut-être il se serait calmé et aurait fini par entendre raison; mais il s'aperçut de la feinte, et, après m'avoir fait plusieurs menaces de fou, il s'élança à bas du char à bancs et se mit à courir à travers champs comme un insensé. J'eus une peine incroyable à le rejoindre, et, avant de le saisir à bras le corps, j'en reçus plusieurs coups de poing assez vigoureux...

— Impossible! dit le marquis, jusque-là demi-persuadé, mais que cette dernière impudence de Joseph commençait à rendre incrédule; André n'a jamais eu la force de donner un chiquenaude à une mouche.

— Ne savez-vous pas, marquis, dit Joseph sans se troubler, que, dans l'exaspération de l'amour ou de la folie, les hommes les plus faibles deviennent robustes? Ne vous souvenez-vous pas de lui avoir vu des attaques de nerfs si violentes que vous aviez de la peine à le tenir, vous qui, certes, n'êtes pas une femmelette?

— Bah! c'est que je craignais de le briser en le touchant.

— Oh bien! moi, précisément par la même raison, je me laissai gourmer jusqu'à ce qu'il s'apaisât un peu. Alors, voyant qu'il était impossible de l'empêcher d'aller voir Geneviève, je pris le parti de l'accompagner pour tâcher de rendre cette entrevue moins dangereuse. Est-ce là la conduite d'un traître envers vous, voisin?

— À la bonne heure, dit le marquis; mais, depuis, vous lui avez certainement donné de mauvais conseils.

— Ceux qui disent cela en ont menti par la gorge! s'écria Joseph en jouant la fureur. Je voudrais les voir là au bout de mon fusil pour savoir s'ils oseraient soutenir leur imposture.

— Tu diras ce que tu voudras, Joseph, si tu avais voulu employer ton crédit sur l'esprit d'André, tu aurais empêché de faire ce qu'il a fait; mais tu t'es croisé les bras et tu as dit : Il en arrivera ce qu'il pourra ; ce sont les affaires de ce vieux grondeur de Morand, je ne m'en embarrasse guère... Oh ! je connais ton insouciance, Joseph, et je te vois d'ici. »

Joseph, voyant le marquis sensiblement radouci, redoubla d'audace, et affirma par les serments les plus épouvantables qu'il avait fait son possible pour ramener André au sentiment du devoir ; mais André, disait-il, était un lion déchaîné ; il n'écoutait plus rien et montrait un caractère opiniâtre, violent et vindicatif, sur lequel rien ne pouvait avoir prise.

« Chose étrange ! dit le marquis en l'écoutant d'un air stupéfait ; il était si craintif et si nonchalant avec moi !

— Ne croyez pas cela, marquis, disait Joseph, vous ne l'avez jamais connu ; ce garçon-là est sournois en diable !

— C'est vrai, dit le marquis ; il avait l'air de se soumettre ; mais je n'avais pas les talons tournés que le drôle désobéissait de plus belle.

— Vous voyez bien que je le connais, reprit Joseph ; il a agi de même avec moi, quand je lui avais fait une scène infernale pour le ramener au respect qu'il vous doit, il avait l'air convaincu. Je tournais les talons, et voilà mon drôle qui allait trouver les huissiers pour vous les envoyer.

— Ah ! le scélérat ! s'écria le marquis en serrant les poings à ce souvenir. Je ne sais pas, Joseph, comment tu peux le fréquenter encore ; car tu es toujours ami intime avec lui : on vous voit partout ensemble ; tu donnes le bras à sa femme ; on a même dit que tu en étais amoureux, et que, durant la maladie d'André, tu avais été au mieux avec elle. Ne m'as-tu pas fait une scène incroyable la nuit où elle a osé venir jusqu'ici ? En d'autres circonstances, j'aurais oublié notre vieille amitié et je t'aurais cassé la tête ; vrai, j'étais un peu en colère.

— Voisin, permettez-moi de dire, au nom de notre vieille amitié, que vous aviez tort. Il s'agissait de la vie d'André dans ce moment-là. Je me souciais bien de cette pécore ! N'avez-vous pas vu comment je l'ai fait détaler aussitôt qu'André a été rendormi ?

— Non, je m'étais endormi moi-même dans ce moment.

— Ah ! je suis fâché que vous n'ayez pas vu cela. Je lui ai dit son fait ; à présent, croyez-vous que je ne lui dise pas tous les jours ? Quant à elle, c'est, après tout, une assez bonne fille, douce, rangée et pleine de bons sentiments. J'en ai eu mauvaise opinion autrefois ; mais je suis bien revenu sur son compte. Je suis sûr que vous n'auriez pas à vous plaindre d'elle si vous la connaissiez. Celui qui n'entend raison sur rien, celui qui menace et exécute, c'est André. Vous n'avez pas l'idée de ce qu'est votre fils à présent, marquis ; et si vous saviez ce qu'il a résolu et ce que jusqu'ici j'ai réussi à empêcher, vous ne diriez pas que je lui donne de mauvais conseils.

— Il faut que tu me dises ce qu'il a résolu contre moi. Ah ! je m'en moque bien ! Je voudrais bien voir qu'il essayât du nouveau ?

— Il y a des choses que le caractère le plus ferme et l'esprit le plus sensé ne peuvent ni prévenir ni empêcher, dit Joseph d'un air grave ; les nouvelles lois donnent aux enfants un recours si étendu contre l'autorité sacrée des parents !

Le marquis commença à prévoir l'ouverture que lui préparait Joseph. Il y avait pensé plus d'une fois, et s'était flatté que son fils n'oserait jamais en venir là. Grossièrement abusé par la feinte amitié de Joseph, il commença à concevoir des craintes sérieuses, et il jeta autour de lui un regard étrange, que Joseph interpréta sur-le-champ. Il se promit de profiter de la terreur cupide du marquis, et, pour s'emparer de lui de plus en plus, il s'invita adroitement à dîner. « Ma demande n'est pas trop indiscrète, dit-il en tirant de sa gibecière le lièvre qu'il avait acheté au marché, j'ai précisément sur moi le rôti.

— C'est une belle pièce de gibier, dit le marquis en examinant le lièvre d'un air de connaisseur.

— Je le crois bien, dit Joseph ; mais ne me faites pas trop de compliments, car c'est votre bien que je vous rapporte ; j'ai tué ça sur vos terres.

— En vérité ? dit le marquis, dont les yeux brillèrent de joie : eh bien ! tu vois, ils prétendent tous qu'il n'y a pas de lièvres dans ma commune ! Moi, je sais qu'il y en a de beaux et de bons, puisque j'en élève tous les ans plus de cinquante que je lâche en avril dans mes champs. Ça me coûte gros ; mais enfin c'est agréable de trouver un lièvre dans un sillon de temps en temps.

— A qui le dites-vous ?

— Eh bien ! tu sais les tracasseries de mes voisins pour ces malheureux lièvres. L'un disait : — Il se ruine, il fait des folies ; l'autre : — Il a perdu la tête ; jamais lièvres ne multiplieront dans un terrain si sec et si pierreux ; ils s'en iront tous du côté des bois. Un troisième disait : — Le marquis fournit de lièvres à la table du voisin ; il fait des élèves pour sa commune, mais ils iront brouter le serpolet du Theil. Jusqu'à mon garde champêtre qui me soutient effrontément n'avoir jamais vu la trace d'un lièvre sur nos guérets.

— Eh bien ! qu'est-ce que c'est que ça ? dit Joseph en balançant d'un air superbe son lièvre par les oreilles ; est-ce un âne ? est-ce une souris ? Je voudrais bien que le garde champêtre et tous les voisins fussent là pour me dire si ce que je tiens là est une chouette ou un oison. »

Cette aimable plaisanterie fit rire aux éclats le marquis triomphant.

« Dis-moi, Joseph, est-ce le seul lièvre que tu aies vu sur la commune ?

— Ils étaient trois ensemble, répondit Joseph, sans hésiter. Je crois bien que j'en ai blessé un qui ne s'en vantera pas.

— Ils étaient trois ! dit le marquis enchanté.

— Trois, qui se promenaient comme de bons bourgeois dans la Marsèche de Lourche. Il y a une mère certainement ; je l'ai reconnue à sa manière de courir. Elle doit être pleine.

— Ah ! jamais les lièvres ne multiplieront sur les terres du marquis ! dit M. de Morand d'un air goguenard en se frottant les mains. Et dis-moi, Joseph, tu n'as pas tiré sur la mère ?

— Plus souvent ! je sais le respect qu'on doit à la progéniture. Ah ! par exemple, nous lâcherons quelques coups de fusil à ces petits messieurs-là dans six mois, quand ils auront eu le temps d'être papas et mamans à leur tour.

— Oui, s'écria le marquis, je veux que nous fassions un dîner avec tous les voisins ; et, pour les faire enrager, on n'y servira que du lièvre tué sur les terres de Morand.

— Premier service, civet de lièvre, s'écria Joseph ; rôti, râbles de lapereaux ; entremets, filets de lièvre en salade, pâté de lièvre, purée, hachis... Les convives seront malades de colère et d'indigestion. »

En réjouissant son hôte par ces grosses facéties, Joseph arriva avec lui au château. Le dîner fut bientôt prêt. Le fameux lièvre, qui peut-être avait passé son innocente vie à six lieues des terres du marquis, fut trouvé par lui savoureux et plein d'un goût de terroir qu'il prétendait reconnaître. Le marquis s'égaya de plus en plus à table, et quand il en sortit il était tout à fait bon homme et disposé à l'expansion. Joseph s'était observé, et tout en feignant de boire souvent, il avait ménagé son cerveau. Il fit alors en lui-même une récapitulation du plan territorial de Morand. Élevé dans les environs, habitué depuis l'enfance à poursuivre le gibier le long des haies du voisinage, il connaissait parfaitement la topographie des terres héréditaires de Morand et celle des propriétés de même genre apportées en dot par sa femme. Il choisit en lui-même le plus beau champ parmi ces dernières, et pria le marquis de s'y conduire sans rien laisser soupçonner de son intention. « On m'a dit que vous aviez planté cela d'une manière splendide ; si ce n'est pas abuser de votre complaisance, allons un peu de ce côté-là. »

Le marquis fut charmé de la proposition ; rien ne pouvait le flatter plus que d'avoir à montrer ses travaux

H. DELAVILLE.

Malgré l'anxiété de sa situation, elle céda et laissa tomber sa jolie tête. (Page 77.)

agricoles. Ils se mirent donc en route. Chemin faisant, Joseph s'arrêta sur le bord d'une traîne comme frappé d'admiration. « Tudieu! quelle luzerne! s'écria-t-il, est-ce de la luzerne, voisin? Quel diable de fourrage est-ce là? c'est vigoureux comme une forêt, et bientôt on s'y promènera à couvert du soleil.

— Ah! dit le marquis, je suis bien aise que tu voies cela. Je te prie d'en parler un peu dans le pays : c'est une expérience que j'ai faite, un nouveau fourrage essayé pour la première fois dans nos terres.

— Comme cela s'appelle-t-il?

— Ah! ma foi, je ne saurais pas te dire; cela a un nom anglais ou irlandais que je ne peux jamais me rappeler. La société d'agriculture de Paris envoie tous les ans à notre société départementale (dont tu sais que je suis le doyen) différentes sortes de graines étrangères. Ça ne réussit pas dans toutes les mains.

— Mais dans les vôtres, voisin, il paraît que ça prospère. Il faut convenir qu'il n'y a peut-être pas deux cultivateurs en France qui sachent comme vous retourner une terre et lui faire produire ce qu'il vous plaît d'y semer. Vous êtes pour les prairies artificielles, n'est-ce pas?

— Je dis, mon enfant, qu'il n'y a que ça, et que celui qui voudra avoir du bétail un peu présentable dans notre pays ne pourra jamais en venir à bout sans les regains. Nous avons trop peu de terrain à mettre en pré, vois-tu; il ne faut pas se dissimuler que nous sommes secs comme l'Arabie. Ça aura de la peine à prendre : le paysan est entêté et ne veut pas entendre parler de changer la vieille coutume. Cependant ils commencent à en revenir un peu.

— Parbleu! je le crois bien; quand on voit au marché des bœufs comme les vôtres, on est forcé d'y faire attention. Pour moi, c'est une chose qui m'a toujours tourmenté l'esprit. L'autre jour encore j'en ai vu passer une paire qui allait à Berthenoux, et je me disais : Que diable leur fait-il manger pour leur donner cette graisse, et ce poil, et cette mine!

— Eh bien! veux-tu que je te dise une chose? Tu vois cette luzerne anglaise, cela m'a rapporté vingt charrois de fourrage l'année dernière.

— Vingt charrois là-dedans! Votre parole d'honneur, voisin?

— Foi de marquis?

— C'est prodigieux! Vous me vendrez six boisseaux

Le dernier jour, Geneviève pria André de lui apporter plus de fleurs qu'à l'ordinaire
et d'en couvrir son lit (Page 94.)

de cette graine-là, marquis ; je veux la faire essayer dans mon petit domaine de Granières.

— Je te les donnerai, et je t'apprendrai la manière de t'en servir.

— Dites-moi, voisin, qu'est-ce qu'il y avait dans cette terre-là auparavant ?

— Rien du tout, du mauvais blé. C'était cultivé par ces vieux Morins, les anciens métayers du père de ma femme, de braves gens, mais bornés. J'ai changé tout cela. »

Joseph allongea sa figure de deux pouces, et, prenant un air étrangement mélancolique, « C'est une jolie prairie, dit-il ; ce serait dommage qu'elle changeât de maître ! »

Cette parole tira subitement le marquis de sa béatitude : il tressaillit.

« Est-ce que tu crois, dit-il après un instant de silence, qu'il y aurait quelqu'un d'assez hardi pour me chercher chicane sur quoi que ce soit ?

— Je connais bien des gens, répondit Joseph, qui se ruineraient en procès pour avoir seulement un lambeau d'une propriété comme la vôtre.»

Cette réponse rassura le marquis. Il crut que Joseph avait fait une réflexion générale, et, ayant escaladé pesamment un échalier, il s'enfonça avec lui dans les buissons touffus d'un pâturage.

« Je n'aime pas cela, dit-il en frappant du pied la terre vierge de culture où depuis un temps immémorial les troupeaux broutaient l'aubépine et le serpolet ; je n'aime pas le terrain que l'on ne travaille pas. Les métayers ne veulent pas sacrifier les pâturages, parce que cela leur épargne la peine de soigner leurs bœufs à l'étable. Moi, je n'aime pas ces champs d'épines et de ronces où les moutons laissent plus de laine qu'ils ne trouvent de pâture. J'ai déjà mis la moitié de celui-ci en froment, et l'année prochaine je vous ferai retourner le reste. Les métayers diront ce qu'ils voudront, il faudra bien qu'ils m'obéissent.

— Certainement, si vos prairies à l'anglaise vous donnent assez de fourrage pour nourrir les bœufs au dedans toute l'année, vous n'avez pas besoin de *pâturaux*. Mais est-ce de la bonne terre ?

— Si c'est de la bonne terre ! une terre qui n'a jamais rien fait ! N'as-tu pas vu sur ma cheminée des brins de paille.

— Parbleu, oui! des tiges de froment qui ont cinq pieds de haut.

— Eh bien! c'étaient les plus petits. Dans tout ce premier blé les moissonneurs étaient debout dans les sillons, aussi bien cachés qu'une compagnie de perdrix.

— Diable! mais c'est une dépense que de retourner un pâtural comme celui-là.

— C'est une dépense qui prend trois ans du revenu de la terre. Peste! je ne recule devant aucun sacrifice pour améliorer mon bien.

— Ah! dit Joseph avec un grand soupir, qu'André est coupable de mécontenter un père comme le sien! Il sera bien avancé quand il aura retiré son héritage des mains habiles qui y sèment l'or et l'industrie, pour le confier à quelque imbécile de paysan qui le laissera pourrir en jachères! »

Le marquis tressaillit de nouveau et marcha quelque temps les mains croisées derrière le dos et la tête baissée. « Tu crois donc qu'André aurait cette pensée? dit-il enfin d'un air soucieux.

— Que trop! répondit Joseph avec une affectation de tristesse laconique. Heureusement, ajouta-t-il après cinq minutes de marche, que son héritage maternel est peu de chose.

— Peu de chose! dit le marquis; peste! tu appelles cela peu de chose! un bon tiers de mon bien, et le plus pur et le plus soigné!

— Il est vrai que ce domaine est un petit bijou, dit Joseph; des bâtiments tout neufs!

— Et que j'ai fait construire à mes frais, dit le marquis.

— Le bétail superbe! reprit Joseph.

— La race toute renouvelée depuis cinq ans, croisée mérinos, moutons cornus, dit le marquis. Il m'en a coûté cinquante francs par tête.

— Ce qu'il y a de joli dans cette propriété de Morand, reprit Joseph, c'est que c'est tout rassemblé, c'est sous la main : votre château est planté là; d'un côté les bois, de l'autre la terre labourable; pas un voisin entre deux, pas un petit propriétaire incommode fourré entre vos pièces de blé, pas une chèvre de paysan dans vos haies, pas un troupeau d'oies à travers vos avoines. C'est un avantage, cela!

— Oui! mais, vois-tu, si j'étais obligé par hasard de faire une séparation entre mon bien et celui qui m'est venu de ma femme, les choses iraient tout autrement. Figure-toi que le bien de Louise se trouve enchevêtré dans le mien. Quand je l'épousai, je savais bien ce que je faisais. Sa dot n'était pas grosse, mais cela m'allait comme une bague au doigt. Pour faucher ses prés, il n'y avait qu'un fossé à sauter; pour serrer ses moissons, il n'y avait pas de chemin de traverse, pas de charrette cassée, pas de bœuf estropié dans les ornières; on allait et venait de mon grenier à son champ comme de ma chambre à ma cuisine. C'est pourquoi je la pris pour femme, quoique du reste son caractère ne me convînt pas, et qu'elle m'ait donné un fils malingre et boudeur qui est tout son portrait.

— Et qui vous donnera bien de l'embarras si vous n'y prenez garde, voisin!

— Comment, diable! veux-tu que j'y prenne garde avec les sacrées lois que nous avons?

— Il faut tâcher, dit Joseph, de s'emparer de son caractère.

— Ah! si quelqu'un au monde pouvait dompter et gouverner un fils rebelle, répondit le marquis, il me semble que c'était moi! Mais faire avec ces êtres qui ne résistent ni ne cèdent, que vous croyez tenir, et qui vous glissent des mains comme l'anguille entre les doigts du pêcheur? »

Joseph vit que le marquis commençait à s'effrayer tout de bon; il le fit passer habilement par un crescendo d'épouvantes, affectant avec simplicité de l'arrêter à toutes les pièces de terre qui appartenaient à André, et que le pauvre marquis, habitué à regarder comme siennes depuis trente ans, lui montrait avec un orgueil de propriétaire. Quand il avait ingénument étalé tout son savoir-

faire dans de longues démonstrations, et qu'il s'était évertué à prouver que le domaine de sa femme avait triplé de revenu entre ses mains, Joseph lui enfonçait un couteau dans le cœur en lui disant : « Quel dommage que vous soyez à la veille d'être dépouillé de tout cela! »

Alors le marquis affectait de prendre courage.

« Que m'importe! disait-il, il m'en restera toujours assez pour vivre : me voilà vieux.

— Hum! voisin, les belles filles du pays disent le contraire.

— Eh bien! reprenait le marquis, j'aurai toujours moyen d'être aimable et de faire de petits cadeaux à mes bergères quand je serai content d'elles.

— Eh! sans doute; au lieu du tablier de soie vous donnerez le tablier de cotonnade; au lieu de la jupe de drap fin, la jupe de droguet. Quand c'est le cœur qui reçoit, la main ne pèse pas les dons.

— Ces drôlesses aiment la toilette, reprit le marquis.

— Eh bien! vous ne réduirez en rien cet article de dépense; vous ferez quelques économies de plus sur la table : au lieu du gigot de mouton rôti, un bon quartier de chèvre bouilli; au lieu du chapon gras, l'oison du mois de mai. Avec de vrais amis, on dîne joyeusement sans compter les plats.

— Mes gaillards de voisins font pourtant diablement attention aux miens, reprit le marquis; et, quand ils veulent manger un bon morceau, ils regardent s'il y a de la fumée au-dessus de la cheminée de ma cuisine.

— Il est certain qu'on dîne joliment chez vous, voisin! *Il en est parlé*. Eh bien! vous établirez la réforme dans l'écurie. Que faites-vous de trois chevaux? Un bon bidet à deux têtes vous suffit.

— Comme tu y vas! Et la chasse? ne me faut-il pas deux poneys pour tenir la Saint-Hubert?

— Mais votre gros cheval?

— Mon grison m'est nécessaire pour la voiture : veux-tu pas que je fasse tirer mes petites bêtes?

— Eh bien! laissons le grison au râtelier et descendons à la cave... Vous faites au moins douze pièces de vin par an?

— Qui se consomment dans la maison, sans compter le vin d'Issoudun.

— Eh bien! nous retrancherons le vin d'Issoudun; vous vendrez six pièces de votre cru, et vous couperez le reste avec de l'eau de prunes sauvages : ce qui vous fera douze pièces de bonne piquette bien verte, bien rafraîchissante.

— Va-t'en à tous les diables avec ta piquette! je n'ai pas besoin de me rafraîchir : ne me parle pas de cela. A mon âge dépouillé, ruiné, réduit aux plus affreuses privations! un père qui s'est sacrifié pour son fils dans toutes les occasions, qui s'arrache le pain de la bouche depuis trente ans! Que faire? Si j'allais le trouver et lui appliquer une bonne volée de coups de bâton? Qu'en penses-tu, Joseph?

— Mauvais moyen! dit Joseph; vous l'aigririez contre vous, et il ferait pire : il faut tâcher plutôt de le prendre par la douceur, entrer en arrangement, le rappeler auprès de vous.

— Eh bien! oui, dit le marquis, qu'il revienne demeurer avec moi; qu'il abandonne sa Geneviève, et je lui pardonne tout.

— Généreux père! je vous reconnais bien là; mais qu'il abandonne sa Geneviève! Abandonner sa Geneviève! c'est chose impossible : il serait capable de m'étrangler si j'allais le lui proposer.

— Mais c'est donc un vrai démon que ce morveux-là? dit le marquis en frappant du pied.

— Un vrai démon! répondit Joseph; vous serez forcé, je le parie, de vous charger aussi de sa sotte de femme et de son piaillard d'enfant.

— Il a un enfant! s'écria le marquis; ah! mille milliards de serpents! en voilà bien d'une autre!

— Oui, dit Joseph : c'est là le pire de l'affaire. Est-ce que vous ne saviez pas que sa femme est grosse?

— Ah! grosse seulement?

— L'enfant n'est pas né; mais c'est tout comme. André est si glorieux d'être père qu'il ne parle plus d'autre chose ; il fait mille beaux projets d'éducation pour monsieur son héritier. Il veut aller se fixer à Paris avec sa famille. Vous pensez bien que, dans de pareilles circonstances, il n'entendra pas facilement raison sur la succession.

— Eh bien ! nous plaiderons, dit le marquis.

— C'est ce que je ferais à votre place, répondit tranquillement Joseph.

— Oui, mais je perdrai, reprit le marquis, qui raisonnait fort juste quand on ne le contrariait pas : la loi est toute à sa faveur.

— Croyez-vous ? dit Joseph avec une feinte ingénuité.

— Je n'en suis que trop sûr.

— Malheur ! Et que faire ? vous charger aussi de la femme ? C'est à quoi vous ne pourrez jamais consentir, et vous aurez bien raison !

— Jamais ! j'aimerais mieux avoir cent fouines dans mon poulailler qu'une grisette dans ma maison.

— Je le crois bien, dit Joseph. Tenez, je vous conseille de vous débarrasser d'eux avec une bonne somme d'argent comptant, et ils vous laisseront en repos.

— De l'argent comptant, bourreau ! où veux-tu que je le prenne ? Avec ce que j'ai dépensé pour retourner ce pâtural, une paire de bœufs de travail que je viens d'acheter, les vins qui ont gelé, les charançons qui sont déjà dans les blés nouvellement rentrés ; c'est une année épouvantable : je suis ruiné, ruiné ! je n'ai pas cent francs à la maison.

— Moi, je vous conseille de courir les chances du procès.

— Quand je te dis que je suis sûr de perdre : veux-tu me faire damner aujourd'hui ?

— Eh bien ! parlons d'autre chose, voisin ; ce sujet-là vous attriste, et il est vrai de dire qu'il n'a rien d'agréable.

— Si fait, parlons-en ; car enfin il faut savoir à quoi s'en tenir. Puisque te voilà, et que tu dois voir André ce soir ou demain, je voudrais que tu pusses lui porter quelque proposition de ma part.

— Je ne sais que vous dire, répondit Joseph ; cherchez vous-même ce qu'il convient de faire : vous avez plus de jugement et de connaissances en affaires que moi lourdaud. En fait de générosité et de grandeur dans les procédés, ni moi ni personne ne pourra se flatter de vous en remontrer.

— Il est vrai que je connais assez bien le monde, reprit le marquis, et que j'aime à faire les choses noblement. Eh bien ! va lui dire que je consens à le recevoir et à l'entretenir de tout dans ma maison, lui, sa femme et tous les enfants qui pourront survenir, à condition qu'il ne me demandera jamais un sou et qu'il me signera un abandon de son héritage maternel.

— Vous êtes un bon père, marquis, et certainement je n'en ferais pas tant à votre place ; mais je crains qu'André, qui a perdu la tête, ne montre en cette occasion une exigence plus grande que vos bienfaits : il vous demandera une pension.

— Une pension ! jour de Dieu !

— Ah ! je le crains ; une petite pension viagère.

— Viagère encore ! Qu'il ne s'y attende pas, le misérable ! Je me laisserai couper par morceaux plutôt que de donner de l'argent : je n'en ai pas ; je jure par tous les saints que je ne le peux pas. Qu'il vienne me chasser de ma maison et vendre mes meubles, s'il l'ose. »

Joseph ne voulut pas aller plus loin ce jour-là ; il crut avoir déjà fait beaucoup en arrachant la promesse d'une espèce de réconciliation ; il savait que c'était ce qui ferait le plus de plaisir à Geneviève, et il espéra qu'une nouvelle tentative sur le marquis pourrait l'amener à de plus grands sacrifices ; il voulut donc laisser à cette première négociation le temps de faire son effet, et il prit congé du marquis avec force louanges ironiques sur sa magnanimité, et en lui promettant de porter sa généreuse proposition aux insurgés.

XVIII.

Le bon Joseph retourna à la ville d'un pied leste et le cœur léger. Arriver vers des amis malheureux et leur apporter une bonne nouvelle à laquelle ils ne s'attendent pas, c'est une double joie. Il trouva Geneviève seule et contemplant, à la lueur de sa lampe, une branche artificielle de boutons de fleurs d'oranger. Il était entré sans frapper, comme il lui arrivait souvent de le faire par précipitation ou par étourderie ; il entendit Geneviève qui parlait seule et qui disait à ces fleurs : « Bouquet de vierge, j'ai été forcée de te porter le jour de mon mariage ; mais je t'ai profané, et mon front n'était pas digne de toi. J'étais si honteuse de ce sacrilège que je t'ai caché bien avant dans mes cheveux, que je t'ai couvert de mon voile. Cependant tu ne t'es pas effeuillé sur ma tête ; pour t'en remercier, je veux t'emporter dans ma tombe.

— Qu'est-ce que vous dites, Geneviève ? » dit Joseph, épouvanté de ces paroles qu'il comprenait à peine.

Geneviève fit un cri, jeta le bouquet, et devint pâle et tremblante.

« Je vous apporte une bonne nouvelle, dit Joseph en s'asseyant à son côté : André est réconcilié avec son père ; le marquis est réconcilié avec vous ; il vous attend, il veut vous voir tous deux, tous trois près de lui.

— Ah ! mon ami, dit Geneviève, ne me trompez-vous pas ? comment le savez-vous ?

— Je le sais parce qu'il me l'a dit, parce que je viens de le quitter et que je lui ai fait donner sa parole.

— Ah ! Joseph ! répondit Geneviève, embrassez-moi ; grâce à vous, je mourrai tranquille.

— Mourir ! dit Joseph en l'embrassant avec une émotion qu'il eut bien de la peine à cacher ; ne parlez pas de cela, c'est une idée de femme enceinte. Où est André ?

— Il se promène tous les soirs au bord de la rivière, du côté des *Couperies*.

— Pourquoi se promène-t-il sans vous ?

— Je n'ai pas la force de marcher, et puis nous sommes si tristes que nous n'osons plus rester ensemble.

— Mais vous allez vous égayer, de par Dieu ! dit Joseph ; je vais le chercher et lui apprendre tout cela. »

Il courut rejoindre André. Celui-ci fut moins joyeux que Geneviève à l'idée d'un rapprochement entre lui et son père. Il désirait le voir, obtenir son pardon, l'embrasser, lui présenter sa femme, et rien de plus. Demeurer avec lui était un projet qui l'effrayait extrêmement. Au milieu de ses hésitations et de ses répugnances, Joseph fut frappé de l'indolence et de l'inertie avec laquelle il envisageait sa position et la pauvreté où se consumait Geneviève.

« Malheureux ! lui dit-il, tu ne songes donc pas que l'important n'est pas de jouer une scène de comédie sentimentale, mais d'avoir du pain pour ta femme et l'enfant qu'elle va te donner ! Il faut bien se garder d'accepter cette première proposition de ton père sans arracher de son avarice quelque chose de mieux : une pension alimentaire au moins, et une moitié de ton revenu, s'il est possible.

— Mais par quel moyen ? dit André ; je ne puis avoir recours aux lois puisque Geneviève en soit informée ; tu ne connais pas sa fermeté : elle est capable de me haïr si je viole sa défense.

— Aussi, reprit Joseph, faut-il lui cacher soigneusement mes démarches et me laisser faire. »

André s'abandonna à la prudence et à l'adresse de son ami, trop faible pour combattre son père et trop faible aussi pour empêcher un autre de le combattre en son nom. Toujours effrayé, inerte et souffrant entre le bien et le mal, il retourna auprès de sa femme, feignit de partager son contentement, et s'endormit fatigué de la vie, comme il s'endormait tous les soirs.

Quelques jours s'écoulèrent avant que Joseph pût revoir le marquis. Une foire considérable avait appelé le seigneur de Morand à plusieurs lieues de chez lui, et il ne revint qu'à la fin de la semaine. Il rentra un soir, s'en ferma dans sa chambre, et déposa dans une cachette à lui connue quelques rouleaux d'or provenant de la vente de ses bestiaux. « Ceux-là, dit-il en refermant le secret de la boiserie, on ne me les arrachera pas de si tôt. » Il revint s'asseoir dans son fauteuil de cuir et s'essuya le front avec la douce satisfaction d'un homme qui ne s'est pas fatigué en vain. En ce moment ses yeux tombèrent sur une petite lettre d'une écriture inconnue qu'on avait déposée sur sa table ; il l'ouvrit, et après avoir lu les cinq ou six lignes qu'elle contenait, il se frotta les mains avec une joie extrême, retourna vers son argent, le contempla, relut la lettre, serra l'argent, et sortit pour commander son souper d'un ton plus doux que de coutume. Comme il entrait dans la cuisine, il se trouva face à face avec Joseph, qui attendait son retour depuis plusieurs heures, et qui était venu pour lui porter le dernier coup ; mais cette fois toutes les batteries du brave diplomate furent déjouées.

« Eh bien ! mon cher, lui dit le marquis en lui donnant amicalement sur l'épaule une tape capable d'étourdir un bœuf, nous sommes sauvés ; tout est réparé, arrangé, terminé, tu sais cela ? c'est toi qui as apporté la lettre ?

— Quelle lettre ? dit Joseph renversé de surprise.

— Bah ! tu ne sais pas ? dit le marquis : les enfants ont entendu raison ; ils se confessent, ils s'humilient ; c'est à tes bons conseils que je dois cela, j'en suis sûr ; tiens, lis. »

Joseph prit avidement le billet et tressaillit en reconnaissant l'écriture.

« MONSIEUR,

« Notre excellent ami, Joseph Marteau, nous a appris « avant-hier que vous aviez la bonté de pardonner à l'é-« garement de notre amour, et que vous tendiez les bras « à un fils repentant. Dans l'impatience de voir s'opérer « une réconciliation que j'ai demandée à Dieu tous les « jours depuis six mois, je viens vous supplier de hâter « cet heureux instant. J'espère que Joseph vous dira com-« bien mon respect pour vous est sincère et désintéressé. « Si André avait jamais eu la pensée de vous vendre sa « soumission, j'aurais cessé de l'estimer et j'aurais rougi « d'être sa femme. Permettez-nous bien vite d'aller pleu-« rer à vos pieds ; c'est tout, absolument tout ce que je « vous demande.

« Votre respectueuse servante,

« GENEVIÈVE. »

« Tout est perdu pour ces malheureux enfants roma-nesques, pensa Joseph ; ce qu'il me reste à faire, c'est de réparer de mon mieux le tort que j'ai pu faire à André dans l'esprit de son père par mes abominables men-songes. »

Il y travailla sur-le-champ, et n'eut pas de peine à faire oublier au marquis les prétendues menaces qui l'avaient effrayé. Le hobereau était si content de ressaisir à la fois ses terres et son argent qu'il était dans les meilleures dispositions envers tout le monde ; il se grisa complète-ment à souper, devint tendre et paternel, et prétendit qu'André était ce qu'il avait de plus cher au monde.

« Après votre argent, papa ! lui répondit étourdiment Joseph, qui, par dépit, s'était grisé aussi.

— Qu'est-ce que tu dis ? s'écria le marquis ; veux-tu que je te casse une bouteille sur la tête pour t'apprendre à parler ? »

La querelle n'alla pas plus loin ; le marquis s'endormit, et Joseph se sentait une mauvaise humeur inquiète et agissante qui lui donnait envie d'être dehors et de faire galoper François à bride abattue. Avant de le laisser par-tir, M. de Morand lui fit promettre de revenir le lende-main avec André et Geneviève.

Le lendemain de bonne heure, Joseph, reposé et dé-grisé, alla trouver ses amis. Il avait bien envie de les gronder ; mais la candeur et la noblesse de Geneviève, au milieu de ses perfidies obligeantes, le forçaient au silence. Ils montèrent tous trois en patache, et arrivèrent au châ-teau de Morand sans s'être dit un mot durant la route.

André était triste, Joseph embarrassé ; Geneviève était absorbée dans une rêverie douce et mélancolique. Les embrassements du marquis et de son fils furent convul-sivement froids. La douce figure de Geneviève, son air souffrant, ses respectueuses caresses, firent une certaine impression sur la grossière écorce du marquis. Il ne put s'empêcher de lui témoigner des égards et des soins qu'il n'avait peut-être jamais eus pour aucune femme, hors les cas d'amour et de galanterie, où il se piquait d'être ac-compli. Le jeune couple fut installé au château assez convenablement, et richement en comparaison de l'état misérable dont il sortait. Le marquis eut l'air de faire beaucoup, quoiqu'il ne fît que prêter une chambre et céder deux places à sa table. André ne se plaignit pas ; Geneviève était reconnaissante des plus petites attentions. Joseph venait de temps en temps ; il était mécontent et découragé d'avoir manqué sa grande entreprise. La con-duite sordide du père le révoltait, la résignation indo-lente du fils l'impatientait ; mais il ne pouvait que se taire et boire le vin du marquis.

Tout alla bien pendant quelques jours. Quand les pre-miers moments de satisfaction d'un côté et d'allégement de l'autre furent passés, quand le marquis se fut accou-tumé à ne rien craindre de la part de son fils, et André à ne rien espérer de la part de son père, l'antipathie na-turelle qui existait entre eux reprit le dessus. Le mar-quis était méfiant maladroitement, comme un vieux cam-pagnard. Il croyait avoir maté André ; mais il ne pouvait croire à l'excessive noblesse de sa femme, et n'était pas tranquille sur l'abandon qu'elle faisait de toute prétention d'argent. Il consulta Joseph, qui, ennuyé de cette affaire, et près d'éclater en injures et en reproches contre le mar-quis, refusa de s'en occuper, et répondit laconiquement que Geneviève était la plus honnête femme qu'il connût. Cette réponse redoubla la méfiance du marquis. Il trou-vait une contradiction évidente dans les manières de Jo-seph avec lui. Il commença à se tourmenter et à tourmen-ter André pour qu'il signât un désistement complet de la gestion et de la jouissance de sa fortune. André fut indi-gné de cette proposition et l'éluda froidement. Le mar-quis s'inquiéta de plus en plus. « Ils m'ont trompé, se disait-il ; ils ont fait semblant de se soumettre à tout, et ils se sont introduits dans ma maison dans l'espérance de me dépouiller. »

Dès que cette idée eut pris une certaine consistance dans son cerveau, son aversion contre Geneviève se rani-ma, et il commença à ne plus pouvoir la cacher. Une grosse servante maîtresse, qui depuis longtemps gouver-nait la maison, et qui avait vu avec rage l'introduction d'une autre femme dans son petit royaume, mit tous ses soins à envenimer, par de sots rapports, ses actions, ses paroles et jusqu'à ses regards. Elle n'eut pas de peine à aigrir les vieux ressentiments du marquis, et l'infortunée Geneviève devint un objet de haine et de persécution.

Elle fut lente à s'en apercevoir : elle ne pouvait croire à tant de petitesse et de méchanceté ; mais quand elle s'en aperçut, elle fut glacée d'effroi, et, tombant à genoux, elle implora la Providence, qui l'avait abandonnée. Elle supporta un mois l'oppression, le soupçon insultant et l'avarice grossière avec une patience angélique. Un jour, insultée et calomniée à propos d'une aumône de quelques francs qu'elle avait faite dans le village, elle appela An-dré à son secours et lui demanda aide et protection. An-dré, pour tout secours, lui proposa de prendre la fuite.

Geneviève approchait du terme de sa grossesse ; elle ne possédait pas un denier pour subvenir aux frais de sa délivrance ; elle se sentait trop malade et trop épuisée pour nourrir son enfant, et n'avait pas de quoi le faire nourrir par une autre. Elle ne pouvait plus rien gagner, son état était perdu ; André n'avait pas l'industrie de s'en créer un. Elle sentit qu'elle était enchaînée, qu'il fallait vivre ou mourir sous le joug de son beau-père. Elle se soumit et sentit la douleur pénétrer comme un poison dans toutes les fibres de son cœur.

Quand son parti fut pris, quand elle se fut détachée de la vie par un renoncement volontaire et complet à toute espérance de bonheur, elle retrouva la forte patience et

A genoux, André, dit Geneviève à son mari. (Page 94.)

le calme extérieur qui faisaient la base de son caractère. Une grande passion pour son mari l'eût rendue capable de porter joyeusement le poids d'une si rude destinée et de se conserver pour des jours meilleurs; mais ces jours-là n'étaient pas à espérer avec une âme aussi débile que celle d'André. Geneviève n'était pas née passionnée; elle était née honnête, intelligente et ferme. Elle raisonnait avec une logique accablante, et toutes ses conclusions tendaient à la désespérer. Un instant elle avait entrevu une vie d'amour et d'enthousiasme, elle l'avait comprise plutôt que sentie; pour lui inspirer l'aveugle dévouement de la passion, il eût fallu un être assez grand, assez accompli pour la convaincre avant de l'entraîner. Elle avait vu cet être-là dans ses livres, et elle avait cru le voir encore derrière l'enveloppe douce, gracieuse et caressante d'André; mais à la première occasion elle avait découvert qu'elle s'était trompée.

Elle continua de l'aimer et le traita dans son cœur, non comme un amant, mais comme elle l'eût fait d'un frère plus jeune qu'elle. Elle s'efforça de lui épargner la souffrance en lui cachant la sienne; elle s'habitua à souffrir seule, à n'avoir ni appui, ni consolation, ni conseil. Sa force aug-

menta dans cette solitude intellectuelle; mais son corps s'y brisa, et elle sentit avec joie qu'elle ne devait pas souffrir longtemps.

André la vit dépérir sans comprendre qu'il allait la perdre. Elle souffrait extrêmement de sa grossesse, et attribuait à cet état toutes ses indispositions et toutes ses tristesses.

André la soignait tendrement, et s'imaginait qu'elle serait délivrée de tous ses maux le jour où elle deviendrait mère.

Geneviève, se sentant près de ce moment, songea à l'avenir de cet enfant qu'elle espérait léguer à son mari. Elle s'effraya de l'éducation qu'il allait recevoir et des maux qu'il aurait à endurer: elle désira lui procurer une existence indépendante, et, pensant qu'elle avait assez fait pour montrer sa soumission et son désintéressement personnel, elle décida en elle-même que le moment du courage et de la fermeté était venu.

Elle déclara donc à André qu'il fallait demander à son père une pension alimentaire qui mît leur enfant, en cas d'événement, à couvert du besoin, et qui pût, par la suite, lui assurer un sort indépendant. Elle fixa cette pension à douze cents francs de rente, le strict nécessaire pour quiconque sait lire et écrire, et ne veut être ni soldat ni domestique.

André laissa voir sur son visage l'émotion pénible que lui causait cette nécessité; il promit néanmoins de s'en occuper. Geneviève comprit qu'il ne s'en occuperait pas. Elle s'arma de résolution et alla trouver le marquis. Elle lui exposa sa demande dans les termes les plus doux, et fut accueillie mieux qu'elle ne s'y attendait. Le marquis espéra acheter à ce prix modeste la signature d'André à un acte de renonciation, et il promit à cette condition d'acquiescer à la demande de Geneviève; mais celle-ci, qui en toute autre situation se fût engagée à tous les sacrifices possibles, comprit qu'elle n'avait pas le droit de le faire en ce moment : elle allait mourir et laisser un orphelin ; car André n'était pas plus propre au rôle de père qu'à celui de fils et d'époux. Elle frémit à l'idée de dépouiller son enfant et de le sacrifier à un sentiment d'orgueil et de dédain. Elle essaya de faire comprendre à son beau-père ce qui se passait en elle; mais ce fut bien inutile : le marquis insista. Geneviève fut forcée de résister franchement. Alors le marquis entra dans une fureur épouvantable et l'accabla d'injures. La gouvernante, qui avait écouté à la porte, dans la crainte que son maître ne se laissât persuader par cet entretien, entra et joignit ses reproches et ses insultes à celles du marquis. Geneviève avait supporté les premières avec résignation; elle répondit aux secondes par une seule parole de ce froid mépris qu'elle savait exprimer, dans l'occasion, d'une manière incisive. Le marquis prit le parti de sa maîtresse, et, ayant épuisé tout le vocabulaire des jurons et des gros mots, leva le bras pour frapper Geneviève. En cet instant, André, attiré par le bruit, entrait dans la chambre. Personne n'était plus violent que lui quand une forte commotion le tirait de sa léthargie habituelle : dans ces moments-là il perdait absolument la tête et devenait furieux. A la vue de Geneviève enceinte, à demi terrassée par le bras robuste de son père, tandis que l'odieuse servante s'avançait, une chaise dans les mains, pour la jeter sur elle, André s'élança sur un couteau de chasse qui était ouvert sur la table, prit d'une main son père à la gorge, et de l'autre le frappa à la poitrine.

Geneviève s'était élancée entre eux avec un gémissement d'horreur; elle avait saisi le bras d'André et l'avait contraint à céder. La chemise du marquis fut à peine effleurée par la lame, et Geneviève se coupa les doigts assez profondément en cherchant à s'en emparer. « Ton père! ton père! c'est ton père! » criait-elle à André d'une voix étouffée. André laissa tomber le couteau et s'évanouit.

La servante essaya de jeter sur Geneviève tout l'odieux de cette scène déplorable; mais le marquis avait vu de trop près les choses pour ne pas savoir très-bien que Geneviève lui avait sauvé la vie, que le sang dont il était couvert était sorti des veines de la pauvre innocente. Il se calma aussitôt et l'aida à secourir André, qui était dans un état effrayant. Quand il revint à lui, il regarda son père et sa femme d'un air effaré, et leur demanda ce qui s'était passé. « Rien, » dit le marquis, dont le cœur n'était pas toujours fermé à la miséricorde à la vue d'un repentir sincère, et qui d'ailleurs se sentait aussi coupable qu'André : « A genoux, André, dit Geneviève à son mari; à genoux devant ton père! et ne te relève pas qu'il ne t'ait pardonné. Je vais te donner l'exemple. »

Cette soumission acheva de désarmer le marquis; il embrassa son fils et Geneviève, et déclara qu'il accordait la pension de douze cents francs. Les malheureux jeunes gens n'étaient guère en état de songer au sujet de la querelle. André eut, pendant trois jours, un tremblement nerveux de la tête aux pieds. Son père radoucit sensiblement ses manières accoutumées, mit sa servante à la porte, et témoigna presque de la tendresse à Geneviève; mais il n'était plus temps : son enfant était mort pour jour-là dans son sein; elle ne le sentait plus remuer, et elle attendait tous les jours avec un courage stoïque les atroces douleurs qui devaient la délivrer de la vie.

Le brave médecin qui avait soigné André vint la voir

et lui demanda comment elle se trouvait. Geneviève l'emmena dans le verger, et quand ils furent seuls, « Mon enfant est mort, lui dit-elle d'un air triste et calme, et moi je mourrai aussi; dites-moi si vous croyez que ce sera bientôt. » Le médecin n'eut pas de peine à le croire et vit qu'elle était perdue, mais qu'elle avait du courage.

« Au moins, lui dit-il, vous mourrez sans trop souffrir; vous n'aurez pas la force d'accoucher. Vous avez un anévrisme au cœur, et vous étoufferez dès les premiers symptômes de délivrance.

— Je vous remercie de cette promesse, dit Geneviève, et je remercie Dieu, qui m'épargne à mon dernier moment. J'ai assez souffert dans cette vie; il a fini avec moi. »

En effet, pendant ce dernier mois, Geneviève ne souffrit plus : elle n'avait pas la force de quitter son fauteuil; mais elle lisait l'Écriture sainte ou se faisait apporter des fleurs dont elle parsemait sa table. Elle passait des heures entières à les contempler d'un air heureux, et personne ne pouvait deviner à quoi elle songeait dans ces moments-là. Geneviève souffrait de se voir entourée et surveillée; elle demandait en grâce à être seule; alors il lui semblait qu'elle rêvait ou priait plus librement; elle regardait doucement le ciel et ses fleurs, puis elle se penchait vers elles et leur parlait à demi-voix d'une manière étrange et enfantine. « Vous savez que je vous aime, leur disait-elle; j'ai un secret à vous dire : c'est que je vous ai toujours préférées à tout. Pendant longtemps je n'ai vécu que pour vous; j'ai aimé André à cause de vous, parce qu'il me semblait pur et beau comme vous. Quand j'ai souffert par lui, je me suis reportée vers vous; je vous ai demandé de me consoler, et vous l'avez fait bien souvent; car vous me connaissez, vous avez un langage, et je vous comprends. Nous sommes sœurs. Ma mère m'a souvent dit que, quand elle était enceinte de moi, elle ne rêvait que de fleurs, et que, quand je suis née, elle m'a fait mettre dans un berceau semé de feuilles de roses. Quand je serai morte, j'espère qu'André en répandra encore sur moi, et qu'il vous portera tous les jours sur mon tombeau, ô mes chères amies ! »

Quelquefois elle prenait un lis et l'approchait du visage d'André agenouillé devant elle. « Tu es blanc comme lui, lui disait-elle, et ton âme est suave et chaste comme son calice; tu es faible comme sa tige, et le moindre vent te courbe et te renverse. Je t'ai aimé peut-être à cause de cela; car tu étais, comme mes fleurs chéries, inoffensif, inutile et précieux. »

Quelquefois il lui arriva de se surprendre à regretter presque la vie. Le matin, quand la nature s'éveillait riante et animée, quand les oiseaux chantaient dans les arbres couverts de fleurs, quand tout semblait goûter et savourer le bonheur, alors elle éprouvait contre André une sorte de colère sourde; elle se rappelait les jours calmes et délicieux qu'elle avait passés dans sa petite chambre avant de le connaître, et elle sentait que tous ses maux dataient du jour où il lui avait parlé d'amour et de science. Elle regrettait son ignorance, et le calme de son imagination, et les tendres rêveries où elle s'endormait heureuse, alors qu'elle ne savait la raison de rien dans l'univers. Dans ces moments de tristesse, elle priait André de la laisser seule, et elle attendait, pour le rappeler, que cette disposition eût fait place à sa résignation habituelle; alors elle le traitait avec une ineffable tendresse, et, pour le récompenser de ses derniers soins, elle emporta dans la tombe le secret de quelques larmes accordées à la mémoire du passé.

Quelques jours avant sa mort, Henriette vint la voir, et lui demanda pardon, à genoux et en sanglotant, de sa conduite folle et cruelle. Geneviève la pressa contre son cœur, lui promit de prier pour elle dans le ciel.

Le dernier jour, Geneviève pria André de lui apporter plus de fleurs qu'à l'ordinaire, d'en couvrir son lit et de lui faire un bouquet et une couronne. Quand il les eut apportées, il s'aperçut qu'il y avait des tubéreuses et voulut les retirer dans la crainte que leur parfum ne lui fît mal; Geneviève le força de les lui rendre. « Donne, donne, André, lui dit-elle, tu ne sais pas quel bien j'en espère ; le moment de souffrir et de mourir est venu : puissent-elles me servir de poison et m'endormir vite ! » Joseph entra en ce moment ; elle lui tendit la main et le fit asseoir près d'elle ; elle passa son autre bras autour du cou d'André et appuya sa joue froide contre la sienne. Ils voulurent lui parler. « Taisez-vous, leur dit-elle, je pense à quelque chose, je vous répondrai plus tard. » Elle resta ainsi une demi-heure. Joseph sentit alors un léger tressaillement ; il baisa la main qu'il tenait, elle était roide et froide.

« André, dit-il d'une voix étouffée, embrasse ta femme. »

André embrassa Geneviève ; il la regarda : elle était morte.

André fut malade pendant un an. L'infortuné n'eut pas la force de mourir. Joseph ne le quitta pas un seul jour. On les voit souvent se promener ensemble le long des traînes. André marche lentement et les yeux baissés, quelquefois il sourit d'un air étonné ; son père est devenu doux et complaisant pour lui. Depuis qu'il n'a plus ni désirs ni espérances sur la terre, il n'a plus de lutte à soutenir contre ce vieillard obstiné. Henriette ne parle jamais de Geneviève sans un déluge d'éloges et de larmes sincères et bruyantes. Celui qui la regrette le plus vivement, c'est Joseph ; il n'en parle jamais ; il semble aussi insouciant, aussi *viveur* qu'autrefois ; mais il y a des moments où sa figure trahit une souffrance encore plus longue et plus profonde que celle d'André.

FIN D'ANDRÉ.

LA FAUVETTE DU DOCTEUR

Nous avions pour hôte à la campagne, il y a quelques années, un vieux docteur que nous aimions, bien qu'il fût insupportable, parce qu'il avait du bon malgré ses manies. Entre autres maussades habitudes, il fuyait la société des femmes. On eût dit qu'il les haïssait, et pourtant la cause de leur émancipation avait en lui un défenseur opiniâtre. Il semblait qu'il se réservât pour le temps où elles seraient dignes d'être admises à l'égalité sociale, car il ne voulut jamais se marier, et lorsque, pour le taquiner, on le lui conseillait, il répondait avec un sérieux admirable : « Plus tard, plus tard ; il n'est pas encore temps pour moi. » Or, il avait quatre-vingt-deux ans. Huit jours avant sa mort, il nous parut tout gai, tout rajeuni, et comme nous en faisions la remarque, il nous déclara, d'un air enjoué, qu'il avait enfin trouvé la compagne de sa vie, et qu'il se sentait véritablement épris, d'autant plus qu'il se croyait parfaitement aimé. Comme rien dans sa vie de cénobite ne nous parut changé, nous prîmes cet excès de fatuité pour une des rares facéties qui déridaient, une ou deux fois par an, son front chagrin. Un matin, il ne vint pas déjeuner, nous allâmes le chercher, et nous le trouvâmes penché et comme assoupi sur ses livres. Un petit oiseau voltigeait dans sa chambre, dont la fenêtre ouverte laissait tomber sur son vieux crâne les rayons joyeux du soleil de juin. Il était mort.

En rangeant et en examinant ses papiers, nous trouvâmes les pages suivantes qui étaient restées éparses sur sa table.

24 juin 1837. — « Pauvre petite misérable fauvette, grosse comme une mouche, pesante comme une plume, tombée de ton nid hier soir avant que tes ailes soient poussées, et déjà installée dans le creux de ma main, béquetant mes doigts, et te traînant vers mon sein quand je t'appelle, qui te donne cette confiance, et quel amour comptes-tu donc trouver en moi pour supporter et secourir ta faiblesse ? Ce pli de ma manche où tu te réfugies n'est pas ton nid. Tu ne peux pas te tromper si grossièrement ; tu n'as pas déjà perdu le souvenir de ta famille ; tu entends encore ta mère éplorée qui t'appelle et te cherche sur toutes les branches de l'arbre voisin. Si elle osait, elle volerait jusqu'à ma fenêtre ; si tu pouvais tu irais la rejoindre : car, je le vois, tu reconnais ses cris ; ton bel œil noir semble prêt à répandre des larmes, ta petite tête, encore chauve, se tourne de tous côtés avec inquiétude, et de ton sein tremblant s'échappent de faibles plaintes. Pauvre enfant, créature si frêle que la nature semble s'être jouée d'elle en lui donnant l'être !

« .... Il y a pourtant, dans cet atome emplumé, une parcelle d'intelligence et d'amour... Il y a de la divinité en toi, fauvette de huit jours ! tu regrettes ta mère, et tes frères, et ton père, et ton nid, et une pâture plus agréable, mieux appropriée à ton organisation délicate que celle que je puis te donner. Tu regrettes, car tu es triste ; tu te souviens, car tu réponds à la voix de ta mère ; tu aimes, par conséquent ! — Et pourtant, tu te soumets ; ta faiblesse intelligente se réfugie dans ma bonté. Tu acceptes mes soins et tu sais les solliciter par un air de confiance et d'abandon qui désarmerait le cœur le plus dur.

« Tu n'es pas belle, hélas ! ta robe cendrée n'a ni éclat, ni variété. Ton duvet inégal, hérissé, les pennes de ta queue encore roulées dans un étui de pellicule te donnent une si pauvre apparence que le premier mouvement que tu provoques en t'approchant, c'est une chiquenaude. Mais la nature a voulu départir l'intelligence à ceux-ci, la beauté à ceux-là. Tandis que mon vanneau promène sans but sa volonté, d'un air fier et stupide, sa robe d'émeraude et son noir panache, toi, avorton, quasi sans forme et sans couleur, tu sais donner à ton regard et à tes attitudes une expression qui me fait deviner tes besoins et tes désirs. »

26 juin. — « Voici *le Docteur* amoureux pour tout de bon. Il était bien temps. Le voilà pris. Il n'a pas pu écrire trois lignes aujourd'hui. L'objet de son amour n'a fait que gambader sur son papier, sautiller sur sa plume

et salir ses manuscrits. Le Docteur s'est levé sept fois de son lit ce matin pour lui attraper des mouches, et les lui faire avaler proprement. Enfin, il est stupide comme un vieillard amoureux. Pauvre docteur ! où diable as-tu été placer tes affections ? Ton idole ne pèse pas un gramme. Il ne faut qu'une antenne d'insecte un peu trop forte pour lui donner une indigestion et la faire descendre au tombeau. Une amante âgée de dix jours ! Ses plumes sont si rares et si courtes que si tu ne la tenais toute la nuit dans ton sein, elle serait morte de froid en plein été. Vieux cœur ! il te reste donc encore assez de feu pour réchauffer une fauvette.

« Il y a longtemps que je ne m'étais attaché aux bêtes comme cela m'arrive cette année. Cela signifie quelque chose. Est-ce que j'aurais pour la centième et dernière fois, déserté le culte de l'intelligence ? Est-ce que celui de la force me serait devenu si odieux que je voudrais irrévocablement retourner à la sollicitude pour les petits ?

« Pourquoi cette bête menue te semble-t-elle si adorable ? — C'est qu'elle vient à ta voix se blottir dans ta main ; c'est qu'elle te connaît ; c'est qu'elle t'aime ; c'est qu'elle te sent bon, secourable et nécessaire... c'est que dix jours ont suffi pour qu'elle s'abandonnât sans retour et sans réserve. — C'est qu'elle ne connaît et n'aime que toi sur la terre aujourd'hui... De qui, docteur, pourrais-tu en dire autant ?

« N'est-ce pas une chose sainte, une loi divine que cet amour de la faiblesse pour la force, et réciproquement de la force pour la faiblesse ? C'est ainsi que la compagne de l'homme chérit ses petits ; c'est ainsi que l'homme devrait chérir sa compagne... Mais il a imaginé de consacrer par des lois de servitude l'inévitable dépendance de la femme, et dès lors, adieu la douceur et la liberté de l'amour ! Quelle femme réclamerait exclusivement la vie de l'esprit, si on lui donnait celle du cœur ? Il est si bon d'être aimé ! Mais on les maltraite, on leur reproche l'idiotisme où on les plonge, on méprise leur ignorance, on raille leur savoir. En amour, on les traite comme des courtisanes ; en amitié conjugale, comme des servantes. On ne les aime pas, on s'en sert, on les exploite ; et on espère ainsi les assujettir à la loi de fidélité ! Quelle erreur ! Si je te maltraitais, ma fauvette, tu irais bientôt sur le plus haut des arbres du jardin, car dans huit jours tu auras de bonnes ailes et l'amour seul te retiendra près de moi. »

GEORGE SAND.

Nous avons voulu savoir quel était le *docteur* octogénaire en question ; mais, parmi les amis de George Sand, personne ne l'a connu. Seulement, nous avons ouï dire qu'autrefois l'auteur, dans l'intimité, avait reçu de ses amis le sobriquet de *vieux docteur*.

(NOTE DE L'ÉDITEUR.)

FIN DE LA FAUVETTE DU DOCTEUR.

ENCYCLOPÉDIE D'HISTOIRE NATURELLE

Ou Traité complet de cette science d'après les travaux des Naturalistes les plus éminents de tous les pays et de toutes les époques,

BUFFON, DAUBENTON, G. CUVIER, LACÉPÈDE, ETC., ETC.,

6 fr. 30 c. le volume.　　**PAR LE D' CHENU**　　1 fr. 5 c. la série.

Chirurgien-Major à l'hôpital militaire du Val-de-Grâce, professeur d'Histoire naturelle, etc., etc.

L'Encyclopédie comprendra les *Races humaines*, les *Mammifères*, les *Insectes*, les *Papillons*, les *Oiseaux*, les *Poissons*, les *Mollusques*, les *Reptiles*, la *Botanique*, la *Minéralogie*, la *Géologie*, etc., etc.

En vente

LES QUADRUMANES (*Singes*), formant un magnifique volume illust. de près de 300 vignettes. — *Prix broché.* **6 fr. 30**

LES INSECTES-COLÉOPTÈRES, 2 volumes illustrés de près de 1,200 vignettes. — *Prix broché*.... **12 fr. 60**

LES OISEAUX, 6 volumes illustrés de 3,000 vignettes. — *Prix broché.*........ **37 fr. 80**

LES PAPILLONS DIURNES, un volume illustré de 500 vignettes. — *Prix broché.* **6 fr. 30**

LES MAMMIFÈRES (*Quadrupèdes*), 4 volumes illustrés de 1,200 vignettes. — *Prix broché*.......... **26 fr. 25**

LA BOTANIQUE, 2 volumes illustrés de 600 vignettes. *Prix broché*.................... **14 fr. 70**

En cours de publication

LES REPTILES et POISSONS.

CHAQUE VOLUME SE VEND SÉPARÉMENT.

Ce magnifique corps d'ouvrage est le plus beau, le moins cher, le plus splendidement illustré, et sera le plus complet de tous ceux qui ont paru jusqu'à ce jour.

LEMAISTRE DE SACY　　Prix broché.

La Sainte Bible. . . . . 9 fr. »
L'Ancien Testament *séparé*. . . . . 7 »
Le Nouveau Testament *séparé*. . . . . 2 »
Collection de gravures sur acier pour illustrer toutes les éditions de la Bible. Prix de chaque série de 5 gravures. » 50
　　La collection se compose de 40 séries.

LAMENNAIS

Les Saints Évangiles, avec notes et réflexions. 1 30

VILLIAUMÉ

Histoire de la Révolution. . . . . 6 »

FELLENS

Histoire de Louis-Napoléon. 2 20

LORD BYRON

Œuvres complètes, illustrées de 100 gravures. . . . 5 »

WALTER SCOTT

Œuvres complètes. 6 volumes illustrés de 500 gravures. . . . 36 »

GRANDVILLE

Les Animaux peints par eux-mêmes. Un magnifique volume, illustré par Granville. . . . . . 4 »

GAVARNI, ETC.

Le Diable à Paris. Un magnifique volume, illustré par Gavarni, Andrieux, etc. . . . . 4 »

J. J. ROUSSEAU

La Nouvelle Héloïse. 2 10
Les Confessions. 2 10
Émile. 2 10
　Les trois ouvrages, réunis en un volume broché. . 6 »

MOLIÈRE

Œuvres complètes. . . . . 4 »
Histoire de la Vie et des Ouvrages de Molière, par Taschereau. » 90

BESCHERELLE AINÉ

L'INSTRUCTION POPULARISÉE PAR L'ILLUSTRATION
Prix broché.
L'Art de briller en Société. 1 30
Mythologie illustrée (1re partie). . . . . » 90
　Id.　　　　 (2e partie). . . . . » 90
Monuments élevés à la gloire militaire. 1 30
　Le tout réuni en un volume illustré de 120 gravures. 4 »
Les grands Guerriers des Croisades. . . . . . » 50
Histoire des Ballons. . . . . » 50
Les Jeux des différents âges. . . . . » 70
Les Beaux-Arts illustrés. . . . . » 70
Histoire de l'Armée. . . . . » 90
La Mythologie grecque et romaine. . . . . . » 90
Les Marins illustrés. 1 10
　Le tout réuni en un volume illustré de 150 gravures. 5 »

ALFRED DE MUSSET, ETC.

Voyage où il vous plaira, ill. par T. Johannot. . 1 10
　Id.　　　　 Id.　　 (2e partie). . 1 10
　Id.　　　　 Id.　　 (3e partie). . » 90

CHARLES NODIER

Contes choisis (1re partie). . . . . » 75
　Id.　　 (2e partie). . . . . » 75
Le Voyage où il vous plaira, *réuni* aux Contes de Charles Nodier, forme un magnifique volume. . . . . 4 »

MAGASIN DES ROMANS INÉDITS. 2 vol. grand in-8, illustrés de 180 gravures.
Tome 1er, contenant : Raphaël et la Fornarina, par Méry ; les Amours d'un Hercule, par Savinien-Lapointe; l'Amoureux de Rimini, par Antony Méray ; la Maison isolée, par Émile Souvestre; les Guérillas, par Émile Marco Saint-Hilaire. . 4 »
Tome 2e, contenant : La Puritaine et l'Homme des bois, par Eugène Nus; Louise le Modèle, par Louis Boivin; les Amoureux de Pierrefonds, par Henry de Kock ; la Lettre rouge, par Hawthorne; Daniel le Vagabond, par Savinien-Lapointe. . . 4 »

Chaque volume et chaque ouvrage se vendent séparément.

NOUVEAU MUSÉE UNIVERSEL

Reproduisant, par le dessin, les personnages historiques, les types, les monuments, les sites les plus remarquables, etc., etc.

Dessins par les premiers artistes. — *Texte explicatif par le* BIBLIOPHILE JACOB.

Prix broché : 5 francs.

PANORAMA MUSICAL

RECUEIL DE ROMANCES, AIRS, CHANSONNETTES, VALSES, POLKAS, QUADRILLES, etc., etc., etc.,

PAR LES PLUS CÉLÈBRES COMPOSITEURS

Chaque Livraison, **20** centimes. — Chaque Album, **60** centimes

Les cinquante premières livraisons et les vingt-cinq premiers Albums sont en vente.

Nota. — Outre les ouvrages indiqués ci-dessus et ci-contre, le Catalogue général contient une très-grande quantité d'œuvres de nos plus célèbres auteurs, et notamment de Chateaubriand, le Bibliophile Jacob, Paul Féval, Alph. Karr, Jacques Arago, Eug. Scribe, Michel Masson, Méry, Pigault-Lebrun, Ricard, Élie Berthet, Dulaure, Anquetil, Hume, Smolett, Albert de Montémont (Voyages), Lafontaine, Le Dante, Rabelais, etc., etc., etc.

OEUVRES ILLUSTRÉES
D'ALEXANDRE DUMAS

Prix broché.

LOUIS XIV ET SON SIÈCLE, 1 vol. ill. de 180 gr. **6** fr.
LA RÉGENCE ET LOUIS XV, 2 vol. ill. de 70 gravures. **8** »
LES TROIS MOUSQUETAIRES, 2 vol. ill. de 200 gr. **8** »
VINGT ANS APRÈS, 3 volumes illustrés de 300 gravures. **12** »
LE VICOMTE DE BRAGELONNE, 1 vol. ill. de 125 gr. **6** »
LE COMTE DE MONTE-CHRISTO, 6 vol. ill. de 600 gr. **24** »
LA REINE MARGOT, 2 volumes illustrés de 200 gravures. **8** »
LE CHEVALIER DE MAISON-ROUGE, 1 vol. ill. de 100 gravures. **4** »
LE CHEVALIER D'HARMENTAL, 2 vol. ill. de 200 gr. **8** »
IMPRESSIONS DE VOYAGE (Suisse), 3 vol ill. de 300 gr. **12** »
QUINZE JOURS AU SINAI, 1 vol. ill. de 100 grav. **4** »
BLANCHE DE BEAULIEU. — UN BAL MASQUÉ. — LE COCHER DE CABRIOLET. — BERNARD. — CHERUBINO ET CELESTINI. — HISTOIRE D'UN MORT. — UNE AME A NAITRÉ. — LA MAIN DROITE DU SIRE DE GIAC. — DON MARTINM DE FREYTAS. — Réunis en un volume illustré de 100 gravures. **4** »
LES MILLE ET UN FANTOMES. — PASCAL BRUNO. Réunis en un volume illustré de 100 gravures. **4** »
PAULINE DE MEULIEN. — LYDÉRIC. — JACQUES Ier ET JACQUES II. — Réunis en un volume. ill. de 100 gr. **4** »

Prix broché.

LES FRÈRES CORSES. — OTHON L'ARCHER. — MURAT. Réunis en un volume illustré de 100 gravures. **4** »
LA FEMME AU COLLIER DE VELOURS. — LE CAPITAINE MARION. — LA JUNON. — LE KENT. 1 vol. ill. de 75 gravures. **4** »
LE TROU DE L'ENFER, 1 vol. illustré de 75 grav. **4** »
LES MARIAGES DU PÈRE OLIFUS. — LES MÉDICIS 1 vol. illustré de 75 gravures. **4** »
L'HISTOIRE DE LA PEINTURE. — Léonard de Vinci. — Massaccio de S.-Giovani. — Le Pérugin. — Jean Belin. — Luca Granach. — Albert Durer. — Fra Bartolomeo. — André de Montagna. — Pinturiccio. — Baldassare Peruzzi. — Giorgione. — Quentin Metzis. — LES DEUX ÉTUDIANTS DE BOLOGNE. — DOM BERNARDO DE ZUNIGA. 1 volume illustré de 75 gravures. **4** »
UNE VIE ARTISTE. — CHRONIQUE DE CHARLEMAGNE. — PRAXÈDE. — PIERRE LE CRUEL. 1 vol. illustré de 75 gravures. **4** »

EN PRÉPARATION :

LA DAME DE MONSOREAU. — LES QUARANTE-CINQ. — UNE FILLE DU RÉGENT.

H. DE BALZAC
ŒUVRES ILLUSTRÉES

Prix broché.

Comprenant toute la Comédie humaine et le Théâtre complet, réunis en 8 beaux volumes illustrés de 600 gravures. **32** fr. » c.

ŒUVRES DE JEUNESSE

L'Héritière de Birague. » 90
Jean-Louis. » 90
La dernière Fée. » 70
Le Vicaire des Ardennes. » 90
L'Israélite. 1 10
Les 5 ouvrages réunis. 4 »

Argow le Pirate. » 90
Jane la Pâle. » 90
Le Centenaire. » 90
L'Excommunié. » 90
Don Gigadas. » 90
Les 5 ouvrages réunis. 4 »

EUGÈNE SUE
ŒUVRES ILLUSTRÉES

Prix broché.

Comprenant les principaux ouvrages réunis en 6 volumes illustrés de 500 gravures. **28** fr. »

Jean Bart et Louis XIV, ou HISTOIRE DE LA MARINE AU XVIIe SIÈCLE. Magnifique édition illustrée de 125 gravures. **8** » »
La Paresse. » » 50
L'Avarice. » » 50
La Gourmandise. » » 50
La Marquise d'Alfi. » » 70
La bonne Aventure (1er et 2e parties). **1** » 80

VICTOR HUGO
ŒUVRES ILLUSTRÉES

Prix broché.

Comprenant les œuvres complètes réunies en 4 volumes illustrés de 400 gravures. **19** fr. 20 c.

GEORGE SAND
ŒUVRES ILLUSTRÉES

Prix broché.

Comprenant les principaux ouvrages réunis en 9 volumes illustrés de 800 gravures. **36** fr. » c.

LE MONDE LITTÉRAIRE
LE CONTEUR — LA NOUVELLE

Aucun des volumes de ces trois recueils, illustré de 150 gravures, représente la matière de 20 volumes ordinaires, et a été rédigé par l'élite des auteurs modernes ; il contient même une série des meilleurs ouvrages de MM. VICTOR HUGO, A. DUMAS, BALZAC, etc., etc.

LE MONDE LITTÉRAIRE forme deux volumes. — **LE CONTEUR**, un volume. — **LA NOUVELLE**, un volume.

Prix de chaque volume : 3 FRANCS

PARIS. — IMPRIMERIE SIMON RAÇON ET COMP., RUE D'ERFURTH, 1

www.ingramcontent.com/pod-product-compliance
Lightning Source LLC
Chambersburg PA
CBHW052151090426

42741CB00010B/2227